新世纪普通高校旅游管理系列教材编委会

总主编

　　李　锋　谢清溪

编　委

程遂营	刘坤太	申　思	李乐民	张金玲
宋军令	陈玉英	司艳宇	王忠丽	程金龙
陈　楠	段　冰	王伟红	靳　琦	李海燕
余永霞	袁海霞	侯天琛	廖晓静	史灵歌
朱青晓	潘　利	陶　宁	潘盛俊	刘　霞
高伟洁	毛　峰	邓军华		

新世纪普通高校旅游管理系列教材

餐饮经营与管理
CANYIN JINGYING YU GUANLI

主　编　宋军令　陶　宁
副主编　郭　琰　许二凤　陈　萍
　　　　崔震昆　孙华迪　董晓英
　　　　孟莉娟　杨　璐

河南大学出版社
·郑州·

图书在版编目（CIP）数据

餐饮经营与管理 / 宋军令 , 陶宁主编 . —郑州：河南大学出版社，2013.12（2022.1 重印）

ISBN 978-7-5649-1414-1

Ⅰ. ①餐… Ⅱ. ①宋… ②陶… Ⅲ. ①饮食业 – 经营管理 – 高等职业教育 – 教材

Ⅳ. ① F719.3

中国版本图书馆 CIP 数据核字（2013）第 289670 号

责任编辑　陈　巧
责任校对　郑彦芬
封面设计　王四朋

出版发行　河南大学出版社	
地址：郑州市郑东新区商务外环中华大厦 2401 号　邮编：450046	
电话：0371-86059750（高等教育与职业教育出版分社）	
0371-86059701（营销部）　网址：hupress.henu.edu.cn	
排　版　郑州市今日文教印制有限公司	
印　刷　广东虎彩云印刷有限公司	
版　次　2014 年 4 月第 1 版	印　次　2022 年 1 月第 3 次印刷
开　本　787mm×1092mm　1/16	印　张　15.25
字　数　362 千字	定　价　30.00 元

（本书如有印装质量问题，请与河南大学出版社营销部联系调换）

总 序

蓬勃发展、生机无限的旅游业，给旅游高等教育带来了巨大的机遇和挑战。旅游产业的转型升级，以及旅游新业态的不断涌现，要求旅游高等教育根据旅游形势变化的新特点，不断调整人才教育指导思想，改进人才培养模式，革新教学实践方法，提高人才质量，以满足旅游业的发展需要。2012年教育部新颁发的本科专业目录把作为工商管理下属二级学科的旅游管理，调整上升为一级学科，这为我国旅游高等教育体系的构建和发展提供了新的平台和动力，进一步促进了众多旅游院校在课程设置和教材建设等方面的规范化和科学化。

然而，在旅游高等教育快速发展的过程中，依然存在一些比较突出的问题，如人才培养定位模糊、教材建设相对滞后、课程设置较为混乱、教学培养模式中理论和实践相脱节等。在这些问题中，教材建设无疑是最主要的问题。因为教材是体现教学内容和教学方法的知识载体；是进行教学的基本工具；也是实现教育教学改革，全面培养学生创新能力、实践能力和就业能力的重要保证。鉴于此，河南大学出版社组织部分高校专家编写了这套兼具理论性和实践性的旅游管理系列教材，期望能有所创新，为推动教学改革贡献出一份力量。

本套教材在编写过程中，吸收国际同类和国内现有教材的优点，根据当前旅游管理专业人才需求和旅游业的发展前景，以"创新型应用人才培养"为特色，调整课程内容及教学大纲，把知识学习和技能培养融入其中，加强其应用性、先进性和创造性，以期达到提高学生就业竞争能力的目的。其特色有以下几点：

第一，前沿性。整套教材在力求系统、完整和准确地介绍旅游管理专业基本理论和知识的前提下，突出资料全、观点新的特色，尽可能地将当前国内外旅游产业发展的前沿理论和热点、焦点问题吸纳进来，使内容既具有理论深度，又能反映行业最新动态。

第二，应用性。本套教材在各个环节有意识地体现出旅游管理专业应用性的特点。从学生就业所需的专业知识和实践能力着眼，在适度基础知识与理论体系的覆盖下，将理论知识模拟化、案例化和实践化，加强学生对其在实践中的操作应用。在内容设计上，既阐述理论，又联系实际；在体例设计上，增加了案例解析和延伸阅读等内容。

第三，可读性。本套教材摒弃传统教材知识点设置按部就班、理论讲解枯燥无味的弊端，改变其晦涩呆板的固有面貌，力求写作风格简洁凝练、新颖活泼，通过案例解析和实践引导的教学方式来增强教材的可读性，实现学生愿意读、乐意学的目的。

第四，完整性。整套教材的编写打破过去各门教材只对自身结构和内容进行孤立思考的常有局面,注重内容结构的整体性,在通盘调查研究和分析的基础上,明确各门课程间的衔接、交叉和分工,避免教材内容上的重复和逻辑上的矛盾。

本套教材不仅是高等院校旅游管理专业教育教学用书,也可作为旅游管理部门、旅游企业专业人员培训的参考工具。我们希望本套教材能为旅游创新人才的培养作出一定贡献,也欢迎各位专家和读者对本套丛书提出宝贵意见,以利于今后的不断修订和完善。

最后,感谢河南大学出版社为教材的出版所付出的辛勤劳动,感谢各位参与编写的专家和学者对其所作出的不懈努力!

编委会

2011 年 12 月 12 日

前　言

　　改革开放三十多年来,我国餐饮业发展经历了起步阶段、数量型发展阶段、规模化发展阶段和品牌建设阶段,初步形成了投资主体多元化、经营业态多样化、经营方式连锁化、品牌建设特色化、市场需求大众化的发展新格局。餐饮业展现出繁荣兴旺、发展迅猛的良好局面,为国民经济的快速发展做出了突出贡献。商务部发布的《关于"十二五"期间促进餐饮业科学发展的指导意见》中显示:截至2010年底,我国餐饮企业约40万家,从业人员超过2200万人,零售总额达17635.5亿元。另据《2013—2017年中国餐饮业投资分析及前景预测报告》,2011年,中国餐饮业实现收入20635亿元,同比增长16.9%,占社会消费品零售总额的比重为11.2%,对社会消费品零售总额增长的贡献率为11.10%。2012年,我国餐饮业收入达到23448亿元,比上一年增长13.6%,占社会消费品零售总额的11.15%。2012年餐饮收入比2005年增长一倍以上,年均增长16%左右,对消费品市场起到了较大的拉动作用。未来几年,伴随着政府拉动消费的政策影响、城乡居民收入较快增长和消费观念更新等因素,中国餐饮业将继续保持高速增长。各类餐饮业态互为补充、相互渗透,高、中、低档餐饮协调发展,中外餐饮相互融合,区域餐饮特色鲜明,大众化餐饮较为普及的现代化餐饮发展新格局即将形成。与此同时,中国餐饮业发展也面临着法规建设滞后、市场秩序有待规范、结构失衡、产业化程度偏低、浪费严重、食品安全有待加强、餐饮经营管理人才短缺等问题,这些问题制约着餐饮业总体发展水平的持续提升。

　　餐饮企业的发展离不开人才的支撑。餐饮企业员工的素质,尤其是管理者的素质制约着餐饮企业发展水平的提升。国内餐饮企业的管理人员绝大多数是从基层员工中逐步提拔的,他们中间的很多人不具备系统的餐饮管理及相关专业的学习、学历背景,被提拔后,专业知识又无法得到及时有效的充实。因此,多数不具备高层次的餐饮经营与管理能力。随着中国餐饮业规范化水平的提高和发展结构的优化,餐饮企业对员工的素质要求越来越高,对中高级餐饮管理人才的需求越来越大。目前,承担着中高级餐饮管理人才培养任务的,主要是国内高等学校的旅游、烹饪和食品科学等专业。

　　《餐饮经营与管理》教材的编写目的,是想为国内高等学校的旅游、烹饪和食品科学等专业的本、专科学生提供一本合适的通用教材。根据《餐饮管理》课程的性质、特点与学生的学习需要,本教材共分8章,内容包括餐饮概述、餐饮业概述、餐饮原料与生产管理、餐饮企业经营、餐饮营销管理、餐饮服务管理、餐饮产品成本管理、餐饮营养与安全管理等。相对于同类教材,本书注重理论联系实际,具有较强的实用性和可操作性,既适合作为高等学校的旅游、烹饪和食品科学等专业的本科教材,又可以作为大专、高职及旅游管理、酒店管理、餐饮管理等专业的自学考试教材,也可以作为餐饮企业中、高级管理人员的业务用书。

参与本书编写的老师均在高等学校有着多年的教学经历,具有旅游管理、酒店管理、烹饪、食品科学等专业的学习背景,熟悉餐饮行业需求。《餐饮经营与管理》全书由河南大学历史文化学院酒店管理系系主任宋军令副教授、河南师范大学旅游学院陶宁老师担任主编,负责确定大纲与写作规范,并对全书进行统校、定稿。各章撰写人员如下:

第1章　孟莉娟(河南财政税务高等专科学校工商管理系讲师、硕士)
　　　　杨　璐(郑州旅游职业学院旅游管理系助教、硕士)
第2章　郭　琰(中州大学管理学院院长、教授)
第3章　崔震昆(河南科技学院食品学院烹饪系讲师)
第4章　陈　萍(中州大学管理学院讲师、硕士)
第5章　许二凤(河南科技学院食品学院旅游管理系讲师)
第6章　陶　宁(河南师范大学旅游学院讲师)
第7章　董晓英(西安翻译学院助教、硕士)
第8章　孙华迪(河南科技学院新科学院旅游管理教研室主任、助教)

编　者
2013年10月

目 录

第一章　餐饮概述……………………………………………………………（1）
　　第一节　中餐概述……………………………………………………………（1）
　　第二节　西餐概述……………………………………………………………（8）
　　第三节　酒水概述……………………………………………………………（12）
　　第四节　中西餐饮的差异……………………………………………………（18）

第二章　餐饮业概述……………………………………………………………（22）
　　第一节　餐饮业的概念及组成………………………………………………（23）
　　第二节　餐饮业的特点………………………………………………………（25）
　　第三节　餐厅的分类…………………………………………………………（27）
　　第四节　餐饮企业的组织机构与岗位职责…………………………………（30）
　　第五节　我国餐饮业的发展趋势……………………………………………（34）

第三章　餐饮原料与生产管理…………………………………………………（46）
　　第一节　原料采购与验收管理………………………………………………（47）
　　第二节　原料储存与发放管理………………………………………………（51）
　　第三节　厨房组织管理………………………………………………………（57）
　　第四节　厨房生产管理………………………………………………………（63）

第四章　餐饮企业经营…………………………………………………………（73）
　　第一节　餐饮经营概述………………………………………………………（74）
　　第二节　菜单设计……………………………………………………………（80）
　　第三节　餐厅、厅房、菜品的命名…………………………………………（86）
　　第四节　餐饮产品开发………………………………………………………（92）

  第五节 餐饮连锁经营与管理……………………………………………（96）
  第六节 餐饮经营创新 ……………………………………………………（103）

第五章 餐饮营销管理……………………………………………………………（109）
  第一节 餐饮营销概述……………………………………………………（110）
  第二节 餐饮营销策略……………………………………………………（114）
  第三节 美食节的策划与组织……………………………………………（132）

第六章 餐饮服务管理……………………………………………………………（139）
  第一节 餐饮服务概述……………………………………………………（140）
  第二节 餐饮服务程序……………………………………………………（145）
  第三节 餐饮服务质量管理………………………………………………（163）
  第四节 餐饮服务礼仪……………………………………………………（172）
  第五节 宴会的组织管理…………………………………………………（180）

第七章 餐饮产品成本管理………………………………………………………（196）
  第一节 餐饮产品成本构成………………………………………………（196）
  第二节 餐饮产品成本核算………………………………………………（200）
  第三节 餐饮产品成本控制………………………………………………（210）

第八章 餐饮营养与安全管理……………………………………………………（218）
  第一节 餐饮营养与科学…………………………………………………（219）
  第二节 餐饮安全管理……………………………………………………（224）

参考文献………………………………………………………………………………（229）

第一章 餐饮概述

【教学要点】

知识要点	掌握程度	相关知识
中餐基本知识	了解	中餐的起源与发展、特点、类型
西餐基本知识	了解	西餐的起源与发展、特点、类型
酒水基本知识	了解	酒水的概念与分类、中国名酒与外国名酒、茶和咖啡基本知识
餐饮文化概述	掌握	中西餐饮的差异

【导入知识】

我中国近代文明进化，事事皆落人之后，惟饮食一道之进步，至今尚为文明各国所不及。中国所发明之食物，固大盛于欧美；而中国烹调法之精良，又非欧美所可并驾。

中国不独食品发明之多，烹调方法之美，为各国所不及。而中国人之饮食习尚暗合乎科学卫生，尤为各国一般人所望尘不及也。

——孙中山《建国方略》

第一节 中餐概述

一、中餐的起源与发展

所谓中餐（Chinese food），简言之就是中国风味的餐食菜肴。

中餐历史悠久，从产生、发展到繁荣经历了漫长的过程。《礼记·礼运》中记载："未有火化，食草木之食，鸟兽之肉，饮其血，茹其毛，未有麻丝，衣其羽皮。"。

原始社会新石器时代是中餐的萌芽阶段。在经历了由生食到熟食的过程后，由于食物原料来源相对固定，加上陶器的生产与使用，人类与动物划清了界限，告别了茹毛饮血的饮食生活。萌芽阶段的发展历程最为漫长、艰难，持续时间约为4000年。从火的发现与利用,炊餐器具基本齐备,火烹、石烹到陶烹,采集渔猎和农耕畜牧并存,烹饪技艺与饮食品得到了初步发展。

夏朝到春秋战国时期是中餐初步形成的阶段,中国的饮食文化在这一时期创造了辉煌的成就。烹饪工具分门别类,炊餐器具种类多样。从陶质过渡到青铜炊餐具是此阶段取得的伟大成就之一,除此之外,其他质地的炊餐具也层出不穷。食品原料以种养殖为主,加工类的原料和调味品、佐助料开始涌现。从选料、切配到加热、调味以及造型、装盘等环节都很讲究,烹饪工艺趋于精致。饮食市场初步形成,消费多层次、多样化,饮食论著开始出现,并形成了中国传统的烹饪体系。

从秦朝起,历经汉、魏、晋、南北朝,一直到唐、宋,是中国饮食文化承上启下的发展期。这一时期,在社会政治、经济、文化等诸多因素的互动作用下,中国饮食的各个方面都有了巨大发展。食品原料来源更加丰富,新技术条件下新原料的开发与引进力度加大,特别是汉代豆腐的发明对整个人类饮食文化结构产生了深远的影响;植物油的生产及使用为烹饪工艺的创新开拓了新领域。烹饪环节分工细化,开始以煤作为燃料,铁质炊具以及漆器、瓷器的应用使得炊餐具有了新的突破。风味流派有了大致的眉目,特色菜点大量涌现,饮食市场逐渐兴旺。在这一时期,出现了专门的饮食典籍,饮食文献内容丰富。

元明清时期,中国饮食文化进入成熟期。在这一时期,中国饮食的各个方面都取得了巨大成就。辣椒、番茄等域外烹饪原料大量引入中国。烹饪工艺拥有较完善的体系,特别是制熟工艺技术在这一时期有了很大发展,菜点的造型艺术大放异彩。丰富多彩的瓷质餐具装饰和造型考究的金属器具,制作精美绝伦。地方风味流派形成稳定格局,当今著名的"四大菜系"就是在清朝形成的稳定地方风味流派基础上进一步发展起来的。另外,随着专业化饮食行业的增多和综合性饮食店的完善,这一时期的饮食消费呈现空前繁荣的景象。饮食论著越来越丰富,饮食保健和烹饪技术理论方面形成较为完整的系统。

民国以来,无论是烹饪实践还是理论研究,我国饮食文化都有了突飞猛进的发展,中餐进入繁荣与创新阶段。烹饪工具与烹饪方式都有了明显的变化,并逐步趋于现代化。烹饪工具的变化集中表现在能源和设备上。就能源而言,人们主要使用煤、煤气、天然气、电能等;就烹饪设备而言,电能的炊餐具已经相当普遍。现代科学进入烹饪领域,在烹饪工艺环节开始以机械代替厨师手工操作,食品工厂全部用机械化甚至自动化生产食品。传统优质原料品种增多,新型优质原料的引进与开发、珍稀原料的种植与养殖使得优质食物原料快速增加。民族、地区及中外之间饮食文化与烹饪技术交流频繁,菜点更富有营养和个性,饮食市场空前繁荣,餐饮企业和店铺数量繁多、类型丰富。饮食论著也相当丰富,主要表现为烹饪技术与理论更加系统化、规范化。

二、中餐的特点

1. 历史悠久,内容丰富

中国素有"烹饪王国"之美称,饮食文化历史悠久、博大精深。长期以来,由于各地气候、物产及风俗习惯的差异,在饮食上形成了许多风味。我国一直就有"南米北面"的习惯,口味上有"南甜北咸东酸西辣"之分。自古以来,我国一直按季节变化来调味、配菜,冬天味醇浓厚,多炖、焖、煨;夏天清淡凉爽,多凉拌、冷冻。中国饮食文化作为东方饮食文化圈的轴心,直接影响到日本、蒙古、泰国、韩国、新加坡等国,也间接影响了其他大洲。

2. 取材广泛,进食丰富

我国幅员辽阔,地大物博。自然和人工培育的食物原料很多,可食用原料开发范围广,一切可以充饥、能够入馔的生物,甚至某些对人有害无益的非生物也相继成了中国人的盘中餐。有一句俗语称:"山中走兽云中燕,陆地牛羊海底鲜。"几乎所有能吃的东西,都可以作为中国菜的食材。除此之外,进食方式异常丰富,"一料多吃"在中国比比皆是,典型的代表就是中国人利用黄豆发明了品种多样、口味不同的豆制品。

3. 工艺讲究,含义丰富

化腐朽为神奇是中国烹饪的优良传统。中国菜肴造型艺术世界闻名,很多中国菜不仅是美味佳肴,还是美轮美奂的艺术品。不少原料经厨师的刀工后可拼成栩栩如生的美丽图案。菜的造型既重视"形",又讲究色彩效果。中国的烹饪不仅技术精湛,而且讲究菜肴的美感,注意食物色、香、味、形、器的协调一致,对它们的命名、品味的方式、进餐时的节奏、娱乐的穿插等都有一定的要求。菜肴名称既可以根据主、辅、调料及烹调方法来命名,也可以根据历史掌故、名人食趣、神话传说、菜肴形象、数字等来命名,如荷叶鸡、秋叶饼、掌上明珠、东坡肉、通神饼、菊花鱼、八宝饭等,可谓妙语连珠。

三、中餐的类型

(一) 从地域角度划分

菜系,也称"帮菜",是指某一区域的代表菜,即在选料、切配、烹饪等技艺方面,经长期演变而自成体系,具有鲜明的地方风味特色,并为社会所公认的菜肴流派。中餐的菜系是指在一定区域内,由于气候、地理、历史、物产及饮食风俗的不同,经过漫长的历史演变而形成的一整套自成体系的烹饪技艺和风味,并被全国各地所承认的地方菜肴。菜肴在烹饪中有许多流派。鲁、川、苏、粤四大菜系形成历史较早,后来,浙、闽、湘、徽等地方菜也逐渐出名,于是形成了我国的"八大菜系"。

1. 山东菜

山东菜又称鲁菜。经过发展演变,鲁菜系逐渐形成包括青岛在内、以福山帮为代表的胶东菜,有"阳春白雪"雅称的孔府菜,以及包括德州、泰安在内的济南菜,还有星罗棋布的一些地方菜及风味小吃。山东是中国古代文明发祥地之一,鲁菜的形成和发展与山东地区地理环境、文化历史、经济条件和习俗密切相关。在发展过程中,鲁菜逐步形成了自己的特色,并对其他菜系,特别是黄河以北地区的饮食产生了深远的影响。

山东菜取材广泛,选料精细。在调味上受儒家中庸思想的影响,极重视纯正醇浓,鲜、咸、酸、甜、辣各味皆有,但基本不使用复合味,其清汤、奶汤闻名天下,有"汤在山东"之美誉。烹饪方法讲究,擅长制作海鲜和面食。

胶东菜因起源于福山县(今烟台市福山区),故又名福山菜,也叫烟台菜。胶东菜在花色冷拼的拼制和花色热菜的烹制中独具特色。口味以鲜为主,选料严谨,刀法细腻,花色多样,且少用佐料提味。如名菜扒原壳鲍鱼,主料为长山列岛海珍鲍鱼,以鲁菜传统技法烹调,鲜美滑嫩,催人食欲。其他名菜还有蟹黄鱼翅、芙蓉干贝、烧海参、烤大虾、炸蛎黄和清蒸加吉鱼等。

孔府菜选料讲究,善于调味,工于火候,工艺严谨,火候偏重于软烂柔滑,烹调技法尤以烧、炒、煨、炸、扒见长,而且制作过程复杂。"美食不如美器"在孔府菜中体现很明显,孔府历来十分讲究盛器,如盛以银、铜等餐具。孔府菜的命名也极为讲究,寓意深远,著名的菜肴有当朝一品锅、御笔猴头、带子上朝、诗礼银仁、御带虾仁、烤花揽鳜鱼等。

济南菜以清香、脆嫩、味厚而纯正著称,特别精于制汤,清浊分明,堪称一绝;而里嫩外焦的糖醋黄河鲤鱼、脆嫩爽口的油爆双脆、"素菜之珍"锅豆腐,则显示了济南派的火候功力。九转大肠更是制作精细,如道家"九炼金丹"一般。

2. 四川菜

四川菜简称川菜,历史悠久,发源于古代的巴国和蜀国,以成都菜和重庆菜为代表。川菜各地风味较为统一,以麻辣味道著称,主要流行于西南地区和湖北地区,在中国大部分地区都有川菜馆。川菜是中国最有特色的小吃类菜系,也是西南地区民间的最大菜系。

川菜用料广泛,博采众长。烹饪方法多样,尤其以干煸、干烧和小炒最能反映其制作过程中用火技艺的精妙,享有"一菜一格、百菜百味"的美誉,其常用味型有二十多种,且清鲜、醇浓并重,善用麻辣。辣椒、胡椒、花椒、豆瓣酱等是其主要调味品,配比不同,就划出了麻辣、酸辣、椒麻、麻酱、糖醋、芥末、蒜泥、红油、怪味、鱼香等各种味型。川菜有"七滋八味"之说,"七滋"指的是甜、酸、麻、辣、苦、香、咸,"八味"指的是酸辣、鱼香、麻辣、怪味、椒麻、红油、姜汁、家常。因此也就有了"食在中国,味在四川"之称。

川菜的代表菜有宫保鸡丁、回锅肉、麻婆豆腐、夫妻肺片、干烧鱼、樟茶鸭子、怪味鸡块、水煮牛肉、干煸牛肉丝、灯影牛肉、鱼香肉丝、东坡肘子、锅巴肉片、辣子鸡、香辣虾、麻辣兔头、水煮鱼、咸烧白、鸡米芽菜等。除此之外,四川各地小吃也是川菜的重要组成部分,像担担面、酸辣粉、叶儿粑、酸辣豆花、川北凉粉、麻辣小面等,还有用创始人姓氏命名的龙抄手、吴抄手、赖汤圆、钟水饺等,都是大家所熟知的川菜名吃。

3. 江苏菜

江苏菜也称苏菜、淮扬菜,起源于新石器时代,在唐宋之后与浙菜竞秀,构成"南食"两大台柱之一。进入新世纪以后,随着人们的饮食风尚越来越重科学、讲文化、求艺术,江苏厨师开始注重菜肴与点心的结合、中餐与西餐的结合,不断创新,饮食市场空前繁荣。江苏菜主要由淮扬、金陵、苏锡、徐海四种地方菜组成。

江苏菜的特点有:用料广泛,选料精良,以江河湖海水鲜为主;刀工精细,烹调方法多样,擅长炖、焖、烧、煨、炒;追求本味,清鲜平和,浓中带淡,鲜香酥烂,咸中带甜;菜品风格雅丽,形质均美,擅烹江鲜家禽和花色菜点。

江苏菜名品举不胜举,最具代表性的有大煮干丝、水晶肴蹄、羊方藏鱼、霸王别姬、三套鸭、煮干丝、沛公狗肉、清蒸鲫鱼、金陵盐水鸭、松鼠鳜鱼、狮子头、梁溪脆鳝、夫子庙小吃等。此外,江苏点心也富有特色,如苏州年糕、汤包、秦淮小吃等,都很有名气。

4. 广东菜

广东菜简称粤菜,又称潮粤菜,发源于岭南,由广州、潮州、东江三地特色菜点发展而成,虽然起步较晚,但影响深远,我国港、澳地区以及国外的中餐馆多数是以粤菜为主。粤菜善于对各地食风和外来食俗兼收并蓄,形成了多种烹饪形式和自己独特的风格。今仍有"食在广东"之说。

粤菜用料广而精,天上飞的,地上爬的,水中游的,几乎都能上席。烹调技艺多样善变,烹调方法有21种之多,尤以炒、煎、焗、焖、炸、煲、炖、扣等见长。调味注重清而醇,讲究清而不淡、鲜而不俗、嫩而不生、油而不腻,有"五滋"(香、松、软、肥、浓)、"六味"(酸、甜、苦、辣、咸、鲜)之说。夏秋清淡,冬春浓郁,时令性强。

粤菜著名的菜点有鸡烩蛇、龙虎斗、烤乳猪、太爷鸡、盐焗鸡、白灼虾、白斩鸡、烧鹅、蛇油牛肉、爽口牛丸、脆皮炸海蜇等。另外,广东点心种类之多在全国也是知名的。面点小吃花色多样,著名的有各式糕点、粥品、双皮奶、肠粉、炒田螺、鸡仔饼等。

5. 浙江菜

浙江菜简称浙菜,历史悠久,以杭州、宁波、绍兴、温州等地为代表。有谚曰"上有天堂,下有苏杭",浙江省位于我国东海之滨,北部水道成网,素有"江南鱼米之乡"之称,山清水秀,物产丰富。这里东部沿海渔场密布,水产资源丰富,有各种鱼类和贝壳水产品500余种,总产值居全国之首。物产丰富,佳肴自美,特色独具,有口皆碑。

浙菜就整体而言,有明显的特色,如选料讲究,刻求细、特、鲜、嫩,烹调擅长炒、炸、烩、熘、蒸、烧,烹饪独到,注重清鲜脆嫩,讲究本味,形态精巧细腻。另外,浙菜中许多菜肴都有着美丽的传说,文化色彩浓郁是浙菜的一大特色。

浙菜主要名菜有西湖醋鱼、赛蟹羹、东坡肉、干炸响铃、家乡南肉、荷叶粉蒸肉、西湖莼菜汤、杭州煨鸡、龙井虾仁、虎跑素火腿、干菜焖肉、蛤蜊黄鱼羹、叫花童鸡、香酥焖肉、油焖春笋、虾爆鳝背、三丝拌蛏、新风蟹誉、雪菜大汤黄鱼、冰糖甲鱼、蜜汁灌藕等数百种。

6. 福建菜

福建菜又称闽菜。福建省东临大海,西北负山,珍野水族资源丰富。闽菜是以福州菜为基础,后又融合闽东、闽南、闽西、闽北、莆仙地方风味菜形成的菜系,以烹饪山珍海味而闻名。闽菜清鲜、荤香、和醇、不腻、汤路广泛,在色香味形俱佳的基础上,尤以"香"、"味"突出,在中国饮食文化中别有新意。

闽菜形成三大特色,一长于红糟调味,二长于制汤,三长于使用糖醋。烹调原料以海鲜和山珍为主,其烹调特点是汤菜居多,变化无穷,其烹调技法以炒、蒸、熘、焖、炸、炖为特色。另外,闽菜注重刀功,有"片薄如纸、切丝如发、剞花如荔"之美称。烹调细腻,特别注意调味,闽菜一般偏甜、酸、淡。

闽菜除了招牌菜佛跳墙外,还有七星鱼丸、乌柳居、白雪鸡、闽生果、醉排骨、红糟鱼排、梅开二度等,均别有风味。另外,蚝煎、鱼丸、锅边、手抓面等面点小吃也很有名气。

7. 湖南菜

湖南菜又称湘菜,历史悠久,早在汉朝形成菜系之初,烹调技艺已有相当高的水平。湖南地处我国中南地区,气候温暖,雨量充沛,自然条件优越,《史记》曾记载楚地"地势饶食,无饥馑之患"。湘西多山,盛产笋、蕈和山珍野味;湘东南为丘陵和盆地,农牧副渔发达;湘北是著名的洞庭湖平原,素称"鱼米之乡"。

湘江流域以长沙为代表,洞庭湖区以常德、益阳、岳阳为代表,湘西地区以吉首、怀化、大庸为代表。对组成湘菜的三种地方风味而言,湘江流域讲究菜肴内涵的精当和外形的美观及色、香、味、器、质的和谐统一,因而成为湘菜的主流;洞庭湖区菜擅长制作河鲜水禽;湘西地区菜则由湘西、湘北的民族风味菜组成,以烹制山珍野味见长。总体而言,湘菜品种繁多，门类齐全。基本刀法有十几种之多，而烹调方法以熏、清蒸、小炒、滑溜见长。

著名的菜肴有腊味合蒸、东安子鸡、麻辣子鸡、红煨鱼翅、汤泡肚、冰糖湘莲、金钱鱼、一品海参、子龙脱袍、百鸟朝凤、全家福等，点心小吃有社饭、虾饼、糍粑、火宫殿臭豆腐、湖南米粉、姊妹团子、湘潭脑髓卷、洞庭糯米饺饵等。

8．安徽菜

安徽菜又名皖菜，由皖南、沿江、沿淮三种地方风味组成。安徽地处华东腹地，淮河、长江横贯其境，淮北为平原，淮南为丘陵，长江沿岸及巢湖流域为皖中平原，因而物类丰盛。其中，皖南徽菜是安徽菜的主要代表。

安徽菜多以山珍野味、河鲜为原料，烹饪方法善用炖、烧、熏、蒸，其中，清炖、滑烧、生熏是其特色。菜品重油、重味、重色、重火功，调味以咸鲜为主，善用冰糖、火腿提鲜，使用香辛料比较多，追求香、酥、鲜、嫩。

著名的代表菜品有黄山炖鸽、无为熏鸭、毛峰熏鲫鱼、符离集烧鸡、方腊鱼、石耳炳鸡、云雾肉等，点心小吃有大救驾、徽州饼、示灯粑粑、三河米饺、小红头、绿豆煎饼、蝴蝶面、豆皮饭、小笼渣肉蒸饭等。

除了八大菜系的说法之外，也有十大菜系之说，即在八大菜系的基础上，加上北京菜和上海菜；还有十二大菜系之说，即在十大菜系的基础上，加上河南菜和陕西菜。

（二）从历史构成的角度划分

历朝历代的名厨在中国饮食文化的发展过程中，创造了数以万计的各色菜点，一些流传下来的菜点都是在不同社会背景中孕育出来的。从中国菜肴的产生历史及饮食对象角度来划分，宫廷菜、民间菜、官府菜、寺院菜和市肆菜便构成中国菜肴历史的主要内容。

1．宫廷菜

中国历代宫廷中都设有专司饮食的机构和人员，以供给帝王后妃等皇室成员们享用美食。宫廷菜又称御膳，是指奴隶社会王室和封建社会皇室成员所食用的肴馔。自商周起至清朝末，宫廷菜肴的烹制不断发展，形成了豪奢精致的风味特色。每个时代的宫廷菜都代表同时代中国烹饪技艺的最高水平。

一般而言，宫廷菜的原料选择都极为严格；宫廷御厨烹饪技术精湛，为讨好帝王，宫廷菜肴也在不断出新出奇。因建都地点不同，历代宫廷肴馔风味可分为南味和北味两大风格。虽然如此，华贵珍奇、配菜讲究典式规格却是南北味的共同点。宫廷菜不仅对菜肴的造型十分讲究，所使用的餐具也都色形华贵、造型古雅。除了金、银、玉石、玛瑙、水晶、珊瑚、玳瑁、犀角、象牙等，还有大量官窑特制的精美瓷器。

现在所指的宫廷菜，基本是指清代的宫廷风味菜。清代宫廷菜主要是在山东风味、满族风味和苏杭风味这三种各具特色的风味菜的基础上发展而来的，像北京的仿膳饭庄和御膳饭庄主营清宫菜，代表品种有四大抓、四大酱、荷包里脊、龙须驼掌、怀胎鳜鱼、鱼藏剑、罗汉大虾等名肴以及小窝头、豌豆黄、芸豆卷等名点。

2．民间菜

民间菜来自于民间，即广大城乡居民祖祖辈辈日常制作和食用的肴馔。民间菜作为中餐的基础与根源，遍布全国，反映了不同的地方风情、民族风情和家庭风情。一般而言，民间菜可分为两大类，即逢年过节时以荤为主、丰盛大方的家宴菜与四季三餐以素为主、经济实惠的家常菜。

民间菜的传承缺乏正规的渠道,主要靠家庭间的相互影响及家庭内部一代代的传承。作为中国烹饪的根,民间菜取材方便,靠山吃山,靠水吃水,操作简单,基本是为了生存需要,故而调味适口,朴实无华。民间菜也不刻意追求菜肴的造型及装盘,更重视的是可口与实用。

在悠久的历史发展过程中,人民群众孕育出丰富的民间菜,代表品种如四川的泡菜、吉林的白肉血肠、河北的氽鱼汤、广东的炒田螺、山东的炒小豆腐等。

3. 官府菜

官府菜也称公馆菜,是封建社会官宦人家所制的肴馔。官府菜在规格上一般不得超过宫廷菜,而又与民间菜有极大的差别。唐代黄升"日烹鹿肉三斤,自晨煮至日影下门西,则喜曰:火候足矣!如是者四十年"。唐人庞玄龄"芳饪标奇"的评语可谓一针见血,官府菜实则是达官显贵饮食生活争奇斗富、穷奢极欲的历史见证。

官府菜滥觞于春秋,贯穿于整个封建时代。官府菜争奇斗富之风也并非主流,像孔家菜、谭家菜等官府菜还是保留了不少华夏饮食文化的精华。其主要特点在于烹饪用料广博,制作技术奇巧,菜品典雅有趣,宴席名目繁多。

官府菜主要分为孔府菜、东坡菜、云林菜、随园菜、谭家菜、段家菜等几种。流传至今,最具代表性的是孔府菜和谭家菜。孔府菜是最典型、历史最悠久、级别最高的官府菜,基本上分为宴会饮食和日常家餐两大类。著名的菜品有当朝一品锅、一卵孵双凤、诗礼银杏、带子上朝等。谭家菜是清末官僚谭宗浚的家传筵席,因谭宗浚是同治二年的榜眼,故又称"榜眼菜"。谭家菜"长于干货发制","精于高汤老火烹饪海八珍"。谭家菜是唯一保存下来,由北京饭店独家经营的著名官府菜,著名菜品有黄焖鱼翅、清汤燕菜等。

4. 寺院菜

寺院菜也称斋食,指供僧、尼或佛教徒吃的以素食为主的肴馔。中国民间的素食风俗,早在先秦时就有了。《黄帝内经》中有"五谷为养,五果为助,五畜为益,五菜为充"之论,后来,佛教传入我国,汉族僧侣"持斋吃素",寺院宫观对教徒在饮食生活方面的清规也推动了民间的素食风俗。

寺院菜在其形成发展的过程中形成了一系列鲜明特色。寺院大多依山而建,大量的饮馔原料得之于寺院依傍之地,即靠山吃山,就地取材。由于受饮食思想和戒律的影响,寺院菜的主要烹饪原料为瓜果、笋菌、豆制品等植物性原料,主料的局限性决定了调料举足轻重的地位。为了提高烹饪技艺,丰富菜肴品种,寺院菜独具匠心地采用了以素托荤的技巧,将素料制成有荤味的菜肴,反映了中国人在饮食活动中所特有的审美心态与艺术创造力。

寺院菜品种繁多,最具代表性的是罗汉斋,除此之外,还有素油鸡、白烧干贝、菊花素海参、奶汤煮干丝等。

5. 市肆菜

市肆菜即通常所说的餐馆菜,随着贸易的兴起而发展,是饮食市肆制作并出售的肴馔的总称。《易经·系辞下》:"日中为市,致天下之民,聚天下之货,交易而退,各得其所。"市肆菜是经济发展的产物,它满足了社会各阶层的需求,有高档的酒楼餐馆,有中低档的大众菜馆,更有街边的小吃排档,形成了各自不同的消费群体。

市肆菜技法多样、品种繁多,吸取了各种风味流派的饮馔品种和烹饪技法。其应变力强,适应面广,面对的是不同层次、不同地域的饮食消费者,市肆菜点与服务可以应时而变、应需而变。除此之外,市肆菜流派众多、风味鲜明,这也是它们在激烈的餐饮市场竞争中站稳脚跟的重要保障。

市肆菜以西安、兰州等重镇中心的名楼、名店的肴馔为主,代表名菜有明四喜、奶汤锅子鱼、煨鱿鱼丝、烩肉三鲜等。市肆菜的许多名品在市场流行一段时间后,通常会融入地方风味菜中,甚至成为其代表。

当然,中国菜肴在历史发展过程中,除了上述五种主要流派外,还有 55 个少数民族创造的各自的风味食品,即民族菜。每种民族菜都有自己的特点和著名菜品,如白肉火锅、烤全羊、抓饭、水卵大虾、哈达饼等。据统计,我国各式名菜不下万种,制法 40 多种,色香味形不断创新,风格各异。

资料链接

满汉全席为满清宫廷盛宴,融合了宫廷菜肴和地方风味的精华,突出满族菜点的特殊风味,同时也展示了汉族烹调的特色。满汉全席原是清代宫廷中举办宴会时满人和汉人合做的一种全席。满汉全席上菜一般至少 108 种(南菜 54 道和北菜 54 道),分三天吃完,菜式有荤有素,有咸有甜,取材广泛,用料精细,山珍海味无所不包,为中华菜系文化的瑰宝和最高境界。

第二节 西餐概述

一、西餐的起源与发展

西餐这个词是由它特定的地理位置所决定的。"西"是西方的意思,一般指欧洲各国;"餐"就是饮食菜肴。西餐是我国人民对西方国家菜肴的统称,主要指欧洲、北美及大洋洲各国的菜肴。

西餐起源于古埃及,罗马帝国时代在意大利得到飞速发展,从而奠定了意大利西餐的鼻祖地位。迄今发现的最早的有关面包制作的记载是在公元前三千年左右,古埃及人就已经掌握制作发酵面包的技术。因此,以面包为基础的西餐文化形式,当归功于古埃及的灿烂文明。古埃及妇女负责家庭烹调,而宴会制作则由男厨师负责。许多出土的西餐烹饪用具都证明了西餐在这一时期的巨大发展。

西餐文明古国希腊的烹调可以追溯至两千五百年以前,奶酪、蜂蜜、葡萄酒和橄榄油是进入青铜时代的希腊烹调文化的四大要素。希腊学者认为希腊菜为欧洲菜肴的始祖,如希腊文化对地中海地区的影响一样重要,特别是阿奇斯奎特斯在公元前 330 年编辑了第一本有关烹调技术的书籍,这在当时对于指导希腊烹饪技术起到了决定性作用。另外,希腊人认为自己是世界上率先开发酸甜味菜肴的国家。

古罗马西餐的烹饪先驱,在公元前三千年至公元前一千年,发明了发酵技术和制作葡萄酒、啤酒的方法,同时发酵方法推动了发酵面包的产生。此时人们也开始利用冰雪贮藏各种食物原料。随着罗马帝国的不断扩张,开始从埃及进口粮食,从北非进口香料,从西班牙进口家畜,从英国进口牡蛎,从希腊进口蜂蜜,从世界各地进口葡萄酒等。

中世纪初期,市场上出现了蔬菜、粮食、香料及调味品的新品种和奶酪、黄油等,促使希腊厨师开发创新菜肴,如当时的开胃菜——熏牛肉。中世纪中期,意大利人已经普遍使用调味品进行烹调。11至15世纪时,欧洲人的正餐通常是三道菜,即开胃菜、主菜和甜品。随着烹调水平的提高,为了达到味道的协调,菜肴常出现两种以上的味道。此外,开始在面点中使用葡萄干、干果增加甜度并协调颜色。14世纪晚期,英国饭店出现了首次餐饮推销活动。从15世纪欧洲文艺复兴起,意大利和法国的厨师不断进入东欧各国,以生菜、韭葱、西芹及卷心菜等蔬菜为主要原料或辅料的菜肴不断增加。

16世纪文艺复兴时期,玉米、马铃薯、花生、香草、辣椒、巧克力、火鸡和菜豆等许多食物引入欧洲。普通人以黑面包、奶酪为主要食品,而富人和中等阶层则食用各种精致面包、水产及肉类食品。随着文艺复兴的开展,从美洲进口的蔬菜源源不断地进入法国,淀粉原料代替了豆类食品,人们从习惯大吃大喝开始转向注重美食。17世纪的西餐,不论任何菜肴都喜欢放小洋葱或青葱来调味。当时,巴黎是法国烹调技术的中心。18世纪烤箱开始兴起,欧洲流行以烤的方法制作菜肴。厨师们按照自己的经验和技术来决定菜肴的火候及成熟度。富人和中产阶级为了显示和穷人的区别,将正餐改在晚上食用。英国开始讲究正餐或宴会的礼仪。18世纪以后,法国涌现出许多著名的西餐烹饪艺术大师,如安托尼·卡露米和奥古斯特·埃斯考菲尔等,这些烹饪大师设计并制作了许多著名的菜肴,至今仍受顾客青睐。

20世纪初,意大利南部的烹调方法首次传入美国。第二次世界大战后,意大利菜肴,尤其是意大利炖牛肉、意大利面条和比萨饼成为美国人热衷的菜肴。20世纪七八十年代,泰国菜和越南菜对美国影响很大,特别是椰子味道的菜目前在美国还很流行。西餐传入我国可以追溯到13世纪,据说意大利旅行家马可·波罗到中国旅行时曾将某些西方菜肴传到中国。1885年中国第一家西餐厅——太平馆在广州开设,标志着西餐正式登陆中国。

二、西餐的特点

(一) 原料特点

西餐选料精细,用料广泛。西餐在选料时十分精细、考究,由于欧美人常将蔬菜和海鲜生吃,故而西餐原料必须是非常新鲜的。西餐中的畜肉以牛肉为主,其次是羊肉和猪肉,常以牛排、鸡排、鱼排等大块食品为原料。西餐原料中的奶制品很多,这也是西餐的一个特色。

(二) 生产特点

西餐菜肴种类丰富,采用多种制作工艺,常用的有煎、烩、烤、焖等十几种,而且十分注重工艺流程,讲究科学化、程序化,工序严谨。突出菜肴中的主料特点,讲究菜肴的色香味。另外,西餐极重视各类营养成分的搭配组合,以人体对各种营养(糖类、脂肪、蛋白质、维生素)和热量的需求来安排菜品或加工烹调。西餐调味品不同于中餐,常用酸奶油、桂叶、柠檬等。由于西餐原料的新鲜度对菜肴的质量影响很大,因此,西餐对原料的储存温度和保存时间等都有严格要求。

(三)服务特点

一顿西餐通常包括冷饮、餐前小吃、羹汤、主菜、色拉、甜食和咖啡或茶等。这些食物通常都有许多种类供选择。就餐时,西餐使用刀叉勺吃饭,每道菜使用单独的餐具,实行分食制,每个人单独享受各自盘中的食物,用完一道菜后再上另一道。除此之外,西餐对于器皿也很讲究,烹调的炊具与餐具的特点均不同于中餐。特别是餐具,除瓷制品外,水晶、玻璃及各类金属制餐具占很大比重。

三、西餐的类型

1. 法国菜

法国菜一直被视为现代西餐文化的代表,世界三大美食之中,法国美食占有一席之地。法国美食的特色在于使用新鲜的季节性材料,食品原料从各种肉类、牛奶制品到海鲜、蔬菜、水果甚至稀有珍菇等,选料广泛且讲究。法国菜烹饪技术复杂,菜肴生产需要一定的时间,非常讲究菜的鲜嫩,要求菜肴水分充足,质地鲜嫩。法国菜一般由专业的厨师制作,非常重视沙司的制作,什么菜用什么沙司。有些汤汁甚至要煮8个小时以上,以便让菜肴保持原汁原味。在烹调中,法国菜喜欢用酒调味,并且菜与酒的搭配也有严格规定,如火鸡用香槟、牛排用红葡萄酒等。法国菜的烹调方法很多,几乎囊括了西菜近20种烹调方法,常用的方法有烤、烩、煎、焗、铁扒、焖、蒸等。

法国菜按烹调风格可分为皇宫菜系、贵族菜系、地方风味菜系和法国新派菜系。皇宫菜起源于法国国王宴会,由豪特烹调法,即皇宫烹调法或豪华烹调法制成。皇宫菜手艺精湛,选料必须是品质最好的,所有菜肴的原料、类别和制作程序都规定了质量和工艺标准,并用法国烹调法命名。贵族菜以法国贵族家庭烹调法制成,相当于中餐里的官府菜,特点是油重、沙司味重并含有奶油成分,常常采用较为复杂的烹调技术制作。地方风味菜发源于各地的农民菜,使用带有地方特色的原料。法国新派菜系诞生于20世纪50年代,流行于20世纪70年代。烹调时间短,注意调味技巧,沙司和调味汁清淡,份额小,较为讲究菜肴原料的新鲜度和质地,讲究菜肴的装饰和造型。

比较著名的法国菜有鹅肝酱、焗蜗牛、牡蛎杯、马令古鸡、麦西尼鸡、沙朗牛排、洋葱汤、马赛鱼羹等。

2. 意大利菜

意大利民族是一个美食家的民族,在饮食方面有着悠久的历史。由于罗马帝国在欧洲的影响力,意大利餐影响了欧美国家的饮食,发展出包括法国餐、美国餐等在内的多种派系;另外,意大利人发明了餐用叉子,为餐桌文化做出了贡献,由此奠定了意大利餐"西餐之母"的神圣地位,被誉为"欧洲大陆烹饪之始祖"。

意大利菜肴最为注重原料的本质、本色,成品力求保持原汁原味。在烹煮过程中非常喜欢用蒜、葱、西红柿酱、干酪,讲究制作沙司。烹调方法以炒、煎、烤、红烩、红焖等居多,而橄榄油、黑橄榄、干白酪、香料、西红柿与 Marsala 酒等六种食材是意大利菜肴调理上的灵魂。意大利面条和馅饼品种多样,风味各异。

众所周知,意大利面、比萨饼和玉米菜都是意大利著名的食品。具体来说,在南北气候差异的基础上造就了意大利菜的四大菜系。北部菜系中以宽面条以及千层面最为著名,那里盛产中长稻米,适合烹调意式多梭饭和米兰式利梭多饭,喜欢采用牛油烹调食物,著名的食品有玉米菜、焗意饭、奶油煎饼夹等。东部菜系中著名的食品有鲜豆大米奶酪浓汤和反映亚得里亚海风味的海鲜意面。中部菜系以多斯尼加和拉齐奥两个地方为代表,著名的食品有烩菜豆意大利面、佛罗伦萨蔬菜汤和烤茄子合。而南部菜系喜欢用橄榄油烹调食物,善于利用香草、香料和海鲜入菜;面食主要材料是硬麦粉、盐和水,包括通心粉、意大利粉和车轮粉等。

3. 英国菜

英国的农业受地理等自然条件所限并不是很发达,粮食每年都要进口,因此英国菜相对来说比较简单。但英国菜无论是用餐方式还是服务方式都很注重家庭氛围,习惯每日四餐,包括早餐、午餐、早午餐和正餐。

英国菜选料比较简单,很少吃海鲜,比较偏爱牛羊肉及禽类等。烹调时一般用单一的原料制作,使用较少的香料和调味酒,注重营养卫生,清淡、少油,保持原汁原味,常用的烹调方法有煮、烩、烤、煎、蒸等。

英国比较有名的四大菜系分别为英格兰菜系、苏格兰菜系、威尔士菜系和爱尔兰菜系。其中,英格兰菜系中的代表菜有有香肠、猪肉馅饼、贝克维尔塔特、英格兰传统蛋糕及埃克勒斯酥饼等。著名的苏格兰传统菜有炖牛肉沫土豆、羊肉蔬菜汤和羊杂碎肠。威尔士菜是英国有代表性的菜系,多以羊肉、鲑鱼和鳟鱼为原料,使用韭、葱以增加香味。莱弗面包是著名的威尔士面点,并放有当地出产的燕麦和干海藻。除此之外,羊肉土豆汤及奶酪面包卷、巴拉水果面包等都是很有特色的菜肴和面点。传统的爱尔兰菜系以新鲜的海产品、畜肉和蔬菜为主要原料,善用煮、炖两种烹饪方法,其中的苏打面包、苹果塔特、爱尔兰土豆泥、培根肉土豆等是远近闻名的。

4. 俄罗斯菜

由于俄国地处寒带,食物多为热量高的品种,所以俄罗斯菜比较油腻、味浓。在菜肴选料上,常以禽肉、海鲜、鸡蛋、奶酪和水果等为主,经过炖、烩、焗等,形成酸、甜、咸或微辣等不同口味。为了促进食欲,俄式冷菜在烹调上要比一般的热菜口味重且富有刺激性。对于汤品质量要求大体一致,原汤、原色、原味。

俄罗斯著名的菜肴有黑鱼子酱、什锦肉冻、罗宋汤、咸鲱鱼、酸菜炖肉、焗鲈鱼、煎饼等。

5. 德国菜

德国以传统的巴伐利亚菜系而享誉世界。德国菜在西餐中以经济实惠著称,不像法国菜那么加工细腻,也没有英国菜那样清淡。值得一提的是,德国人在斯堪的维纳亚半岛海盗身上得到灵感,首先发明了自助餐。

德国人每日习惯三餐,早餐和晚餐比较清淡,午餐丰富。德国菜在选料上较偏好猪肉、牛肉、肝脏类、香料、鱼类、家禽及蔬菜等,调味品方面使用大量芥末、白酒、牛油等,以酸、咸口味为主，调味较为浓重，烹饪方法以烤、焖、串烧、烩为主。德国菜中的香肠、酸菜、肉类菜式都有着独特的烹饪方法。除此之外，德国作为世界著名的葡萄酒和啤酒生产国，一些菜肴以啤酒为调味品，别有风味。

德国著名的菜肴包括蔬菜沙拉、蔬菜烩牛肉、红酒焗火腿、德式清豆汤、德式生鱼片、德式烤杂肉、德式肉肠、酸菜、德式苹果酥、煎甜饼等。

6. 美国菜

美国是典型的移民国家。欧洲移民在开发当地经济的同时，也把原居住地的烹调技艺带到了美国。由于大部分的美国人是英国移民的后裔，故而美国菜主要在英国菜的基础上发展而来，另外又糅合了印第安人及法、意、德等国家的烹饪精华，兼收并蓄，形成自己的独特风格。

美国著名的菜系有六大类。加州菜系与欧洲菜系风格相似，高雅、优质、营养丰富，清淡、低油脂。中西部菜系风味来自当地北欧移民饮食文化，菜肴原料丰富，食品种类多，餐饮服务方式以瑞典自助餐式或家庭式为主，特色菜肴有炖牛肉、各式香肠、奶酪和甜煎饼。东北部菜系反映了英国人的饮食习惯，最大的特点是广泛应用海鲜、奶制品、大米和菜豆，特色菜肴有印第安布丁、波士顿布朗面包、炸香蕉、缅因水煮龙虾等。南部菜系被认为是美国的家庭式菜系，油炸食品多，每餐都带甜点，带有浓郁的甜味酱，突出了非洲美国人的传统，此菜系中的炸鸡最受欢迎，特色甜点有核桃排、香蕉布丁、甜土豆排等。西南部菜系代表传统的美洲菜，特别具有墨西哥风味，特色菜肴有新墨西哥州的辣炖猪肉、德克萨斯州的辣炖牛肉、亚利桑那州南部的什锦菜卷等。新奥尔良菜系体现了西印度群岛的餐饮文化，特色菜肴有什锦米饭和秋葵浓汤。

第三节 酒 水 概 述

一、酒水介绍

酒水又叫饮品、饮料，是指经加工制造供饮用的液态食品，是一切含酒精与不含酒精的饮料的统称。

非酒精饮料又称软饮料，是一种不含酒精或酒精含量在 0.5%（体积分数）以下的饮品，通常分为茶、咖啡、碳酸饮料、果蔬饮料、饮用水、冰激凌、乳饮料、植物蛋白饮料及其他配制饮料等。

酒精饮料就是通常所说的酒，即酒精含量在 0.5%（体积分数）以上的饮料。酒精饮料由于品种繁多，分类的要求不同，分类的标准和方法也不尽一致。

（一）按原材料分类

根据原材料的不同，可将酒精饮料分为粮食酒（如高粱酒、玉米酒、糯米酒）、代粮酒（如木薯酒、红薯酒、芭蕉芋酒）与果酒（如葡萄酒、橘子酒、苹果酒、梨子酒、香槟酒）。

（二）按乙醇含量分类

根据乙醇含量的不同,可将酒精饮料分为高度酒(乙醇含量高于38%的蒸馏酒)、中度酒(乙醇含量在16%至37%之间)和低度酒(乙醇含量在15%以下)。

（三）按生产工艺分类

根据生产工艺的不同,可将酒精饮料分为蒸馏酒(如中国的白酒,外国的威士忌、白兰地、伏特加等)、发酵酒(如黄酒、啤酒、葡萄酒和其他果子酒等)、配制酒(如香槟酒、果露酒、汽酒及药酒、滋补酒等)和鸡尾酒(由烈性酒、葡萄酒、果汁、汽水及调色和调香原料勾兑而成的酒)。

（四）按商品的特性分类

根据商品特性的不同,可将酒精饮料分为白酒、黄酒、果酒、啤酒和药酒五类。在这五类酒中,根据酒的颜色又可分为有色酒和无色酒。黄酒、果酒、啤酒、药酒和配制酒属于有色酒,白酒属于无色酒。通常有色酒的度数比较低,无色酒的度数要高些。

（五）按酒的营养成分分类

根据酒的营养成分,可将酒精饮料分为白酒、黄酒、啤酒、果酒和药酒。白酒含酒精量高,人体摄入量受到一定的限制,营养价值有限。但白酒的成分是很复杂的,如茅台含有多达70余种香味素,这些物质中有不少是人体健康所必需的。黄酒含有糖分、糊精、有机酸、氨基酸和各种维生素等,具有很高的营养价值,特别是所含多种多量的氨基酸,是其他酒所不能比拟的。另外,黄酒易被人体消化吸收,故而人们把黄酒列为营养饮料酒。人称"液体面包"的啤酒营养丰富,一瓶啤酒含有30克糊精、糖分及多种维生素和矿物质,经人体消化后,能产生相当于5~6个鸡蛋、500克瘦肉所产生的热量,所以啤酒是一种优良的饮料。果酒一般都含有营养物质,如喝葡萄酒就有开胃、健身的作用。药酒中的各种补酒,一般含有人参、鹿茸、枸杞、当归、蛤蚧等补药,对中老年人有一定的补益作用。

（六）按配餐方式分类

根据配餐方式的不同,可将酒精饮料分为餐前酒、餐酒、甜点酒和餐后酒,这在外国酒中比较常见。餐前酒是以成品酒或食用酒精为原料加入香料等浸泡而成的一种配制酒,像味美思、茴香酒、比特酒等;餐酒主要是指葡萄酒,西方人就餐时一般只喝葡萄酒而不喝其他酒类;甜点酒是吃点心时饮用的、带有甜味的葡萄酒,如甜雪利酒、马德拉酒和波特酒;餐后酒主要是指餐后饮用的可帮助消化的酒类,如利口酒和白兰地。

二、酒精饮料代表

（一）中国酒精饮料代表

1. 茅台酒

贵州茅台酒独产于中国贵州省仁怀市茅台镇,是与苏格兰威士忌、法国科涅克白兰地齐名的三大蒸馏酒之一。茅台酒历史悠久、源远流长。1915年至今,茅台酒共获得十五次国际金奖,连续五次蝉联"中国国家名酒"称号,与泸州老窖、杏花村汾酒并称我国三大名酒,是大曲酱香型白酒的鼻祖。

茅台酒以本地优质糯高粱、小麦、水为原料,利用得天独厚的自然环境,采用科学独特的传统工艺精心酿制而成。用曲多,发酵期长,采用多次发酵、多次取酒等独特工艺,不添加任何香气、香味物质,从生产、贮存到出厂历经五年以上,这是茅台酒风格独特、品质优异的重要原因。

茅台酒是风格最完美的酱香型大曲酒的典型,故酱香型又称茅香型。茅台酒液纯净透明、醇馥幽郁,由酱香、窖底香、醇甜三大特殊风味融合而成,现已知香气组成成分多达300余种。

2. 汾酒

汾酒是我国历史名酒,产于山西省汾阳市杏花村。作为清香型白酒的典型代表,汾酒工艺精湛、源远流长,素以入口绵、落口甜、饮后余香、回味悠长等特色而著称,在国内外消费者中享有较高的知名度、美誉度和忠诚度。

杏花村汾酒用的是晋中地区、吕梁地区特产的无污染的优质高粱、大麦、豌豆,好原料再加上"清蒸二次清,固态地缸分离发酵,清字当头,一清到底"的传统酿造工艺,精心酿出酒液晶亮、清香幽雅、醇净柔和、回甜爽口、饮后余香的杏花村汾酒,在国内外市场享有美誉。专家誉其色、香、味为"酒中三绝"。

3. 五粮液酒

五粮液酒是由位于"万里长江第一城"——中国西南腹地的四川省宜宾市北面的岷江之滨的五粮液集团有限公司出品的。五粮液酒自1915年代表中国首获"巴拿马万国博览会"金奖以来,相继在世界各地的博览会上获得39次金奖,并被第五十届世界统计大会评为"中国酒业大王"。1995年在"第十三届巴拿马国际食品博览会"上又再获金奖。

五粮液酒因以优质糯米、大米、高粱、小麦、玉米五粮为原料酿制而得名。它是宜宾酒厂采用"五粮配方,小麦制曲,人工培窖,双轮低温发酵,量质摘酒,按质拼坛,分级储存,精心勾兑"的独特技术和悠久的传统工艺精酿而成的,以"香气悠久、口味醇厚、入口甘美、入喉净爽、各味协调、恰到好处、酒味全面"的独特风格闻名于世,以其独有的自然生态环境、明代古窖、五种粮食配方、酿造工艺、中庸品质、"十里酒城"等六大优势,成为当今酒类产品中出类拔萃的珍品。

4. 西凤酒

西凤酒产于陕西省宝鸡市凤翔县柳林镇,始于殷商,盛于唐宋,已有三千多年的历史。西凤酒以当地特产高粱为原料,用大麦、豌豆制曲。工艺采用续渣发酵法,发酵窖分为明窖与暗窖两种。工艺流程分为立窖、破窖、顶窖、圆窖、插窖和挑窖等工序,自有一套操作方法。蒸馏得酒后,再经三年以上的贮存,然后进行精心勾兑方可出厂。

西凤酒无色清亮透明,醇香芬芳,清而不淡,浓而不艳,集清香、浓香之优点于一体,被誉为"酸、甜、苦、辣、香五味俱全而各不出头",即酸而不涩,苦而不黏、香不刺鼻、辣不呛喉,饮后回甘、味久而弥芳。西凤酒属凤香型大曲酒,被誉为"凤型"白酒的典型代表。

5. 泸州老窖

在中国几千年的酒业发展进程中,泸州老窖始建于明清两代,连续使用两百年以上的酿酒窖池600多口,形成中国独一无二的"老窖"群落。其酿造基酒均出自百年以上的窖池,故得此名。

泸州老窖酒的酿造,钟天地之灵气,聚日月之精华,贯华夏之慧根,酿人间之琼浆。其施曲蒸酿、贮存醇化的工艺不仅开中国浓香型白酒之先河,更是中国酿酒历史文化的丰碑。从泸州老窖的特点来看，它全面发展了百年窖池之优势，淋漓尽致地展现了中华白酒文化，满足了市场消费对优质白酒的需要，完全按照传统方法、传统工艺、传统标准生产，具有浓香、醇和、味甜、回味长等四大特色。

6. 古井贡酒

古井贡酒历史悠久，产地为魏武帝曹操和神医华佗的故乡——亳州。古井贡酒以本地优质高粱为原料，以大麦、小麦、豌豆制曲，沿用陈年老发酵池，继承了混蒸、连续发酵工艺，并运用现代酿酒方法加以改进，形成入口绵甜、醇香清怡、口感饱满之特色。

7. 全兴大曲酒

全兴大曲酒系浓香型大曲酒，产于天府之国——四川成都的全兴酒厂。因历史上该厂叫"全兴老号"，酿制的酒属曲酒型，故得此名。

全兴大曲酒在酿造工艺上有自己的一套传统操作方法。采用陈年老窖发酵，发酵长达60天，发酵必须达到窖熟糟香、酯化充分的要求。蒸酒时，要掐头去尾，也就是把质量不好的尾酒稀释后再回窖发酵。用作填充料的谷壳要经过清蒸处理，不仅要除去谷糠的腥杂味，而且要蒸到有谷香味，才能配料蒸酒。中流酒还要经过品尝鉴定，验质分级。鉴定合格后，再分窖分坛入库，贮存一年以上，然后勾兑、装瓶、包装出厂。

全兴大曲酒无色透明、清澈晶莹，具有窖香浓郁、醇和协调、绵甜甘冽、落口净爽等特点。

8. 董酒

董酒产于贵州遵义董酒厂，属大曲其他香型优质白酒。董酒以优质高粱为主要原料，以厂区西面八公里的水口寺地下泉水为酿造用水。董酒是串香工艺的鼻祖，其独特工艺简称为"两小、两大、双醅串香"，经过分级陈酿，科学勾兑，形成特殊的董香风格——酒液清澈透明，香气幽雅舒适，入口醇和浓郁，饮后甘爽味长。

9. 剑南春酒

剑南春酒产于四川省绵竹市，因绵竹在唐代属剑南道，故称"剑南春"。四川的绵竹市素有"酒乡"之称，绵竹市因产竹产酒而得名，早在唐代就出产闻名遐迩的名酒"剑南烧春"。

剑南春酒质无色，清澈透明，芳香浓郁，醇和回甜，酒体丰满，香味协调，恰到好处，清洌净爽，余味悠长，属于浓香型大曲酒。

10. 郎酒

郎酒产自川黔交界有"中国美酒河"之称的赤水河畔。作为一个拥有百年历史的中国白酒知名品牌，郎酒是我国名酒园中的一株新秀。郎酒1979年被评为全国优质酒；1984年在第四届全国名酒评比中，以"酱香浓郁，醇厚净爽，幽雅细腻，回甜味长"的独特香型和风味而闻名全国，首次荣获全国名酒的桂冠，并获金奖。

郎酒以高粱和小麦为原料，酿造工艺与茅台酒大同小异，两次投料，七次取酒，周期为九个月，三年后再勾兑出厂，分为酱香型、兼香型和浓香型三种。

(二) 外国名酒

1. 白兰地

白兰地是以水果为原料，经发酵、蒸馏制成的酒。通常所称的白兰地专指以葡萄为原料，通过发酵再蒸馏制成的酒。而以其他水果为原料，通过同样的方法制成的酒，常在白兰地酒前面加上水果原料的名称以区别其种类。比如，以樱桃为原料制成的白兰地称为樱桃白兰地（Cherry Brandy），以苹果为原料制成的白兰地称为苹果白兰地（Apple Brandy）。白兰地酒精浓度在40～43度之间（勾兑的白兰地酒在国际上一般标准是42～43度），虽属烈性酒，但由于经过长时间的陈酿，其口感柔和、香味纯正，饮用后给人以舒畅的享受。白兰地呈美丽的琥珀色，富有吸引力，其悠久的历史也给它蒙上了一层神秘的面纱。国际上通行的白兰地酒精体积分数在40%左右，色泽金黄晶亮，具有优雅细致的葡萄果香和浓郁的陈酿木香，口味甘冽，醇美无瑕，余香萦绕不散。

2. 威士忌

威士忌是一种以大麦、黑麦、燕麦、小麦、玉米等谷物为原料，经发酵、蒸馏后放入橡木桶中陈酿、勾兑而成的一种酒精饮料，属于蒸馏酒类。威士忌的分类方法很多，依照所使用原料的不同，威士忌可分为纯麦威士忌、谷物威士忌以及黑麦威士忌等；按照威士忌在橡木桶中的贮存时间，它可分为数年到数十年等不同年限的品种；根据酒精度，威士忌可分为40～60度等不同酒精浓度的品种；依照生产地和国家的不同，威士忌可分为苏格兰威士忌、爱尔兰威士忌、美国威士忌酒和加拿大威士忌四大类，其中以苏格兰威士忌最为著名。

3. 龙舌兰

龙舌兰酒又称"特基拉酒"，是墨西哥的特产，被称为墨西哥的灵魂。特基拉是墨西哥的一个小镇，此酒以产地得名。之所以被称为"龙舌兰"，是因为此酒以龙舌兰为原料。传统的龙舌兰喝法十分特别，首先把盐巴撒在手背虎口上，用拇指和食指握一小杯纯龙舌兰酒，再用无名指和中指夹一片柠檬片；迅速舔一口虎口上的盐巴，接着把酒一饮而尽，再咬一口柠檬片，整个过程一气呵成。龙舌兰酒无论风味或是饮用技法，都堪称一绝。

4. 朗姆酒

朗姆是一种以甘蔗汁或甘蔗制糖的副产物——废糖蜜为原料，经过发酵、蒸馏、陈酿而制成的蒸馏酒，又译为劳姆酒、兰姆酒，其主要特征是具有甘蔗香气。产于盛产甘蔗及蔗糖的地区，如加勒比海的一些国家，其中以牙买加、古巴生产的朗姆酒最有名。主要生产方法是将甘蔗汁或废糖蜜（需加水稀释）加石灰乳中和并加热处理后，再经过滤或离心分离除去沉淀物，所得澄清糖液使用专用酵母菌进行发酵。朗姆酒发源于巴巴多斯，18世纪成为英国海军的配给品。

5. 伏特加

伏特加是一种经蒸馏处理的酒精饮料。它是由水和经蒸馏净化的乙醇所合成的透明液体，一般会经多重蒸馏从而达到更纯更美味的效果，市面上品质较好的伏特加一般是经过三重蒸馏的。在蒸馏过程中，除水和乙醇外亦会加入马铃薯、菜糖浆及黑麦或小麦，如果是制作有味道的伏特加，还会加入适量的调味料。伏特加酒的酒精含量通常为35%到50%不等，传统由俄罗斯、立陶宛和波兰所出产的伏特加酒精含量以40%为标准。伏特加酒分为两大类,一类是无色、无杂味的上等伏特加,另一类是加入各种香料的伏特加。伏特加的制法是将麦芽放入稞麦、大麦、小麦、玉米等谷物或马铃薯中,使其糖化后,再放入连续式蒸馏器中蒸馏,制出酒精度在75%以上的蒸馏酒,再让蒸馏酒缓慢地通过白桦木炭层,这样制出来的成品是无色的,这种伏特加是所有酒类中最无杂味的。

三、非酒精饮料代表

1. 茶

茶是以茶叶为原料,经沸水泡制而成的饮料。世界上有50多个国家种植茶叶,饮茶嗜好遍及全球。追根溯源,世界各国最初所饮的茶叶、引种的茶树,以及饮茶方法、加工工艺、栽培技术、茶事礼俗等,都是直接或间接地来自中国。中国是茶的故乡,是茶的原产地。而中国茶的发源地在中国中西部山区,唐代陆羽《茶经》云:"茶者,发乎神农氏,起于鲁周公。"中国人上至帝王将相、文人墨客,下至挑夫贩夫、平民百姓,多数以茶为好,中国人自古对茶就很熟悉。人们常说"开门七件事,柴米油盐酱醋茶",由此也可以看出茶已经深入各阶层。

茶叶有不同的分类方法。按茶的颜色,特别是根据各种茶中茶多酚的氧化聚合程度由浅入深,可分为六大类,即绿茶、黄茶、白茶、青茶、黑茶和红茶,这六大茶类被称为基本茶类。按茶叶的发酵程度可分为不发酵茶、半发酵茶、全发酵茶、后发酵茶,按采茶季节的不同可分为春茶、夏茶、秋茶、冬茶等。按萎凋程度的不同分类,一般而言,绿茶是不萎凋不发酵,黑茶则是不萎凋后发酵,而黄茶是不萎凋不发酵(黄茶是杀青后焖黄再补足发酵的),白茶为重萎凋不发酵,青茶、包种茶、乌龙茶为萎凋部分发酵茶。

2. 咖啡

咖啡是以咖啡豆为原料,经烘焙、研磨或提炼并经水煮冲泡而成的饮品。

咖啡因可刺激中枢神经和肌肉,因而具有缓解肌肉疲劳、控制睡眠、刺激头脑的功能。一方面可以提高心脏机能,扩张血管,促进血液循环,镇静止头痛,使人感到清爽;另一方面,可以刺激交感神经,使副交感神经兴奋引起的阵发性呼吸困难得到控制。咖啡有助于消化,对大蒜还有消除臭味的效果。另外,咖啡还可用做烧菜的调料。因此,咖啡受到越来越多人的青睐。

世界上许多地方都种植咖啡,如印度尼西亚、南美洲等。咖啡也常常以出产国、出产地和输出港的名称命名,如巴西咖啡、印度尼西亚咖啡、哥伦比亚咖啡、墨西哥咖啡和夏威夷咖啡等。

3. 其他酒水

(1)碳酸饮料是指含有二氧化碳的饮料,其主要成分包括碳酸水、柠檬酸等酸性物质以及白糖、香料,有些含有咖啡因、人工色素等。充气的碳酸饮料中几乎不含营养素。碳酸饮料(汽水)可分为果汁型、果味型、可乐型、低热量型及其他型等,常见的如可乐、雪碧、芬达、七喜、美年达、脉动等。其中果汁型碳酸饮料指含有2.5%及以上天然果汁的饮料;果味型碳酸饮料以香料为主要赋香剂,果汁含量低于2.5%;可乐型碳酸饮料指含有可乐果、白柠檬、月桂、焦糖色素等成分的饮料。

(2)果汁是以水果为原料经过物理方法如压榨、离心、萃取等得到的汁液产品,一般是指纯果汁。果汁按形态可分为澄清果汁和混浊果汁。澄清果汁澄清透明,如苹果汁;而混浊果汁均匀混浊,如橙汁。按果汁含量可分为纯果汁和果汁饮料。

(3) 蔬菜汁饮料是指蔬菜汁或打浆后,加入配料所制成的饮料成品。

(4) 饮用水是指可以不经处理、直接供给人体饮用的水,主要指纯净水、矿物质水、天然水和白开水。纯净水最大限度地除去了水中的各类杂质,它的PH值一般在5.0~7.0之间,偏酸性。矿物质水是加了矿物质的纯水。天然水的PH值一般在7.0~8.0之间,呈弱碱性,长期饮用能够让身体保持弱碱性。白开水的来源是市政自来水,因当地的水质不同而有不同的PH值。

(5) 冰激凌又称雪糕、奶糕、豆糕和炒冰块等,种类繁多,花样百出,但制作方法不外乎用乳或乳制品、蛋或蛋制品、甜味剂、香味剂、稳定剂及食用色素做原料,经冷冻加工而成,是夏令冷饮品的重要组成部分,对人体有一定的保健作用,口感细腻、柔滑、清凉。

(6) 乳饮料指以牛乳或其乳制品为原料,经加工制成的饮料成品,包括乳饮料、发酵乳饮料和乳酸饮料等。最常见的是酸奶。

(7) 植物蛋白饮料指以植物果仁、果肉及大豆为原料(如大豆、花生、杏仁、核桃仁、椰子等),经加工、调配后,再经高压杀菌或无菌包装制得的乳状饮料。根据加工原料的不同,植物蛋白饮料可分为四大类,即豆乳类饮料、椰子乳(汁)饮料、杏仁乳(露)饮料和其他植物蛋白饮料,如核桃、花生、南瓜子、葵花子等与水按一定比例经磨碎、提浆等工序后,再加入糖类等配料调制而成的制品。

(8) 其他配制饮料是指以符合非酒精饮料要求的饮用水为主要原料,加入对人体有某种生理调节作用的天然或人工合成配料制成的饮料,像强化饮料、低热饮料和高能饮料等。

第四节 中西餐饮的差异

一、中西方餐饮观念的不同

虽然中国人对饮食追求"色、香、味、形、器"俱佳,但中国饮食之所以有其独特的魅力,关键还在于它的味。而美味的产生在于调和,就是要使食物的本味、加热以后的熟味、加上配料和辅料的味以及调料的味交织融合并协调在一起,使之互相补充,互相渗透,水乳交融,你中有我,我中有你。中国烹饪讲究调和之美,这是中国烹饪艺术的精要之处,也是中国饮食观的最重要的表现。中国饮食倾向于艺术性,它的特点就是随意性。比如,同样一种菜肴,由于地区、季节、对象、作用、等级等的不同,可以在操作上做不同的处理。在中国的烹调术中,对美味的追求几乎达到极致,以至于中国人到海外谋生,很多以开餐馆为业,这成了我们在全世界安身立命的根本。

对比注重"味"的中国饮食,西方持一种理性饮食观念。饮食重科学,重科学即讲求营养,故西方饮食以营养为最高准则,进食犹如为生物机器添加燃料,特别讲求食物的营养成分,如蛋白质、脂肪、碳水化合物、维生素及各类无机元素的含量是否搭配合宜、卡路里的供给是否恰到好处以及这些营养成分是否能为进食者充分吸收、有无副作用等。也就是说,不论食物的色、香、味、形如何,营养一定要得到保证。西方人讲求一天要摄取定量热量、维生素、蛋白质等,即使口味千篇一律,也一定要吃下去,因为有营养。

二、中西方饮食对象的不同

据西方的植物学者调查,中国人吃的蔬菜有六百多种,比西方多六倍。实际上,在中国人的菜肴里,以植物性食料为主,主食是五谷,辅食是蔬菜,外加少量肉食。形成这一习俗的主要原因是中原地区以农业生产为主要的经济生产方式。但在不同阶层中,食物的配置比例不尽相同。因此,素菜是平常食品,荤菜只有在节假日或生活水平较高时才进入平常的饮食结构,所以自古便有"菜食"之说,菜食在平常的饮食结构中占主导地位。中国人以植物为主菜,与佛教徒的宣扬有着千丝万缕的联系。佛教徒视动物为"生灵",而植物则"无灵",所以,主张素食主义。

西方人秉承着游牧民族、航海民族的文化血统,以渔猎、养殖为主,以采集、种植为辅,荤食较多,吃、穿、用都取之于动物,许多西药也是从动物身上摄取提炼而成的。因此,有人根据中西方饮食对象的明显差异这一特点,把中国人称为植物性格,把西方人称为动物性格。

三、中西方饮食方式的不同

中西方的饮食方式有很大不同,这种差异对民族性格也产生一定的影响。

在饮食方式上,中国奉行聚食制。聚食制的起源很早且长期流传,这是中国重视血缘亲属关系和家族家庭观念在饮食方式上的反映。在中国,任何一个宴席,不管是什么目的,大家团团围坐,共享一席。筵席要用圆桌,这就从形式上造成了一种团结、礼貌、共享的气氛。美味佳肴放在一桌人的中心,它既是一桌人欣赏、品尝的对象,又是一桌人感情交流的媒介。人们相互敬酒、相互劝菜,在美好的事物面前,体现了人与人之间相互尊重、相互礼让的美德。虽然从卫生的角度看,这种饮食方式有明显的不足之处,但它符合我们民族"大团圆"的普遍心态,反映了中国古典哲学中"和"这个范畴对后代思想的影响,便于集体的情感交流,所以一直延续至今。

西方的饮食方式多为分餐制。西式饮宴上,食品和酒尽管非常重要,但实际上那是作为陪衬的。宴会的核心在于交谊,通过与邻座客人之间的交谈达到交谊的目的。与中国饮食方式差异较为明显的是西方流行的自助餐,这种方式便于个人之间的情感交流,不必将所有的话摆在桌面上,也表现了西方人对个性、自我的尊重;但各吃各的,互不相扰,缺少中国人群欢共乐的情调。

四、中西方饮食习俗的不同

世界上有许多民族,每个民族都有其各自的特点,一个民族的特质,往往能够形成一种独特的餐饮文化。我们中国人一向热情好客,大家围在一起吃一顿"大锅饭"似乎更能增进彼此的感情,席间,好客的主人会再三地给客人夹菜,热情之状溢于言表;而西方人更乐意把自己喜欢吃的食物放在一个小盘里,不习惯于给对方夹菜,他们认为周到的服务才是他们显示好客的方式。

中国人的传统饮食习俗是以热食、熟食为主的,这也是中国人饮食习俗的一大特点,这与中国文明开化较早和烹调技术的发达有关。西方饮食中多生食或半生的食物。

在餐具使用方面,中西方差异更加明显。众所周知,中国包括亚洲其他一些国家,多使用筷子、汤匙,吃饭也用碗盛;而西方人则是用盘子盛食物,用刀叉即切即吃,喝汤则有专门的汤匙。西餐的菜肴品种虽然简单,但餐具却很复杂。比较正规的一顿西餐吃下来,仅是大小刀、叉、匙的数量大概与菜肴的数量相当;不像中餐,即便是国宴,也不外乎一双筷子、一个汤匙。中国人的筷子代替了西餐具的刀、叉的功能,而且更加灵活、方便。

在西方,主人在请客时,客人是必须要把食物吃干净的,否则表示对主人的不尊敬或饭菜不合口,而在中国则未必把食物都吃干净;另外中国酒桌上以敬酒、劝酒为礼,而西方以自便为仪。

中国的烹调,不仅各大菜系都有自己的风味与特色,即使同一菜系的同一个菜,其主辅料的匹配也会因人而异。同一名厨师做同一个菜,虽有其一己之成法,但也会依不同季节、不同场合、用餐人的不同身份加以调整。此外,还会因厨师自己临场情绪的变化,做出某种即兴发挥。因此,中国烹调不仅不讲求精确到秒与克的规范化,而且还特别强调随意性。

西方人饮食强调科学与营养,故烹调的全过程都严格按照科学规范行事,牛排的味道从纽约到旧金山毫无二致,牛排的配菜也只是番茄、土豆、生菜等有限的几种。规范化的烹调要求调料的添加量精确到克,烹调时间精确到秒。

五、中西方饮食礼仪的不同

在中国的大多数宴会上,位高权重者或年长者首先入座并坐首席是司空见惯的事情,这是因为中国人将长幼有序、尊重长者作为排位的标准。中国的宴会或多或少地缺乏对女性的尊重,许多地区有"女人不上席"的习俗;即使上席,女性所坐的位置一般也不显著。在西方,人们则将女士优先、尊重妇女作为宴会排座位的标准,同时也作为宴会上其他行为的标准。

中国人请客,主要按长、尊、主、次围桌而坐,满桌丰盛的酒菜,主人频频劝酒,客人谦让多礼,中国人觉得只有这样的宴客方式才能体现主人的热情和诚恳。宴客时,中国人崇尚热闹欢快的气氛,讲究面子和排场,排场之大、气氛之热闹常常令人叹为观止。与中国人用餐气氛有所不同的是,西方人在餐桌上喜欢专心致志地、静静地品味盘中餐。中国人餐桌上的闹与西方人餐桌上的静呈现出鲜明的对比。

中国一般是客齐后导客入席,对门而坐为首席,按照左为上的原则,左右两侧分别为二座、三座等。在西方,一般来说,面对门、离门最远的那个座位是女主人的,与之相对的是男主人的座位。女主人右手边的座位是第一主宾席,位于男主人右边的座位是第二主宾席,一般是主宾的夫人。中国人传统上用八仙桌,对门为上,两边为偏座。请客时,年长者、主宾或地位高的人坐上座,男女主人或陪客者坐下座,其余客人按顺序坐偏座。在中国,左为尊,右为次;而在西方,右为尊,左为次。在衣着方面,中国人在餐馆用餐的穿着可以随便一些,即使是 T 恤、牛仔裤都可以,只有在重要的宴会上才穿得隆重一些。但在西方,去高档的餐厅,男士要穿着整洁的上衣和皮鞋,女士要穿套装和有跟的鞋子。如果指定穿正式服装的话,男士必须打领带,不可穿休闲服到餐馆里用餐。

【小结】

本章概述了中餐、西餐和酒水的相关知识。通过学习,能够对中西餐的起源、发展与特点有基本的认识,对中西餐的类型能明确把握,可以区分并熟悉酒精饮料和非酒精饮料的代表;能够运用所学的中西餐知识,准确地为客人介绍中西各式菜品;比较了中西餐饮的差异。

【关键术语】

中餐　西餐　酒精饮料　非酒精饮料

【习题】

一、简答题

1. 中餐的特点是什么?
2. 西餐的特点是什么?

二、论述题

试述中西餐饮的差异。

第二章 餐饮业概述

【教学要点】

知识要点	掌握程度	相关知识
餐饮业概述	掌握	餐饮业的概念、餐饮业的组成
餐饮业的特点	了解	餐饮生产的特点、餐饮销售的特点、餐饮服务的特点
餐厅的分类	了解	餐厅分类的标准和类型
餐饮企业	掌握	餐饮企业的组织机构与岗位职责
我国餐饮业的发展趋势	掌握	我国餐饮业的发展趋势

【导入案例】

中式快餐成消费潮流

我国餐饮市场的消费需求悄然变化,餐饮消费市场凸显以下十大趋势。

1. 中式快餐成为大众消费潮流

洋快餐虽有良好发展,但因多年饮食习惯和中餐不可抗拒的美味,未来中式快餐食品仍占主导地位。调查显示,目前我国快餐市场中,78.9%为中式快餐店,21.1%是西式快餐店。

2. 品牌力成制胜法宝

随着人们对就餐环境、体验等方面的要求越来越高,名气大、品牌响的餐厅越做越大。餐饮市场的竞争,必将回归于品牌间的竞争。企业品牌力强,才有更广阔的市场。

3. 连锁经营是快餐业发展趋势

连锁经营不仅可以提高效率、降低成本,还能帮助餐饮业突破发展中的管理瓶颈。连锁经营具有成本优势、价格优势、品牌优势,是餐饮业经营模式的主要发展方向。

4. 口碑营销、网络营销被广泛应用

口碑营销方式在餐饮业已经出现。"导吃顾问""美食侦察"成为餐厅进行创新、改良菜品、营销餐厅的创新手段。网络营销也被看重,用网络搜索自己中意的餐厅、美食已很常见。

5. 资本扩张成年度大戏

知名中餐连锁店开始提炼经营技术,积淀品牌价值,整合上下资源,融资扩张成为餐饮业加速发展的新模式。以后将有更多资本看好餐饮业的快速发展,兼并介入餐饮行业。

6. 就餐环境人文化

餐馆档次也体现在环境上。文化已成为餐饮业装潢视觉的重要元素,"吃环境"将是餐饮业的发展趋势之一。根据不同的定位,体现不同的文化,成为许多餐馆的竞争手段。

7. 菜品定位精细化

特色是传统餐饮的立身之本。这种强调口味的做法,仍是宣传之道。但口味一旦被复制,特色也就成了平常。所以更多餐饮企业关注地方风味、精细化定位、拥有特色菜肴,精细化的创新定位渐成趋势。

8. 微利时代靠"信息化"突围

以净雅集团为例,IBM公司以工业化视角对餐饮业咨询成果信息化后,门店人力效率提升了15%～25%。通过信息化带来了管理模式和手段的革新,使利润依然存在较大的提升空间。

9. 天然、专属成消费热潮

现在的人们对就餐食品的健康、天然有较高要求,开始寻找一种"原始"乐趣,寻找大自然的感觉,追求私家会所美食,寻找"专属"自己的空间。上述新业态呈渐热趋势。

10. 中餐与西餐渐趋融合

洋为中用、中西合璧的趋向在餐饮行业明确体现。洋餐饮让本土餐饮的视角变得更为宽广,经营创新的渠道也更为多元。

(资料来源:www.Chinahotel.org.cn,中国饭店协会网站)

第一节 餐饮业的概念及组成

一、餐饮业的概念

餐饮业指从事饮食烹饪加工和服务的生产、经营性服务行业。

俗话说,民以食为天,饮食是人类赖以存在的物质条件之一。伴随着人们对饮食的需求变化,从事饮食加工、服务的餐饮业也不断发展变化。尤其是改革开放以来,我国餐饮业取得了突飞猛进的发展。1991～2011年,我国餐饮业收入每年都以两位数的速度增长。如表2-1所示,2011年,全国餐饮收入达20635亿元,比2010年增长16.9%。

表2-1 我国部分年份餐饮业经营状况统计

年 份	营业额(亿元)	同比增长(%)
2000年	3753	17.3
2001年	4369	16.4
2002年	5092	16.6

续　表

年份	营业额（亿元）	同比增长（%）
2003 年	6066	11.6
2004 年	7486	21.6
2005 年	8806	16.8
2006 年	10345.5	16.4
2007 年	12352	19.4
2008 年	15404	24.7
2009 年	17998	16.8
2010 年	17648	18.1
2011 年	20635	16.9

（资料来源：中华人民共和国国家统计局公布的相关年份国民经济和社会发展统计公报）

在我国餐饮业规模快速发展的同时，餐饮的质量和内涵也发生了重大变化。行业的经营领域和市场空间不断拓宽，经营档次和企业管理水平不断提高，经营业态日趋丰富，投资主体和消费需求多元化特点更加突出，营业网点数量和从业人员队伍继续扩大；餐饮市场更加繁荣，消费的个性化和特色化趋势明显，追求品牌、绿色、生态、健康、营养、安全成为发展的主题。集团化、连锁化、品牌化、信息化、产业化和国际化的发展步伐加快，餐饮现代化的进程不断推进。

自古至今，餐饮业为客人提供就餐服务的社会职能没有改变。但随着社会生产力的不断发展，人们生活水平的不断提高，商务、社交、休闲、旅游等需求的不断增长，家务劳动社会化的逐渐普及，餐饮业将有更广阔的市场发展空间和更多样化的社会需求。

二、餐饮业的组成

餐饮业主要由以下三部分组成。

第一，综合性饭店下属的餐饮部，包括中餐厅、西餐厅、咖啡厅等。

第二，社会上独立经营的餐饮服务机构，包括各种类型和风味的酒店、餐馆、酒楼、酒吧、咖啡厅、快餐店、小吃店、茶馆等。

第三，企事业单位的内部食堂，它属于单位内部餐厅，主要为本单位职工提供福利性用餐，或为服务对象提供方便用餐，如机关餐厅、学校餐厅、医院餐厅等。该类餐厅一般是保本经营或微利经营。

第二节 餐饮业的特点

民以食为天,就餐是每个人生活中必不可少的组成部分。餐饮行业主要担负着为人们的日常生活提供饮食的任务。因此,餐饮业与社会经济和人民群众的生活密切相关。

餐饮业既是以手工劳动为主的传统服务业,又是具有时代特征的现代服务业。它既不同于一般的工业生产企业,又区别于饭店的其他部门,具有自身显著的特点。

一、餐饮生产的特点

餐饮企业是以手工劳动为主的劳动密集型行业。餐饮企业以生产有形的产品——菜品、酒水为主,同时又生产无形的服务产品,是有形产品和无形服务的有机结合。

(一)餐饮生产属个别订制生产

餐厅销售菜肴,基本上是客人点菜,然后厨师将其制作成产品。由于饭店经营的餐饮产品种类多,但客人每次的需求量却有限,导致餐饮产品基本上是多规格、小批量生产,这给饭店餐饮原材料的采购、餐饮产品的生产、餐饮标准的统一和餐饮质量管理带来难度。

(二)餐饮生产的及时性与即时性

及时性是指客人点菜后厨房立即生产,基本上是现点、现做、现销售、现消费,周期很短;即时性是指餐饮生产的速度快。餐饮产品的生产是通过对食品原料的加工、切配、烹制来完成的,即现点现做。制作一份菜肴,可能只需要几分钟、十几分钟或几十分钟,即使是一桌宴会,也不过几个小时。

餐饮生产的及时性与即时性,对餐饮生产提出较高要求,一是要提高生产效率,最大限度地缩短客人等待的时间;二是要在有限的时间内为客人提供优质的餐饮产品,最大限度地满足客人的需要。

(三)餐饮产品的不可储存性

餐饮产品的不可储存性,一是指餐饮产品是综合产品,不仅包含菜品、酒水等实物,还包括餐厅环境与气氛、餐饮服务和餐饮文化等方面,它们共同组成了餐饮产品。一经生产,餐饮产品就必须立即销售给客人,餐厅难以把完整意义上的餐饮产品储存起来以后销售;二是指餐饮产品具有易变质、易腐烂的特点,菜品生产出来一旦销售不出去,就会发生质量的变化,将影响销售。

(四)餐饮生产的随机性

客人到餐厅点菜以后,菜品的生产、销售才开始。所以,受客人消费随机性的影响,在餐饮生产活动开始之前,餐饮企业生产什么、生产多少往往难以估计,这为餐饮企业的采购和生产带来了一定的困难。由于菜品原料种类繁多,制作某种菜品需要多种原料,而同一原材料又有不同的用法,所以,餐厅必须做好充分的原料和生产方面的准备,以满足客人的不同需求。

（五）餐饮生产环节多，管理难度大

餐饮生产一般要经过计划—采购—验收—储存—发料—生产—销售—服务等一系列环节才能完成，所以，管理起来难度较大。

二、餐饮销售的特点

餐饮销售受餐厅空间的大小、餐位数的多少、服务效率、菜品特色、餐饮促销、餐饮企业和餐饮产品的知名度等因素的综合影响。

（一）餐饮销售受餐厅经营空间的限制

由于餐饮是就地消费，因此，餐厅经营空间规模的大小，决定了餐位数的多少和餐厅接待就餐客人能力的大小。在已有的餐饮生产、经营空间中如何提高餐饮生产的能力，如何提高餐厅的服务质量、服务效率和座位的周转率，改善就餐环境和餐厅氛围等，是餐饮经营者应重点解决的问题。

（二）餐饮销售受进餐时间的限制

受人们一日三餐生活习惯的影响，餐饮经营每天都有时段性，存在明显的营业高峰和低谷。早上7：00—8：30、中午11：30—13：30、晚上18：30—21：30是餐厅经营的高峰期。餐饮企业在做好接待就餐客人的同时，还应在常规就餐时间外做文章，增加外卖、上门送餐等服务项目，提高餐饮的销售量。

（三）餐饮经营毛利率较高、资金周转较快

国内饭店的毛利率一般都较高，三星级饭店的餐饮毛利率一般在50%左右，四、五星级饭店的餐饮毛利率在60%左右。同国外饭店餐饮的微利相比，国内饭店的餐饮盈利有很大的空间。同时，餐饮销售收入中相当一部分是现金收入，餐饮原料也多是定期或每日采购，及时消耗，资金周转较快。

三、餐饮服务的特点

餐饮服务可分为前台服务和后台服务。后台服务是前台服务的基础，前台服务是后台服务的提升和延续，二者相辅相成。

（一）全员性

服务质量是餐厅的生命线，是餐饮企业生产和发展的关键。因此，饭店必须树立全面管理服务质量的观念。不要把服务只看成是前台的工作，与后台无关。只有前后台一起抓，才能确保从根本上提升整个餐饮的服务质量。

（二）同步性

餐饮产品大多是生产、销售和消费同步进行的。餐饮产品的生产过程，也就是客人的消费过程。同步性决定了餐厅应要求每位服务员全身心地投入到餐饮服务和销售中去，每一次都要为客人提供优质的餐饮产品。

（三）一次性

餐饮服务的一次性是指客人只能当场享受、当场消费餐饮服务。餐饮服务的每一个过程、每一个环节都要运行良好，才能让客人感受到优质的服务；其中任何一个过程、一个环节出现问题，对整个餐饮服务来说都将是无法弥补的损失，这就是饭店管理中常说的

"100－1＝0"的道理。

（四）差异性

餐饮服务为客人提供面对面的服务，客人直接参与到餐饮产品的销售和服务之中。不同素质的服务人员为客人提供的服务不尽相同，即使是同一服务人员，在不同场合，针对不同的客人，提供的服务也不完全相同。服务人员一方面要认真贯彻和执行餐饮企业的服务操作标准和质量标准，另一方面也要充分了解客人的生活习惯和饮食爱好，有针对性地开展服务工作，提供个性服务和定制服务。

第三节　餐厅的分类

一、按经营特色不同分类

（一）中餐厅（Chinese Restaurant）

中餐厅是提供中式菜肴和服务的餐厅，餐厅的装饰装修、家具、环境、气氛、服务员服饰和服务方式都体现了中华民族的传统和文化底蕴。中餐厅一般只提供中、晚两餐服务。

（二）西餐厅（Western Restaurant）

西餐厅是以经营欧美主要国家的西式菜式和西点为主的餐厅。餐厅装饰、布置着重表现欧洲文化，气氛强调优雅、浪漫。西餐厅一般分为法式餐厅、意式餐厅、俄式餐厅、德式餐厅等。其中，高档的法式餐厅被称为"扒房"（grill room），它代表了西式菜肴、酒水和服务的最高水准。西餐厅一般只提供晚餐服务。

（三）宴会厅（Private Room）

宴会厅是饭店承办各种宴席的场所。宴会厅按照接待客人的多少不同，可分为多功能厅（Function Room）和小宴会厅（Private Room）。多功能厅是宴会部面积最大、设备设施最齐全的活动场所，既可以举办中餐宴会、西餐宴会、冷餐酒会、鸡尾酒会，还可以举办大型会议、记者招待会、新闻发布会、大型展销会和节日活动等。小宴会厅又称包间，空间独立，不受外面干扰，可以满足小型中、西餐宴会和其他餐饮活动的需要。

（四）酒吧（Bars）

酒吧是出售酒水和各种下酒小吃，供人们休闲、聚会的场所。按所在位置的不同，酒吧可分为大堂吧（Lobby Lounge）、主酒吧（Open Bar）、服务酒吧（Service Bar）、贵宾酒廊（VIP Lounge）和游泳池酒廊（Pool-Side Bar）；此外，还有花园酒吧、空中酒吧、茶座、客房小酒吧等。

（五）咖啡厅（Coffee Shop）

咖啡厅是以提供咖啡、酒水、饮料、点心小吃等为主，并提供简单西餐或自助餐的餐厅，满足了客人会客和非用餐时间对餐饮的需求。咖啡厅一般设在酒店一楼大厅。

（六）特色餐厅或风味餐厅（Specialty Restaurant）

特色餐厅或风味餐厅也是正餐厅。特色餐厅一般有鲜明的主题，可分为以下几种。

1. 专营某一类菜肴

提供海鲜、药膳、野味、素食、涮锅、火锅、小吃等不同特色的风味食品,如小肥羊、北京东来顺等。

2. 专营一类菜系

如川菜馆、粤菜馆、杭帮菜馆、湘菜馆等。

3. 专营某一民族的菜肴

如清真菜、苗家餐馆、满汉全席等。

4. 以特定的历史文化为主题

以特定的历史时期或地域、人物、文化、艺术、风土人情、宗教信仰、神话传说等为主题,满足客人对餐饮的多元化需求,并力图在公众中树立独特、鲜明的企业形象,如绍兴咸亨酒店、黑土地餐馆等。

5. 以某一烹饪方法为主的餐厅

如扒房、巴西烤肉餐厅等。

二、按服务方式不同分类

(一)豪华餐厅

为满足高消费客人需要而设计建筑的设施豪华、气氛高雅的餐厅;其菜品选料考究,制作精细,价格昂贵,设施设备高档,服务一流。

(二)自助餐厅

此类餐厅是将菜肴、主食、甜品、饮料和水果等食品分类摆放在食品长台上,供客人自由选取自己喜爱的食品。自助餐按餐厅标明的固定标准付费。餐厅气氛轻松,菜肴品种繁多,服务快捷,客人自由选择的余地较大。此类餐厅应提醒客人,按需取食,不要浪费。

(三)快餐厅

快餐厅以提供中西餐套餐和简单菜肴为主,如国际快餐连锁企业"肯德基"、"麦当劳"、"德克士"等,中式快餐连锁餐饮企业如"永和豆浆"、"真功夫"、"马兰拉面"等。

三、按服务对象不同分类

(一)旅游餐厅

此类餐厅主要接待旅行社组织的旅游团队的客人和旅游散客。旅游餐厅一般经营有当地特色的菜肴、名小吃,让客人领略有特色的区域饮食文化。旅游餐厅里还可以摆放一些旅游杂志,供客人翻阅,也可以出售一些旅游景点的书籍、音像资料、明信片等供客人选购、收藏。需要注意的是,旅游餐厅要注意经营菜品的质量、分量和服务,让客人吃饱、吃好,品尝到当地的特色菜。

(二)会议餐厅

此类餐厅以接待各种类型的会议客人为主。会议型客人具有用餐标准统一、餐标较高、参会人数多等特点。会议餐厅应充分考虑会议客人的需求,注意丰富菜品的花色品种,突出菜品的特色,保证菜品的质量。

（三）企事业单位餐厅

此类餐厅是指主要为本单位职工提供福利性用餐的单位内部餐厅，如机关食堂、学校餐厅、医院餐厅等。

四、按经营方式不同分类

（一）独立经营的餐厅

此类餐厅独立经营，独立核算，有自己的注册资本，有独立的法人资格。大多数餐厅属于此类。

（二）依附经营的餐厅

综合性旅游饭店下属的餐饮部属于此类。一些饭店的餐饮部虽然独立核算，但没有自己的注册资本，不具备独立的法人资格，依附于饭店经营，是旅游饭店的重要业务部门，是饭店收入的重要来源。

（三）连锁经营的餐厅

连锁经营是当今世界餐饮业的发展方向。通过连锁经营，走集团化发展的道路，实现规模效应，是连锁经营企业的经营目标。

现在，国外著名的餐饮集团就是以连锁的方式在中国发展，占领我国的餐饮市场。中国餐饮100强企业中有80%左右的企业采用连锁经营的方式得以迅速发展。

应用实例

连锁是中国餐饮企业做大做强的制胜法宝

中国餐饮百强企业由中国商业联合会、中国烹饪协会和中华全国商业信息中心联合评选。2010年评选出来的中国餐饮百强企业，几乎均采用连锁的方式经营，取得了骄人的业绩。以下列举出2010年中国餐饮百强中前20位的企业。

1. 百胜餐饮集团中国事业部
2. 美心食品有限公司
3. 内蒙古小肥羊餐饮连锁有限公司
4. 内蒙古小尾羊餐饮连锁股份有限公司
5. 上海锦江国际酒店股份发展有限公司
6. 天津顶巧餐饮服务咨询有限公司
7. 重庆陶然居饮食文化（集团）有限公司
8. 重庆德庄实业（集团）有限公司
9. 中国全聚德（集团）股份有限公司
10. 重庆市毛哥食品开发有限公司
11. 味千（中国）控股有限公司
12. 苏州迪欧餐饮管理有限公司
13. 内蒙古草原牧歌餐饮连锁股份有限公司
14. 重庆骑龙饮食文化有限责任公司

15. 深圳市麦广帆饮食策划管理有限公司
16. 重庆秦妈餐饮管理有限公司
17. 真功夫餐饮管理有限公司
18. 北京合兴餐饮管理有限公司
19. 浙江凯旋门澳门豆捞控股集团有限公司
20. 北京东来顺集团有限公司

第四节 餐饮企业的组织机构与岗位职责

一、餐饮企业的组织机构

(一)小型餐饮企业的组织机构

小型餐饮企业分工不宜过细,组织机构比较简单。机构设置应尽可能扁平化,减少管理层次,从而提高管理效率,加快信息传递速度。其组织机构如图 2-1 所示。

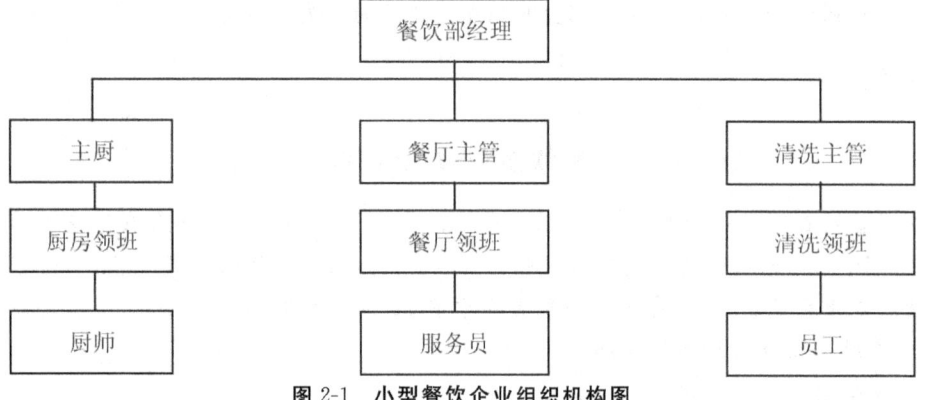

图 2-1 小型餐饮企业组织机构图

(二)中型餐饮企业的组织机构

相对于小型餐饮企业,中型餐饮企业组织机构内部分工较细,功能较全,类型较全,厨房与餐厅配套。其组织机构如图 2-2 所示。

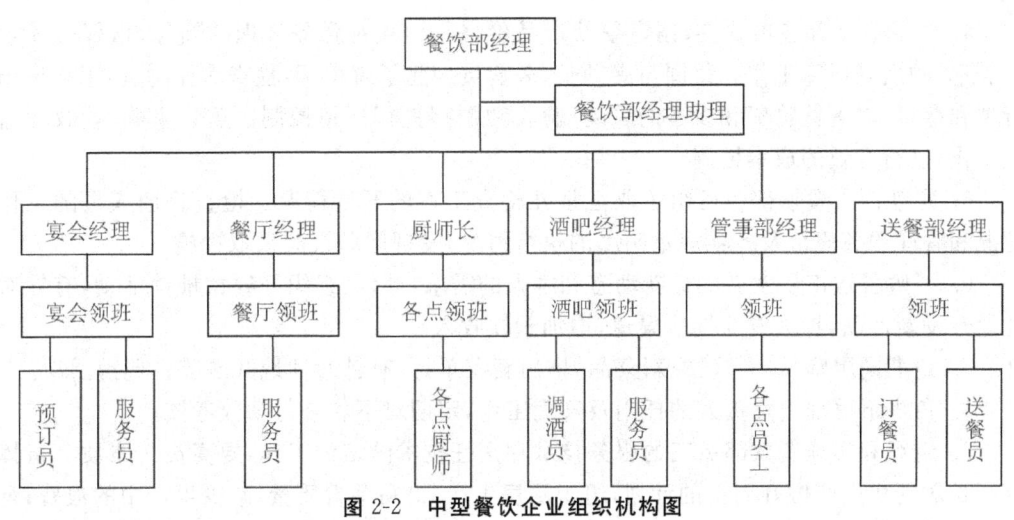

图 2-2 中型餐饮企业组织机构图

(三) 大型餐饮企业的组织机构

大型餐饮企业经营范围广,分工细致,所以,组织机构层次多,结构复杂,其组织机构如图 2-3 所示。

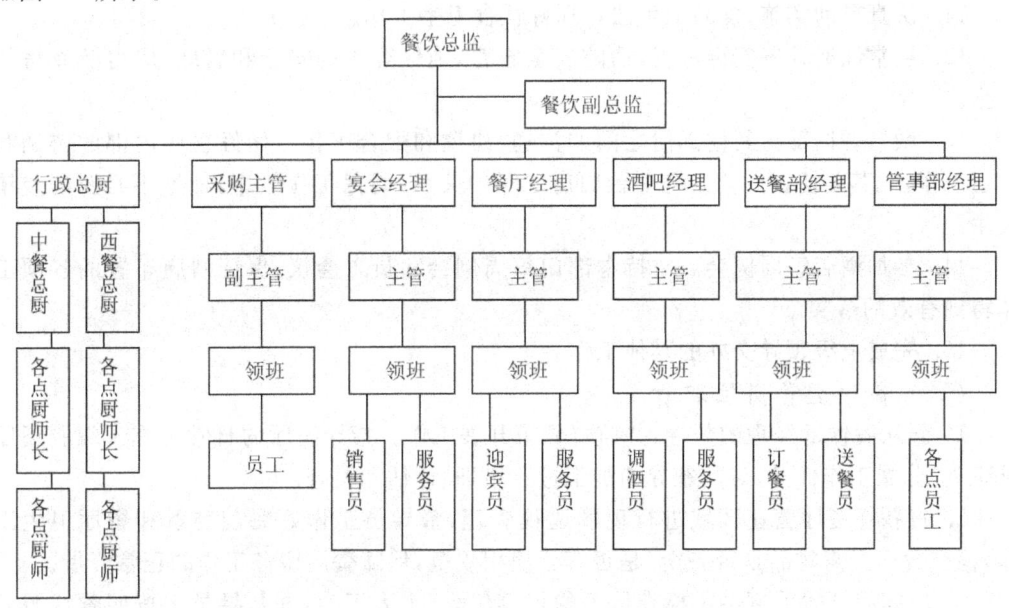

图 2-3 大型餐饮企业组织机构图

二、餐饮企业主要岗位的岗位职责

(一) 餐饮部经理岗位职责

1. 协助总经理全面负责餐饮部的日常工作,负责餐饮部的食品饮料的生产、销售、服务和经营管理工作,确保餐饮部各项工作的顺利开展。

2. 负责制订餐饮部工作计划,带领本部门员工努力完成各项经营指标。

3. 主持建立和完善餐饮部的各项规章制度、服务规范与标准,并督导实施。

4. 控制餐饮部各项收支,制定餐饮产品价格。加强对膳务管理的领导,做好餐饮生产、服务的后勤保障工作。每周与厨师长、采购员一起了解市场,检查库存物资,了解市场行情和存货,对餐饮物资和设备的采购、验收和贮存进行严格控制。监督采购、验收和盘点工作,进行有效的成本控制。

5. 定期深入餐饮部各班组听取汇报并检查工作的开展情况。检查管理人员的工作情况和餐厅服务规范及各项规章制度的执行情况,发现问题及时采取措施。

6. 了解餐饮市场发展的最新动态和客人的需求,计划、组织好餐饮推销活动,有针对性地开发新产品,扩大餐饮销售渠道,增加餐饮收入。

7. 定期同厨师长一起研究新菜品,推出新菜单,并针对性地开展节日促销活动。

8. 负责下属部门负责人的任用及管理工作,定期对下属进行绩效考核。

9. 组织和实施餐饮部员工的服务技术和烹饪技术的培训工作,提高员工素质。指挥厨师长对厨房生产做好周密的计划,组织厨房生产,提高菜肴质量,减少生产中的浪费;督导前厅主管组织好餐饮的服务工作,不断提高餐饮的服务质量。

10. 主动征求客人对餐饮的意见和建议,积极认真地处理客人的投诉,建立良好的客户关系。

11. 认真贯彻实施《食品卫生法》,抓好饮食卫生工作。

12. 经常性地开展安全保卫、消防安全教育,确保客人的安全和餐厅、厨房及库房的安全。

13. 做好餐饮部与其他部门之间的沟通、协调和配合工作。做好餐厅内部的协调和沟通工作,尤其要协调好前台与后台厨房之间的关系,确保工作效率,杜绝不必要的差错发生。

14. 参加酒店每周例会。主持本部门每周例会和员工会议,保证酒店布置的各项工作得到有效的落实。

15. 完成上级领导交办的其他工作。

(二)餐厅主管岗位职责

1. 服从餐饮部经理的督导,并监督领班开展工作。指导餐厅的日常工作。编制餐厅排班表,分派工作任务,对其领导的员工进行培训、评估和检查。

2. 每餐在餐厅营业区域进行现场巡视管理,督导员工做好餐前准备和餐厅卫生工作,检查餐厅所需物品是否齐全、是否符合使用规范,保障餐厅服务工作的正常开展。

3. 组织召开餐前例会。检查员工的仪容仪表、个人卫生,并督导员工按照餐饮服务程序和服务质量标准提供优质服务。及时处理特殊问题,及时恰当地处理客人投诉。

4. 做好客人订餐和宴会预订的落实。亲自参加对VIP客人的服务工作。

5. 协调与厨房的关系,了解当日原料的供应情况,及时解决出现的问题,以提高服务效率与服务质量。积极配合其他部门的工作。

6. 负责餐厅的饮料、用品、餐具、布草等的领用、配备及日常管理。

(三)餐厅领班岗位职责

1. 配合餐厅主管的工作,掌握服务员的出勤情况和平时工作表现,负责本部门服务员的在职培训与考核工作。

2. 负责检查服务人员的仪容仪表,主持班前会,带领并督导服务员做好各项准备工作;同时,分别与前台和厨房沟通,了解当日客情与菜肴供应情况,向服务员详细布置当班任务。

3. 确保按规格布置餐厅和摆台,检查餐厅环境、工作台的用品及调味品的准备情况。

4. 开餐时参加并监督菜品和饮料的服务,与厨房协调,保证按时、按质上菜。

5. 负责点菜、菜肴推销工作,亲自为重要客人服务。

6. 了解客人对餐饮产品的意见,受理客人投诉,并及时向上级汇报。

7. 检查账单是否正确无误。

8. 定期检查、清点餐厅设施、餐具及设备维修保养情况,发现问题及时上报工程部门维修。

9. 完成上级下达的临时性任务。

(四) 餐厅迎宾员岗位职责

1. 负责就餐客人的领位和迎送接待工作。

2. 使用文明用语、敬语,笑脸迎宾,主动询问客人的用餐人数、有无预订,客人离开餐厅要热情相送。

3. 征求客人对餐桌、餐位的要求和意见,当餐厅客满时应耐心向客人解释。

4. 若有电话预订时,应准确填写预订单,并向预订客人进行复述。

5. 记住常客的姓名、职务(职业)、工作单位、饮食习惯和爱好,让客人有宾至如归的感觉。

6. 熟悉餐厅的各项设备设施及服务功能,随时解答客人提出的问题。

7. 负责检查、保管零点菜单。

8. 参加餐前准备工作和餐后整理工作。

(五) 餐厅服务员岗位职责

1. 在餐厅领班的领导下,直接参与对客服务,提供礼貌、热情、耐心、细致、周到的服务。

2. 按照标准布置好餐厅、铺好餐布,做好开餐前的各项准备工作。

3. 确保所用餐具、酒具、用具的清洁、卫生、明亮、无缺口,以及台布、口布的干净、挺括、无破损、无污迹。

4. 按照服务程序引领客人入座,协助客人点菜,向客人介绍酒店的特色菜、创新菜和时令菜。负责完成客人提出的各种要求。客人选定菜品和酒水后,填写菜单、酒单,并通知传菜员和收银员。

5. 客人就餐时按程序提供服务,并注意上完每道菜后要及时整理餐桌。

6. 严格按照宴会服务程序提供优质服务。

7. 客人用餐结束后,协助客人结账。

8. 客人用餐离开后,要及时翻台、撤台,并将用过的布草清点完毕后交洗衣房。同时做好餐具、用具的补充、替换工作。

9. 注意保持餐厅的环境卫生,搞好餐具卫生,讲究个人卫生。

10. 积极参加培训,不断提高服务的技能、技巧和服务水平。

11. 遇到突发性事件,要及时向值班经理报告。

12. 值班服务员接听电话、接受预订时要认真做好记录,复述客人提出的要求。

13. 服从管理、服从分配,严格遵守饭店的各项店规店纪。

14. 完成领班交办的其他各项工作。

（六）餐厅传菜员岗位职责

1. 做好开餐前的各项准备工作,准备好餐具、配料、调料及传菜工具,并摆放整齐,保证开餐时使用方便。

2. 积极配合餐厅服务员,做到准确、迅速地传递菜肴。

3. 按照出菜程序,准确无误地上菜。

4. 客人用餐结束后,负责打扫规定区域的卫生。

5. 妥善保管好菜单,并及时上交财务,以便复核、审查。

6. 在工作现场发现不安全因素和事故苗头,要及时报告。

7. 负责可再利用物品的收集工作。

8. 完成领班交办的其他工作。

第五节　我国餐饮业的发展趋势

一、品牌化

我国餐饮企业的竞争形式不断升级,已由原来的价格竞争、位置竞争、环境竞争向质量竞争、人才竞争、品牌竞争和企业文化竞争等方面转化,这是我国餐饮业走向成熟的标志。

品牌竞争是当前餐饮市场竞争的高级形式。由于餐饮产品及其消费群体的特殊性,餐饮企业实施品牌营销才能吸引更多的客人,提高企业的知名度、美誉度和影响力,为餐饮企业创造良好的社会效益和经济效益。我国一些老字号餐饮企业在历史的长河中为人们所喜爱、追捧,也是品牌效应的结果,如表 2-2 所示。

表 2-2　我国部分老字号餐饮企业

序号	企业名称	始建时间	招牌菜	菜品特点
1	苏州松鹤楼	1737 年	松树桂鱼、鸳鸯莼菜汤、雪花蟹斗	苏帮菜
2	北京同和居	1822 年	三不粘、葱烧海参、糟溜鱼片	鲁菜
3	北京鸿宾楼	1853 年	芫爆三丹、红烧蹄筋	清真
4	北京全聚德	1864 年	烤鸭	
5	杭州楼外楼	1848 年	西湖醋鱼、宋嫂鱼羹、龙井虾仁、东坡肉	杭帮菜

续　表

序号	企业名称	始建时间	招牌菜	菜品特点
6	天津狗不理	1858 年	狗不理小炒、三鲜包、猪肉包	
7	广州蛇餐馆	1885 年	菊花龙虎凤、三蛇炖水鱼、玉液彩龙鸡、美极鲜蛇碌	蛇菜
8	洛阳真不同	1895 年	洛阳水席、牡丹燕菜	
9	北京东来顺	1902 年	涮羊肉	清真、火锅
10	天津登瀛楼	1913 年	煎烤大虾、醋椒鲤鱼	津鲁菜

品牌是否具有足够的影响力决定了餐饮企业在市场竞争中能否胜出,没有品牌力的餐饮企业,最终将很难改变被市场和消费者淘汰的命运。

应用实例

"海底捞"火锅店为什么如此"火"?

在北京,你要提四川简阳,可能没多少人知道。但是,你要问北京哪家火锅店最火,很多人都会告诉你是"海底捞"。北京各档次的餐馆林立,很多餐馆都为客源发愁,可在"海底捞",却有很多客人宁愿在这里等候很长时间排队就餐。一家来自四川简阳的火锅店是如何创造出如此骄人的业绩(2011 年总资产 9.5 亿,净资产 7.24 亿,净利润 2.9 亿,资产回报率 30.5%,净资产收益率 40%,成为中国餐饮业的"海底捞"现象)呢? 让我们解开其成功的谜底。

1. 让客人有不一样的体验

在"海底捞",如果有很多客人排队,服务员会对客人说:"先生,真对不起,现在暂时没有空位,您还需要等一会儿。要不您先上会儿网,和朋友聊会儿天?"有时服务员还会为时尚女孩美甲。客人问服务员:"洗手间在哪里?"服务员会说:"先生,我带您去。"海底捞的洗手间非常干净整洁,还有专人提供周到的服务。新加坡资政李政耀曾说:"判断一个国家的卫生状况,看看国民家里的洗手间就够了。"

客人一落座,服务员就会端上两杯酸梅汤,微笑着说:"先生,您慢用。"如果客人菜点多了,服务员则会说:"先生点得有点多了,吃不了,浪费了。如果不够,吃完可以再加。"

由于火锅的热气大,客人的眼镜片易被热气蒙住。餐桌边的服务员会给客人递过来一个眼镜布,供客人擦拭。

2. 服务的价值

"海底捞"董事长张勇先生发现,优质的服务能弥补味道的不足。帮客户带孩子、拎包、擦鞋等,无论客户有什么需要,均能得到满足。优质的服务为什么能弥补味道的不足? 因为味道的不足仅仅是技术水平问题,而优质服务却是态度问题。因为能力高低是正常现象,但是,"海底捞"不能容忍一个人的态度差,更不能容忍别人不尊重自己。优质的服务恰恰体现了对客户的尊重。

3. 服务的特点

客人对服务的需求不同,因此,服务的个性化是卓越服务的核心所在。客人的个性化服务需求要求服务人员能迅速做出正确的判断,从而让客人满意。这有赖于服务人员具有良好的服务态度、极高的工作热情和丰富的客户服务经验,有时还需要创造性,而培养这样的员工远比培养一个操作工人难度大得多。张勇先生一直强调,"海底捞"的扩张速度不能太快,因为他担心服务人员的素质跟不上公司规模的扩展速度,从而影响品牌的美誉度,稀释品牌的形象资产。

4. 心理因素

服务是心与心的沟通,服务的投入和回报之间往往有一个滞延期。很多时候,额外的投入可能没有什么回报。但"海底捞"相信付出总会有回报,回报来得越晚,或许回报越大。即使没有回报,也不影响他们付出的热情,因为他们觉得,只有这样做,才无愧于自己。如何让每个员工摒弃急功近利的心态,树立舍得付出的理念,这对企业是个挑战,绝非做做思想工作,改变一下观念那么简单。

5. 文化根源

中国是一个有两千多年封建历史的国家,传统的封建思想深刻影响着中国人的思维,人人都渴望得到皇帝般的服务。在"海底捞"看来,企业是个服务链,即一线员工为客人服务,管理人员为员工提供支持服务。即使是管理,其实也是一种服务,也是为了帮助员工做好工作。卓越的服务,需要尊重服务的特点,需要引导员工树立良好的服务意识,更需要营造健康的企业文化,摆脱传统文化的窠臼。

6. 理念引导

理念对企业的发展是至关重要的。"海底捞"将"用双手改变命运,靠勤奋实现梦想"确立为企业的价值理念。这既是"海底捞"董事长张勇对自己成功经验的总结,更是鼓舞每个员工勤奋努力的动力源泉。理念让海底捞具有了灵魂和精神动力,这也是"海底捞"区别于一般火锅店的根本所在。

"海底捞"的员工大部分来自农村,没有社会背景,没有多高的学历,但是他们不向命运屈服,他们相信,只要勤奋努力,靠双手照样可以改变自己的命运。他们更懂得珍惜机会,既然公司为自己提供了一个发挥能力的平台,就要好好干,让客人满意,让同伴尊敬。他们坚信:只要真心为别人服务,只要为别人创造了价值,就能赢得别人的肯定,就能获得回报。

7. 成就员工

企业不仅是员工谋生的平台,更是员工提升自身价值的平台,实现人生价值的舞台。"海底捞"为每个员工制定了完整的职业发展规划,让每个员工都能清楚自己在企业中的发展方向,看到自己的未来,从而激发员工的工作动力和热情。

"海底捞"将员工的职业发展分为技术、管理、后勤三条线,每个员工都可以根据自己的情况选择适合自己的职业发展路线。在"海底捞",走技术路线的"功勋级员工"的收入仅比店长少一点点,或许并不是每个员工都希望当经理,但是渴望得到职业认可和尊敬,却是每个人的愿望和追求。

8. 榜样力量

榜样是旗帜,榜样是动力,榜样是员工努力的目标和方向。榜样的力量是巨大的,但身边榜样的力量更大。当看到与自己背景相似的同事靠勤奋改变了命运,会对每个员工产生巨大的激励作用。在经营企业过程中,树立榜样也是很好的领导方法。"海底捞"的绝大多数经理,包括店长、区域经理,都是从基层员工提拔起来的。袁华强是"海底捞"的代表性人物,也是员工心目中的榜样式人物。他从刷碗、传菜、门迎、服务员等最底层的岗位干起,后来做领班、会计、店长,几乎"海底捞"所有的职位他都做过。他现在已是"海底捞"北京和上海的大区经理,管理15家店,而他才刚过30岁。

9. 关爱员工

只有关爱员工,员工才会真心关爱客人。只有真心关爱员工,企业才有凝聚力。

"海底捞"为员工租的宿舍全部是正规小区的单元房,并且配有空调和电脑。为了不增加员工上下班的负担,从小区到上班地点步行一般不超过20分钟。宿舍还有专人负责保洁,为员工拆洗被单、打扫卫生。如果员工是夫妻,则有单独房间。"海底捞"每开一个店,仅为员工租房子这一项支出,公司每年就要花费50万元。

"海底捞"还为大堂经理、店长以上的干部、优秀员工的父母每月寄几百元钱,以体现公司对员工父母的感激和关爱。几百元钱在城市算不了什么,但是,在农村,这几百元钱不仅会改变农民的生活,更是一种荣耀,迎着乡亲们羡慕的目光,父母会由衷感到欣慰和自豪。

"海底捞"出资千万在简阳建立了一所寄宿学校,让员工的孩子免费上学。还设立了专项基金,每年拨100万元用于治疗员工和直系亲属的重大疾病。张勇说:"虽然这样的福利和员工激励制度让企业的利润缩水很多,但是,我们觉得,这些钱花得值。"

真心关爱员工,提高员工的福利带给"海底捞"的不是成本,而是员工对企业的热爱。员工的工作热情,品牌的美誉度,才是支撑企业发展的宝贵财富。

10. 充分授权

授权是调动员工主动性、积极性的重要举措,也是企业提高运营效率的重要途径。没有授权,就没有团队,就没有凝聚力,也没有员工的创造性。很多老板不愿意授权,担心员工权力大了,会做损公肥私的事情,与其将权力授予下属,再监督员工行使权力,还不如将权力揽在自己手里安全、省事。但是,授权和监督员工正确行使权力是截然不同的两个概念。是否敢于授权是胸襟问题,能否引导员工正确使用权力是水平问题,能否适度包容员工的不足却是气度问题。

"海底捞"授权的广度和力度让很多经理人匪夷所思。普通员工有权决定免费赠送客人果盘,必要时,甚至可以免单。30万以下的开支,店长可以做主。"海底捞"的每个普通服务员都是客户服务经理,他们甚至比一般餐馆经理的权力都大。"海底捞"的实践证明:提高企业的客户服务水平,需要适当赋予一线员工必要的决策权力,即使企业为此冒一定的风险,也值得。

11. 满意度管理

"海底捞"总部对每个店的考核只有员工满意度和客户满意度两个指标。很多公司看重的销售额、销售增长率、利润率等财务指标在"海底捞"不重要吗?不是。企业要追求盈利,每个财务指标都会牵动企业家的神经。但是,优秀的企业家明白,把眼光盯在财务指标上没有用,只会让自己变得急功近利,变得浮躁。只要把企业的基础工作做好了,财务指标的实现是自然的结果。

对于餐饮服务业而言,员工满意度和客户满意度是最重要的两个指标。没有满意的员工,就没有满意的客户。只要客户满意了,品牌就有了美誉度,这样企业还用为销售的增长、利润发愁吗?

12. 速度服从质量

一些人认为,以"海底捞"的知名度,完全可以实现快速扩张。对此,董事长张勇不以为然。他说:"为了保证服务质量的连续性和一致性,每个新店必须保证有30%左右的老员工压阵。每开一家新店,必须有符合要求的店长、领班和员工,如果人员不到位,那我们就会停止开店。即便新店已经装修完工,也要等相关人员考核达标之后再正式开业。"

为了保证服务质量,"海底捞"摒弃了传统餐饮业的加盟模式,全部采取自营。做到这一点,需要禁得起快速做强做大的诱惑,需要具有真正将品质当做企业生命的追求。没有质量做保证,再快的扩张速度也没有意义,扩张太快还可能加速企业的灭亡。

"海底捞"火了,有秘密可言吗?好像没有。"海底捞"仅仅遵循了一些基本的商业道理,如尊重行业的特点、真心关爱员工、用心服务好客人等。"海底捞"没有什么伟大的创新,但是他们能将基本工作做细,持之以恒地践行自己的理念,兑现对员工和客人的承诺。因此做出了自己的特色和高度,赢得了员工和客户的信赖。

二、集团化、连锁化

在餐饮业快速发展的今天,连锁经营,走集团化的发展道路,已经成为餐饮经营做大做强的关键。

(一)餐饮连锁经营的概念

餐饮连锁经营是指餐饮总店将开发的产品、技术和服务等以合同的形式授予加盟店在规定区域内行使统销权和经营权,加盟店在总店的指导和监督下开展标准化、统一化的经营活动,并定期向特许者交纳一定的经营权使用费。

连锁经营替代了传统餐饮业单店作坊式经营、加工随意和经验式管理,依托标准化操作、工厂化配送、规模化经营和科学化管理,使餐饮业向产业化、连锁化、集团化和现代化的方向发展。面对市场的挑战,餐饮业要实现规模效益,必须走连锁经营的发展之路,才能确保企业总体效益的实现。

(二)餐饮连锁经营的模式

餐饮连锁经营主要有直营连锁、自愿连锁、加盟连锁三种基本模式。

直营连锁(或正规连锁),即总公司直接投资开设连锁店;自愿连锁(或自由连锁),即保留连锁店单个资本所有权的联合;加盟连锁(或特许经营、特许连锁),即以经营权的转让为核心的连锁经营。三种模式各有特点,但其核心特征都是以连锁为经营平台。连锁企业在追求最大化的市场份额的同时,也追求实现单店利润的最大化。

(三)餐饮连锁经营的形式

餐饮连锁经营主要有以下三种形式。

1. 直接投资

直接投资指餐饮集团通过租赁场地直接投资建设并管理餐厅。但受资金等因素的制约,企业通过这种方式来扩大企业规模,并不是最佳选择。

2. 合同经营

合同经营指根据双方签订的合同要求,餐饮集团管理其他业主的餐厅,从中获取管理报酬。餐饮集团将其拥有的品牌、训练有素的管理人员、规章制度、营销网络等作为资源投入连锁餐厅的经营管理中。

3. 特许经营

餐饮特许经营指餐饮企业(特许经营者)将自己的品牌以特许合同的形式转让给加盟者使用,加盟者按合同规定在特许统一的业务模式下从事餐饮经营活动,并向特许者支付相应的费用,包括一次性的品牌使用费和每年的收益分成。特许者以此模式迅速提高品牌的知名度,扩大市场规模。

(四)餐饮连锁经营的特点

餐饮连锁经营的特点如下。

1. 市场定位于大众

连锁经营的餐饮企业为了占领餐饮市场、扩大市场份额,往往把目标市场确定为家庭和普通大众。

2. 以安全、卫生、健康作为餐饮企业的经营目标

餐饮市场从传统的色香味型,以味为主,转为更加注重产品的安全卫生、健康营养。

3. 与国际餐饮业充分融合

随着对外交流的日益频繁以及整体国力的不断提升,世界餐饮业与中国餐饮业的融合进一步加深。国际餐饮业巨头对华的投资与扩张不断加强,全球快餐连锁十大著名品牌肯德基(美国)、麦当劳(美国)、必胜客(美国)、吉野家(日本)、德克士(中国台湾)、大家乐(中国香港)、罗杰斯(美国)、大快活(中国香港)、永和大王(中国台湾)和美心快餐(中国香港)等已相继进入中国大陆餐饮市场。

4. 正餐业加盟连锁发展迅速

快餐业主要以直营连锁为主,正餐的连锁速度也在加快,火锅店、家常菜馆最受消费者欢迎。

(五)餐饮连锁经营的优势

1. 实行标准化经营。
2. 便于企业进行广告宣传,易于识别企业形象。
3. 有利于降低企业成本。
4. 有利于提高服务质量。
5. 便于用统一的管理模式和服务规范进行管理与培训。

(六)餐饮连锁经营的劣势

1. "连锁效应"容易导致企业信誉、形象受到影响。
2. 经营模式、内容较为单一,企业面临的风险较大。

(七)西式快餐连锁经营的成功经验

1. 标准化的产品和管理

例如,麦当劳在店面布置、服务程序、员工守则、操作工序、加工炸制程序等方面全部

实现了高效统一,物流配送、形象标识、服务质量、培训学习等做到了全球统一。

2. 标准产品的本土化战略

为克服西式快餐产品因标准化而产生的"水土不服",他们非常重视标准产品的本土化问题,根据不同国家、不同地区人们的需要更新口味,调整菜品。例如,肯德基根据中国人的口味特点推出了中餐菜品,从2000年的15种到现在有47种产品,其中"四季鲜蔬沙拉系列"、"蔬菜汤"等植物类产品达29种。本土化策略是西式快餐进行国际化拓展的重要经营策略。

3. 浓郁的企业文化

与其说西式快餐卖的是快餐食品,倒不如说它卖的是兴奋的环境、温馨的服务和鲜明的企业文化。

三、产业化、国际化

近年来,随着餐饮业的快速发展,餐饮业的产业化发展进程也在不断加快。餐饮业的发展也带动了与之相关的种植业、养殖业、制造业、食品加工业、物流业、建筑装饰等行业的发展,成为拉动消费、繁荣市场、带动地方经济发展、安排劳动力就业、弘扬地方饮食文化、满足人民群众物质文化生活的重要渠道。

随着世界经济一体化的加速和中外文化交流的日益频繁,海外著名的餐饮品牌不断进入中国市场。它们不仅丰富了我国的餐饮市场,同时也对国内的餐饮企业起到带动和促进作用,推进我国餐饮品牌企业的国际化进程。餐饮国际化的发展,对提升我国餐饮企业的经营管理水平、实现海外融资与上市、加强中外文化交流、中国餐饮走向世界、世界了解中国、中国了解世界起到了重要作用。

四、特色化

特色是餐饮企业生存的生命线,是区别于其他餐厅的重要标志,也是餐饮企业参与市场竞争,并在竞争中获胜的法宝。餐饮企业一定要有自己的特色,这样才能吸引消费者,从而创立自己的品牌。

餐饮经营的特色化可以反映在餐厅名称、外观建筑、内部装修、内部环境、菜品种类、烹饪技术、菜品口味、服务方式等方面。在市场竞争日趋激烈的形势下,餐饮企业越来越重视菜品质量、就餐环境、管理方式和服务水平的改善与提高。

五、大众化

大众化经营是指以大众化的原料、高超的厨艺、较低的价格向普通大众提供较高质量标准的餐饮产品、良好的就餐环境和优质服务的餐饮经营方式。

(一)餐饮经营大众化的重要意义

1. 拉动居民消费的重要手段

通过餐饮业来拉动居民消费,是党和国家一项重要的战略决策,是刺激消费的重要手段。2011年,全国餐饮企业零售额达12352亿元,可见餐饮消费市场潜力巨大,前景非常广阔。

2. 有利于行业竞争

平民化的小吃店、美食城、火锅店等以价格实惠、菜肴特色突出、贴近百姓需要而受到大众欢迎。

3. 有利于控制成本,降低价格

普通大众消费者对餐饮价格的高低十分敏感,低价位可以带来更多的客人。餐饮业在餐饮产品价格定位较低的情况下,仍要保证一定的利润,才能实现餐厅经营的最终目的。

4. 实现菜肴品种多样化与特色化相结合

随着饮食观念和就餐品位的变化,消费者对菜品不断提出新的要求。北京五星级京伦饭店的"四合轩"风味小吃以玉米、白薯、白菜、红豆等粗粮和时令菜为原料,经厨师巧手精细制作后推出的菜品和面点,颇受大众欢迎。

5. 以优质服务回报消费者

优质服务是餐厅生存的基础,是餐厅参与竞争的有力武器。营造轻松、快乐和富有情趣的就餐氛围是餐厅服务创新以满足市场需求的核心因素之一。

(二)餐饮经营大众化的形式

1. 建立大众美食广场,推动饮食文化潮流

大众美食广场具有规模大、品种丰富、价格实惠、服务快捷、环境良好等特点,其菜品明码实价、价格适当、薄利多销,满足了普通大众消费者的需求,成为餐饮经营的潮流。

2. 围绕家庭宴会市场,拓展餐饮经营项目

在餐饮消费中,婚宴、寿宴、生日宴、喜宴等家庭宴会占有较大比例。餐厅要发挥自己的特色和优势,努力开发家庭宴会产品,不断为家庭宴会市场拓展经营项目。

3. 开设外卖快餐业务

随着社会饮食需求的不断扩大,许多星级饭店一改专营高档餐饮的形象,推出面向大众消费的家庭快餐,做起了餐饮外卖。

4. 扩大经营规模,实行连锁经营

连锁经营是迅速有效地提高市场占有率、薄利多销的大众化经营方式。

(三)餐饮经营大众化的策略

薄利多销是实施大众化经营策略的重要手段。通过原材料的批量采购和加工,可以降低成本,产品价格也随之降低。通过吸引更多的客人到酒店消费,可以提高企业的营业收入、竞争力和经济效益。

六、绿色化

倡导绿色消费,提供绿色食品,是每个餐饮企业的职责和义务,也是餐饮企业可持续发展的前提和条件。餐饮绿色化包括餐饮企业应采购无污染、无公害的食品原料,逐渐减少和淘汰添加剂、调味剂、色素、防腐剂等。

工业社会带来的污染以及人们过度消费导致的富贵病,促使餐饮消费者更加追求营养、健康的餐饮产品。在餐饮消费中,人们不再单纯满足数量上的充足,对食品质量提出了更高的要求,即餐饮消费由数量型向质量型转变。绿色食品已成为食品消费的主旋律,绿色餐饮越来越受到消费者的追捧。各种天然、美味、营养的粗粮系列、野菜系列、豆腐系

列、森林蔬菜系列、海洋蔬菜系列等进入菜单,田园风味、乡土风味、森林风味、海洋风味成为消费时尚。

应用实例

国家特级酒家全面打造绿色餐饮企业

济南鱼翅皇宫大酒店是"国家五叶级绿色餐饮企业",是山东省首家取得该荣誉称号的企业,也是全国餐饮业具有"风向标"作用的超大型"国家特级酒家"。在创建绿色餐饮企业的过程中,该酒店深入学习贯彻《绿色饭店》国家标准,全面提高员工的绿色环保意识,积极采用节能环保设施设备,万元能耗由29%降到10%,达到了国内餐饮业节能降耗的领先水平。

1. 倡导有机食品,打造绿色餐饮

皇宫大酒店本着发展餐饮业既满足当代人需要,又不对后人的需求构成危害的宗旨,实施了一系列行之有效的举措。

(1) 创建"绿色"企业文化。酒店在菜品上倡导"天然、绿色、有机、健康",在发展建设中,始终将绿化环保作为企业发展的重中之重。皇宫大酒店地处济南千佛山景区,为了使企业发展与周边景区相适应,酒店开业至今在周边植树种花五万余棵,投资绿化一千余万元。另外,皇宫大酒店还数年如一日坚持组织员工义务清理酒店所在千佛山、开元胜境景区的游客垃圾。

(2) 培养"绿色"员工。酒店设立了"绿色"环保管理小组,定期进行全员环境教育,通过培训,培养员工的绿色环保意识,积极贯彻实施酒店的绿色餐饮建设措施;定期评选"皇宫大酒店绿色大使"并给予表彰奖励,激发调动员工人人参与绿色环保的积极性。

(3) 吸引"绿色"消费者。客人是酒店的上帝,同时也是酒店绿色环保参与者的一分子。为此,酒店通过向客人发送绿色环保资料卡片,介绍宣传酒店的环保计划和倡议,引导客人参与、接受酒店的绿色消费活动。这样的互动有效增强了广大顾客对绿色产品与服务的认识,让客人在消费过程中明白传统消费模式不利于环保的弊端,以绿色就餐方式亲身体验绿色消费。

2. 狠抓食品安全,确保餐饮安全

济南皇宫大酒店自开业起,就把食品卫生安全当做经营之本。按照国家《食品安全法》、《食品卫生法》及省市食品卫生相关制度,严把食品卫生安全关,至今未出现过任何食品卫生安全问题。

3. 健全食品卫生管理制度

酒店针对食品卫生有一系列严格的管理制度。员工入职前必须有当地防疫部门出具的健康证明,入职后定期进行体检;厨房操作间建有二次更衣室、消毒间,进入厨房的人员全部着工作服,确保接触食品的安全卫生;酒店质检部对厨房、前厅、仓库等部门的食品卫生情况进行全方位检查督导,保障各项食品卫生制度的贯彻落实。

4. 把好原料供应关

酒店所选食品原料均来自国内大型生产企业。蔬菜类原料来自山东寿光蔬菜基地,每批蔬菜都有当地卫生防疫部门出具的检测报告；肉类原料由省市指定的大型肉品公司定点供应；海鲜水产类原料必须经省疾控中心检测通过后方能进入厨房加工使用。

为了确保每批原料的合格率，酒店成立了专门的验货小组，由各厨房相关厨师长组成，每天对酒店的所有采购原料逐一检查验收，确保食品原料的安全达到或超过政府的相关标准和要求。

5. 食品加工突出"健康、天然、营养、卫生"的理念

皇宫大酒店在食品加工制作中倡导天然、营养、卫生的健康饮食理念，成品菜肴最大限度地保留其原有的营养价值。在烹制过程中科学计算，标准量化油、盐、酱、醋等调料，在厨房中杜绝使用味精、色素等化学调味品，保证消费者的安全健康。

酒店还与南京有机蔬菜生产基地联系，专门推出了有机无公害绿色蔬菜。厨房使用的食用油是与益海嘉里食品公司签约的金龙鱼和胡姬花品牌食用油，保证消费者吃得明白、吃得放心。

6. 坚持节能降耗，实现低碳餐饮

皇宫大酒店自2003年11月开业以来，在省市区各级部门的关怀下，遵循《节约能源法》等法律法规，按照中国绿色饭店委员会的相关要求，在酒店绿色饭店领导小组的领导下，各部门广泛开展开源节流教育，强化节能降耗意识，并专门成立节能降耗考核小组，建立健全一系列水、电、气、暖节约使用规定，保证酒店节能降耗工作的持久有效。

七、信息化

随着信息技术的快速发展，信息化浪潮已经席卷全球每一个角落。伴随着我国餐饮业的蓬勃发展，越来越多的餐饮企业通过使用信息技术来提高自身的管理水平和技术水平。餐饮企业在信息化发展过程中，应注意以下三点。

（一）提高餐饮企业的信息处理能力

随着餐饮企业管理水平的不断提升，信息化已经渗透到餐饮企业的各个环节。例如，前台管理包括点菜收银、接待预定、补打账单等，基础数据包括酒菜设置、特价促销、酒菜折扣、消费方式等，辅助管理包括会员资料、会员消费、挂账管理、账务处理、冲账等，库存管理包括单据管理、往来单位、库存账务、库存盘点、库存期初数据的录入、当前库存、供应商供货明细、商品进货统计等，查询分析包括账单查询、点单查询、交接班记录、财务上缴记录、销售分析、员工业绩等，报表包括营业明细表、月（年）营业报表、酒菜销售明细表、酒菜销售汇总表、酒菜预定统计表、酒菜月（年）销售统计表、客人消费统计表等。因此，餐饮企业在数据采集、信息保存、信息处理、传输控制等方面要不断提高水平，不断提高餐饮企业的信息处理能力。

（二）餐饮企业要注意利用网络来宣传企业、宣传产品

对于餐饮企业来说，通过信息来预测市场需求、了解客人情况和竞争对手的状况，以此调整餐饮经营策略和产品生产结构，合理开展商业竞争。向管理要效益，信息化是必要的手段。餐饮企业应建立信息中心，与行业、地区的专业和相关信息网络，如餐饮在线、中国餐饮网、餐饮世界、中国食品网、中国饭店网等建立密切联系。善于利用网络信息，使餐

饮企业始终站在行业的最前端,把握市场竞争的脉搏。

（三）不断开发新的餐饮销售模式

网络正在改变人们的生活方式和就餐习惯,网络订餐已经进入现代人的日常生活。不少消费者习惯于通过查询美食网站,参与团购获得更大实惠;通过美食点评网站,如大众点评网(www.dianping.com),了解餐饮企业的口碑和特色,以此为消费提供依据。

八、安全化

常言道,民以食为天,食以安为先。确保餐饮产品的安全,是保障人民群众切身利益,构建和谐社会的重要基石。2010年,全社会餐饮收入达17648亿元,比2009年增长18.1%。餐饮市场需求规模之大,说明餐饮企业的任务非常艰巨。餐饮业要成为拉动社会消费的重要力量,必须加强诚信经营,加强食品安全生产和食品安全管理,确保健康、快速的发展。餐饮企业的安全管理主要体现在以下五个方面。

(1) 树立食品安全和产品质量意识,构建以食品安全为核心的价值体系,把餐饮产品的安全生产放在各项工作的首位。

(2) 树立诚信经营的理念,增强食品安全生产的责任感。

(3) 加强食品安全的制度建设与管理。建章立制,建立和完善餐饮安全的长效机制。加强餐饮生产、销售和服务过程中的制度建设以及执行和检查的力度,通过制度管人、管事、管安全,依法经营,依法治店。

(4) 贯彻落实监管要求。加大对餐饮生产的监管力度,使政府、行业协会、社会消费者共同参与对食品安全的监督和管理。对一些违法违纪情况进行公开,对相关企业进行处罚,甚至关闭,取销其营业资格。

(5) 严格自律。餐饮生产企业要努力提高食品安全保障和科学管理的水平,加强行业自律,公平竞争、守法经营,为客人提供放心的消费环境。

【小结】

本章讲授餐饮业的概念和组成,从餐饮生产的特点、餐饮销售的特点和餐饮服务的特点三个方面论述餐饮业的特点,从经营特色、服务方式、服务对象、经营方式四个不同的角度对餐厅进行分类;设计了大、中、小型餐饮企业的组织机构,并明确餐饮企业主要岗位的岗位职责;最后对我国餐饮业品牌化、集团化(连锁化)、特色化、大众化、绿色化、信息化和安全化的发展趋势进行了分析。

【关键术语】

餐饮业特点　餐饮品牌化　餐饮连锁经营　餐饮特色化　餐饮产业化　餐饮国际化　餐饮大众化　绿色餐饮　餐饮信息化　餐饮安全

【习题】

一、简答题

1. 简述餐饮业的特点。

2. 结合餐饮服务的特点,谈谈你对餐饮服务的认识。
3. 试举例说明,餐饮企业是如何利用网络来进行企业宣传和产品宣传的。

二、论述题
1. 为什么说大众餐饮在我国有广阔的发展市场?
2. 为什么说绿色餐饮将越来越受到消费者的追捧?

第三章 餐饮原料与生产管理

【教学要点】

知识要点	掌握程度	相关知识
原料采购与验收管理	掌握	原料采购目标与方式、验收管理
原料储存与发放管理	掌握	原料储存管理、原料盘存管理、原料发放与领用、调拨管理
厨房组织管理	了解	厨房的种类、厨房的职能、厨房组织机构
厨房生产管理	了解	原料加工管理、菜肴配份管理、冷菜和点心生产管理

【导入案例】

麦当劳将每天邀请顾客参观厨房

2006年8月30日,作为全球食品零售服务业的领导者——麦当劳在中国市场勇开行业先河,正式宣布在全国麦当劳餐厅内举办独具特色的厨房开放日活动,麦当劳的厨房将每天为您开放。届时,消费者在参观麦当劳厨房的过程中,将亲眼目睹麦当劳制造各式美食的全过程,体会每个细节都一丝不苟的食品安全措施。这次富有教育意义的活动,不仅让顾客通过眼见为实的方式加深对麦当劳食品烹制及厨房运作程序的认识,而且更加生动地展示了麦当劳以透明化的举措与消费者沟通的不懈努力。

让消费者亲自验证麦当劳对食品卫生和安全的承诺——这一极其透明的举措,体现了麦当劳对自己的十足信心,更反映了麦当劳对消费者高度的责任感。在食品安全与卫生方面努力推进透明化,是麦当劳在全球市场50年长盛不衰的秘密之一。自15年前麦当劳在深圳开启第一家麦当劳中国餐厅以来,这项传统也一直在中国市场持续得以发扬,而此次举办的厨房开放活动再一次以透明的方式向公众表明,麦当劳在食品卫生安全方面始终奉行高度负责的企业文化。

作为行业领先者和富有社会责任感的企业公民,麦当劳始终以强烈的行业责任心和严格科学的管理方法,确保其在品质、卫生、服务和价值等方面对顾客做出的承诺。麦当劳愿意通过开放厨房这种非常有说服力的透明举措,面对面地向消费者展示其在食品质量与安全方面始终遵循的严格标准。举办厨房开放日活动,也是麦当劳透明化举措的一部分,通过这种大胆创新的方式,实现与中国消费者的零距离沟通。

(资料来源:http://www.zj.xinhuanet.com/eat/2006-08/30/content_7913607.htm)

第一节 原料采购与验收管理

原料采购,就是以合理的价格,在适当的时间,从安全可靠的渠道,按规格标准和预订数量获得厨房生产所需的各种食品原料,保证厨房的正常运转。

一、原料采购目标与方式

原料采购工作往往因企业管理体系、管理风格的不同而归属关系不一,有的直接交由餐饮部门自己管理;而大多企业则划归财务部门管辖,或成立独立的采供部。然而,不管哪一个部门主管原料采购工作,必须围绕厨房生产和餐饮经营需要,努力实现既定目标,达到应有的效果。原料采购方式则是实现原料采购目标的必要途径。

(一)原料采购目标

原料采购目标,即通过有效采购应该达到的效果。具体包括以下几个方面。

1. 购买适当的物品

要购买到厨房生产能用、适用而不致浪费或不敷使用的原料、物品。

2. 获得适当的数量

一次购进的原料、物品要满足生产的需要。数量过多,会增加保管成本和负担;数量不足,会增加生产和服务的工作麻烦。

3. 支付适当的价格

采购原料、物品的花费要恰当,既不可太贵,为给成本控制和定价销售带来困难,也不可过分便宜、经济,供货商的利益也应兼顾。

4. 把握适当的时间

采购进货要在适当的时间范围之内。过早进货会增加保管工作量,还有可能使原料变得不新鲜;过迟进货又会打乱正常工作秩序,甚至延误开餐,造成顾客的不满。

5. 选择适当的供应商

适当的供应商不仅可以减少餐饮企业对原料采购沟通、联系的工作量,而且还可能给企业带来购货以外的附加服务或积极的帮助,如送货人员协助从事原料加工工作,送货人员提供相关的信息、样品等。这些对厨房生产和菜肴创新是大有裨益的。

(二)原料采购方式

原料采购方式多种多样,原料供货市场纷繁复杂,究竟采用何种采购方式并没有固定的模式。选择何种采购方式,关键在于厨房生产规模和原料使用量以及当地原料市场的供需状况。原料采购方式主要可分为以下几种。

1. 竞争报价采购

竞争报价采购适用于采购次数频繁、需要每天进货的食品原料,绝大部分鲜活原料的采购业务属于此种性质。餐饮企业采购部门把所需采购的罐装、袋装干货原料、调料和鲜活原料名称及其规格标准,通过电话联系或函告,或通过直接接触(采购人员去供货单位或对方来餐饮企业)等方式告知各有关供货单位,并取得所需原料的报价,一般每种原料至少应取得三个以上供货单位的报价。餐饮企业财务、采购等部门再根据市场调查的价格,选择确定其中原料规格质量最合适、价格最优惠、信用较好的供货单位,让其按既定价格、原料规格,按每次订货的数量负责供货。待一个周期(区别原料性质和市场行情,1周至15天不等)之后,再进行询价、报价,确定供货单位。

在当今买方市场为主的前提下,采取竞争报价采购,餐饮企业可以就现有的市场空间,选择可靠的供货渠道,从而获得较为经济的原料。竞争报价采购,买方即餐饮企业获得优势、主动地位的前提有以下几点:餐饮企业要有良好的企业信誉;餐饮企业资金运转状况良好;餐饮企业有相对稳定、大量的原料需求;餐饮企业所在地具有相对广泛的原料供给市场。

这种采购方式的不利之处则是有时会受到供货单位的约束或牵制,缺乏灵活性。

2. 无选择采购

餐饮企业有时候会遇到这样的情况:厨房需要采购的某种原料在市场上奇缺,或者仅有一家单位供货。比如,遇到特别高规格的宴会时,需要紧急采购的原料就是如此。在这种情况下,餐饮企业往往采用无选择采购的方法,即连同订货单开出空白支票,由供货单位填写。使用此法,往往使餐饮企业对该原料的成本失去控制。因此,只有在不得已的情况下才可使用,而通常在决定购货之前总是要进行一番讨价还价的。

3. 成本加价采购

当某种原料的价格涨落变化较大或很难确定其合适价格时,通常采用成本加价法采购。此处的成本指批发商、零售商等供货单位的原料成本。在某些情况下,供货单位和采购单位双方都把握不住市场价格的动向,于是便采用此法成交,即在供货单位购入原料所花的成本上酌加一个百分比,作为供货单位的盈利部分。如刚上市的刀鱼、螃蟹,价格起伏较大,即可在供货商收购价格的基础上,加价10%左右,作为餐饮企业买入价。对供货单位来说,这种方法减少了因价格骤然下降可能带来的亏损风险;对采购单位来说,加价的百分比一般较小,因而也比较有利。采用此法的主要困难是很难确切掌握供货单位原料的真实成本。因此,餐饮企业使用成本加价采购的次数不可过多。

4. 归类采购

归类采购即将属于同一类的食品原料、调味品等,向同一个供货单位购买。例如,餐饮企业向一家奶制品公司采购所需的所有奶制品原料,向一家食品公司采购所需的所有罐头食品,向同一个调味品商店购买所有的调味品原料等。这样,每次只需要向供货单位开一张订单、接收一次送货、处理一张发票即可,节省了大量人力和时间;另外一个优点是原料归类数量增大,价格可适当优惠。缺点是可能采购的部分原料质量不是同类中最好的。

5. 集中采购

大型饭店、餐饮公司或集团往往建立地区性的采购办公室,为本公司在该地区的各餐饮企业采购各种食品原料。具体办法是各餐饮企业将各自所需的原料及数量按时上报公司采购办公室,办公室汇总以后进行集中采购。订货以后,可根据具体情况由供货单位分别运送到各个餐饮企业,也可由采购办公室统一验收,随后再进行分送。

这种采购的优点在于大批量购买往往可以享受优惠价格;便于与更多的供货单位联系,因此原料质量有更多的挑选余地;有利于某些原料的大量储存,因此能保证各餐饮企业的原料供应;能减少各餐饮企业采购者营私舞弊的机会。比如,香港、澳门及内地同属一家公司或集团的饭店、餐饮单位,其海产干货、西餐原料集中采购就比较合算和省事。另一方面,集中采购也有不足之处。由于采购集中,基层餐饮企业不得不放弃当地可能出现的廉价原料,而且集中采购有使各餐饮企业菜单趋向雷同之虞,而各餐饮企业自行修改菜单的能力也受到限制,因而不利于基层企业标新立异,不利于创造自己独特的风格。

以上几种采购方式,企业应根据自己的档次、规模、隶属关系、业务特点、市场条件等因素选择或综合使用。

二、原料采购程序

厨房原料采购的前提是订货,即精确地确定满足厨房加工、生产需求而又不至于浪费的食品原料品种及数量。根据餐饮规模和生产实际需求,指定订货负责人,可以由总厨师长或加工厨房主管来负责这项工作。这种订货主要指的是厨房每天大量使用、采购部门每天要为其购货、进货的鲜活原料。另外一些干货、调味品、罐头、袋装原料,厨房只是从仓库申领,其原料的申购、补充由仓库管理人员负责。在有申购的前提下,才能采购干货、调料、罐头等。厨房管理人员填写领货单,将写好的领货单交给仓库管理人员,然后由库管人员发放所需的原料物品。

仓库缺货,需要再次订货时,由库管人员填写请购单交给采购部。请购单是详细描述所要购买原材料的凭据,包括所需原料的数量以及所需物品的规格质量要求,然后采购部通过采购预订系统向供应商订购所需货物。将订货单的副联送给验收人员和会计人员。

供应商将订购的货物送到验收处,并给验收员一张送货发票,供应商的发票上写明所送的货物、货物的数量和价格以及应付款的总价。验收员要对照请购单的副联或采购记录单对所送货物进行核查。同时要检验货物的质量和损坏情况等事项。

所送货物检验并接收后,送货员将其转送到合适的储存地点,送货发票则送到会计部门,以提醒会计人员供应商已将货物送达,会计可以处理有关单据,并支付供应商货款。

三、原料验收管理

采购是厨房生产获取必需原料的前提;原料验收则是根据厨房生产要求,餐饮企业为获得价格适宜、规格适中的各类原料而对供应商所送物品的检查、认可和接收。厨房按质按量并以合理价格订购,并不能保证供货单位也按质按量并以合理价格为厨房提供各类烹饪原料。验收管理不仅关系到厨房生产成品,而且还对出品质量产生直接影响。因此,规定验收程序和要求,并使用有效的验收方法,对验收工作加以控制管理是十分必要的。

(一)原料验收方法与程序

明确验收方法和程序,可以保证验收工作循序渐进、验收项目全面又节省时间;还可以减少验收的随意性,确保进货质量。其具体程序如下:

1. 根据订购单检查进货

验收人员要负责核实送验货物是否符合订购单上所规定的品种及规格质量要求,符合的原料及时进行其他方面的检验,不符合要求则拒收,如:未办理订货手续的原料不予受理;对照原料规格书,未达标或串规的原料不予受理;对畜、禽、肉类原料,查验卫生检疫证明,未经检疫或检疫不合格的原料拒绝受理;冰冻原料如已化冻变软,亦作不合格原料拒收;对各类质量有怀疑的原料,需报请厨师长等专业技术权威人员仔细检查,确保收进原料符合原料规格书的最低质量标准。

2. 根据送货发票检查进货原料

供货单位的送货发票是随同物品一起交付的,供货单位送给收货单位的结账单是根据发票内容开具的,因此,发票是付款的主要凭证。供货单位送来或餐饮企业自己从市场采购回来的原料数量、价格是发票反映的主要内容,故应根据发票来核实各种原料的数量和价格。凡是以件数或个数为单位的送货,必须逐一点数,记录实收箱数、袋数或个数;以重量计量的原料,必须逐件过磅,去除盛器记录净原料重量;水产原料沥水去冰后称量计数,对注水掺假原料拒收;对照随货交送的发票,检查原料数量是否与实际数量相符以及是否与采购订单原料数量相符;检查送货发票原料价格是否与采购定价一致,单价与总金额是否相符;如果由于某种原因,发票未随货同到,可开具餐饮企业印制的备忘清单,注明收到原料的数量等,在正式发票送到以前以此数据记账。

3. 对不合格原料予以退回

对质量不符合规格要求或分量不足的原料,应予退货。退货时,餐饮企业必须在退货通知单上详细说明该项货品的退货原因,注明究竟是品质、数量和价格中的哪一项或哪几项不符合订货单上的规定。送货员必须在退货通知单上签名,表示该项被拒绝货品确有瑕疵,并将退货通知单正本寄交给供应商。这样做除了可以告知退货事实外,也可供供应商查证送货员是否有欺骗、调货等行为,副本则交给餐饮企业会计部门,以核算新的应付账款。而验货员也应持有一份副本(单据的一联),作为备查供应商供货是否有疏失的依据。

验收工作中,验货员不必因为一些很小的缺点而任意退货。因为供应商可能不愿意与过分挑剔的买主继续来往,尤其是当指定货品缺货而餐饮企业坚持退回一些合理适当的代替品,不但会损及双方合作的气氛,也会造成餐厅频频缺售的现象。比较合适的处理方式是将不满意但可接受的原料收下,同时从速通知供应商下回送货时特别注意该类原料的质量。

4. 受理原料

前三个程序完成后,验收人员应在送货发票上签字并接收原料。有些餐饮企业为了方便控制、统一格式,要求在送货发票或发货单上加盖收货章。收货章包括收货日期、单价、总金额、验收人员等,验收人员正确填写上述项目,并签字。检验认可后的原料,就应由进货单位负责,而不再由采购人员或供货单位负责,这一点验收人员应该清楚。

(二)原料验收的要求

为了保证验收工作的顺利进行、提高验收工作效率,除了配备合格的验收人员外,还必须具备一定的验收场地和设备设施条件。其具体要求如下。

1. 指派胜任的人员负责验货工作

应该安排机敏、诚实、对验货有兴趣,而且对各项采购原料有所了解的员工负责验货工作。验货人员确定后,必须经过系统培训,并使其达到以下四点要求:必须以单位利益为重,秉公验收,不图私利,具有一定的原则性;勤恳踏实,仔细认真,验收程序应全面彻底地完成;受过专业训练,掌握较全面的原料知识,清楚采购原料的规格和标准,对原料质量能作出较全面、准确的判断;熟悉餐饮企业的财务制度,懂得有关票据账单的处理方法和程序。

2. 适当的验货工具是必备的

验货区最重要的工具是磅秤,温度计可用来检查冷藏或冷冻货品的温度是否符合要求,尺子可用来测量肉品的脂肪与切割厚度的规格是否有出入。在某些大型餐饮企业中,吊秤也是必备的度量工具。

3. 足够的验货空间能让验货员充分发挥应有的能力

标准的照明度和宽敞、安全而方便的地点能让验货员与供应商准确无误地工作。如果可能,验收处应尽量设在距离交货地点较近的位置,以限制送货员进入其他区域。

4. 安排适当的验货时间

绝对不要让验货员不间断地检验一批又一批的货物,因为人在疲劳、时间仓促或是工具不敷使用的情况下很容易出错。验货员要能确实掌握所有送货单位的送货时间,亲自在现场督导查验,千万不可因为验货员不在而另外找人替代。在一些中、小型餐饮企业中,为节省人手,验货员可能不是专职的,这更需要事先约定各类货物的验货时间。

5. 验货员应该持有原料采购规格标准书(表)

原料采购规格标准书(表)可在规格发生混淆时发挥作用。此外,当某项指定原料缺货时,供应商若提供替代品,验货员便可根据采购规格表上所列出的各项条件来决定是否采用替代品,或是坚持使用原指定货品。

6. 验货员应该持有原料订货单

验货员应该充分掌握每天进货的原料品名、数量与送货时间,一份完整而又正确的订货单(副件)有助于验货员做好准备工作、提高工作效率和质量。

第二节　原料储存与发放管理

储存是指对原料的妥善保管,发放则是指原料有计划地出库。储存与发放一头连着采购,一头系着厨房,是维持厨房生产运转、保证产品质量和有效控制成本的重要管理环节。

一、原料储存管理

储存通常是验货后发生的连贯运作。当验货员完成检查进货的手续后,接着是将货品正确地摆放进相应的储藏室,鲜活原料则直接送到使用的厨房。

(一)原料储存管理要求

原料管理的总体要求包括以下几点。

(1)明示:不透明的盛器、柜盒里存放的原料要在明显处公示。

(2)固所:给每一种原料一个合适的、方便发现和取用的空间。

(3)限量:根据生产经营需要,配备满足短期生产需要的数量。

(4)定岗:原料管理的岗位甚至人员应有明确规定,以便落实责任。

原料储存管理的先决条件,是餐饮企业要有足够的、合适的(即具备一定温度、湿度、安全条件)各类仓库及软、硬件的配套,为原料储存提供应有的便利。

1. 仓库的面积与位置

仓库的面积在餐饮企业设计建造时常常被忽视,可是对于保障生产、储存原料却是十分重要的。仓库的具体面积,应由餐饮企业的类型、地点、菜单种类、营业量、市场原料供应情况、采购方式及订货周期等因素决定。虽然各餐饮企业的具体情况各不相同,但互相间是有一定规律可循的,可以以此计算仓库的面积。以下几种确定仓库面积的方法可供参考。

根据餐饮企业实际储存量的需要来确定仓库面积,同时餐饮企业一般应有一周左右的原料物资储备,餐饮企业应计算出所需各种原料物资的总量,然后推算出储存这些原料物资所必需的仓库面积;餐饮储存设施包括冷藏室在内,应当有餐饮企业整个餐饮场所面积的1/100,在这个范围内,应有30%的面积用于冷藏及冷冻,其余70%的面积用于干藏及其他补给品的储存;还有一种方法认为,冷藏面积应达到平均每个客人5平方英尺(约0.46平方米)的要求;厨房干货储存室面积应达到平均每个客人6平方英尺(约0.56平方米)的要求。

除了面积是原料储存必须考虑的因素外,仓库的位置也同样影响原料储存的方便程度。最理想的仓库位置应该设在原料进货验收场地和厨房之间,三者距离越近越好,以缩短原料搬动距离,防止人流物流拥挤,避免延误原料供应等现象发生。然而事实上很多餐饮企业没有条件做到这样。许多仓库都设在餐饮企业的地下层,靠工作电梯运送原料,这就更要求厨房有较周密合理的用料计划,以尽量减少领料次数。如果由于餐饮企业规模大,仓库必须设在远离厨房的地方,那么厨房应该设有厨房仓库(又称为周转库或二级库),以存放当日或一两日内所需的食品原料,以保证不中断生产。

2. 储存的安全仓库的设计建造

仓库的安全措施包括以下内容。

(1)仓库上锁。大型冷库和冷藏柜、干货仓库都应该上锁。如果员工需要经常进入这些仓库,上锁比较困难,至少应将需要冷冻处理的贵重物品,如进口牛排、牛柳、速冻海鲜制品等锁在专门购买或制作的用于储存这些物品的特别橱柜和隔离间中。

(2)限制进入。只允许被授权的员工进入仓库。除了分发物品,其他时间都应将仓库锁闭。

(3)有效的存货控制程序。使用连续盘存法对贵重物品和容易被偷盗的物品进行跟踪控制。

(4)集中存货控制。大型活动临时借用的物品,使用完毕后应及时退回仓库,并办理相关手续。

(5) 安全设计。设计仓库时要考虑到安全问题。墙壁应延伸到屋顶,门应该牢固设计,适当选材并能上锁。确保不可能从屋顶进入仓库,并不应留有窗户。若设计有窗或换气设施,应以确保安全为前提。

(6) 照明与监控。仓库里有恰当的照明是必要的,但应区别区域选择光照度。有条件采用闭路电视系统对仓库进行监控管理效果更好。

3. 储存的质量

如果在储存期间无法确保产品质量,那么仓库的建设就是多余的。确保质量不仅仅意味着保证烹饪原料不变质,还应保持各类原料应有的新鲜度及食用价值。确保物品质量的基本存储程序如下。

(1)加速原料存货周转。应首先用掉存储时间最长的原料,坚持"先进先出(FIFO)"原则,将新进物品存放在原有物品的后面或下面,先进先出原则就较容易执行。在入库之前对物品的送货日期做记号也是很有益的。

(2)在适当的温度下存储原料。区别不同类型的仓库,分别设定、保持一定温度,有利于原料的保质储存。

(3)保持仓库清洁。定期对所有的仓库进行清扫,有助于保护物品质量。

(4)确保适当通风和空气流通。让原料远离地面和墙壁,以保证空气流通。通常,物品应按照原包装进行储存。应该将吸收气味的原料(如面粉)与发散气味的原料(如洋葱)隔离存放。各类原料应该密封保存或用容器保存,切不可乱堆。

(二) 干货库管理

通常干货、罐头、米面等食品原料都置于干货库储存。虽然这些原料的储存不需要冷藏,但也应保持相对的凉爽,干货库的温度应保持在18℃~21℃。对大部分原料来说,若能保持在10℃,其储存质量效果更好。干货库的相对湿度应保持在50%~60%,谷物类原料则可低些,以防霉变。通风的好坏对干货库温湿度有很大影响。按照标准,干货库的空气每小时应交换4次。仓库内照明,一般以每平方米2~3瓦为宜;如有玻璃门窗,应尽量使用毛玻璃,以防止阳光的直接照射而降低原料质量。干货库管理的具体做法如下。

(1)干货库应安装性能良好的温度计和湿度计,并定时检查温度、湿度,防止库内温度和湿度越过许可范围。

(2)原料应整理分类,依次存放,保证每一种原料都有其固定位置,便于管理和使用。

(3)原料应放置在货架上,保证原料至少离地面25厘米,离开墙壁10厘米,以便于空气流通和清扫,并随时保持货架和地面的干净,防止污染。

(4)原料存放应远离自来水管道、热水管道和蒸汽管道,以防受潮和湿热霉变。

(5)入库原料须注明进货日期,以利于按照先进先出的原则进行发放,定期检查原料保质期,保证原料质量。

(6)干货库应定期进行清扫、消毒,预防和杜绝虫害、鼠害。

(7)塑料桶或罐装原料应带盖密封,箱装、袋装原料应放在带轮垫板上,以利于挪动和搬运。玻璃器皿盛装的原料应避免阳光的直接照射。

(8)所有有毒及易污染的物品,包括杀虫剂、去污剂、肥皂以及清扫用具,不要放在食品原料干货库内。

(9)控制有权进入仓库的人员数量,外单位及职工私人物品一律不应存放在干货库内。

(三)冷藏库管理

冷藏是以低温抑制原料中微生物和细菌的生长繁殖速度,以达到维持原料的质量、延长其保存期的效果。因此,一般温度应控制在0℃～10℃,将其设计在深冻库的隔壁,可以节省能源。由于冷藏的温度限制,其保持原料质量的时间不可能像冷冻那样长,抑制微生物的生长只能在一定的时间内有效,所以要特别注意储存时间的控制。冷藏的原料既可以是蔬菜等农副产品,也可以是肉、禽、鱼、虾、蛋、奶以及已经加工过的成品或半成品,如各种甜点、汤料等。

冷藏库管理的具体做法如下。

(1)冷藏库温度每天必须定时检查,温度计应安装在明显的地方,如冷藏库门口。如果库内温度过低或过高都应调整,在制冷管外结冰达0.5厘米时,应考虑进行解冻,保证制冷系统正常发挥功能。

(2)厨房要制订妥善的领用原料计划,尽量减少开启冷藏库的次数,以节省能源,防止冷藏设备内温度变化过大。

(3)冷藏库内储藏的原料必须堆放有序,原料与原料之间应有足够的空隙,原料不能直接堆放在地面上或紧靠墙壁,以使空气循环良好,保证冷空气自始至终都包裹在每一种原料的四周。

(4)原料进冷藏库之前应仔细检查,不应将已经变质或被污染的原料送入冷藏库。

(5)需冷藏的原料应尽快下库,尽量减少耽搁时间;对经过初加工的原料进行冷藏,应用保鲜纸包裹并装入合适干净的盛器,以防止污染和干耗。

(6)熟食品冷藏应等晾凉后进行,盛放容器需经过消毒,并加盖存放,以防止干缩和沾染其他异味,加盖后要便于识别。

(7)冷藏设备的底部及靠近冷却管道的地方一般温度最低,这些地方尽可能存放奶制品、肉类、禽类、水产类原料。

(8)冷藏时应拆除鱼、肉、禽类等原料的原包装,以防止污染及病菌的进入;经过加工的食品如奶油、奶酪等,应连同原包装一起冷藏,以防发生干缩、变色等现象。

(9)要制定清扫规程,定期进行冷藏库的清扫整理工作。

(10)严格按照各类原料冷藏温度及相对湿度执行标准执行。

(四)冷冻库管理

冷冻库的温度一般在零下23℃至零下18℃之间,在这种温度下,大部分微生物都能得到有效的抑制,小部分不耐寒的微生物甚至会死亡,所以原料可以长时间储存。

原料冷冻的速度愈快愈好,因为速冻之下,原料内部的冰结晶颗粒细小,不易损坏结构组织。事实上,原料的冷冻分三步进行:冷藏降温—速冻—冷冻储存。如果原料速冻与冷冻储存在同一设备中进行,难免会引起温差变化而影响原先储藏原料的质量。因此,有条件的餐饮企业应安装速冻设备,其温度一般应在零下30℃以下。

冷冻库管理的具体做法如下。

(1)把好进货验收关,坚持冷冻原料在验收时必须处在冰冻状态的原则,避免将已解冻的原料送入冷冻库。

(2)新鲜原料冻藏应先速冻,然后妥善包裹后再储存,以防止干耗和表面受到污染。

(3)冷冻原料温度应保持在零下18℃以下。温度越低,温差越小,原料储藏期及原料质量越能得到保证。

(4)冷冻储存的原料,特别是肉类,应该用抗挥发性的材料包装,以免原料过多地丧失水分而造成冻伤,引起变质或变色。因此,冷冻库内的相对湿度应比冷藏库稍高。

(5)冷冻原料一经解冻,不得再次冷冻储藏。否则,原料内复苏了的微生物将引起食物腐败变质,而且再次速冻会破坏原料组织结构,影响外观、营养成分和口味。

(6)冷冻原料不能直接放在地面上或靠墙摆放,以免妨碍库内空气循环,影响储存质量。

(7)坚持先进先出的原则,所有原料必须注明入库日期及价格,并经常检查储存的原料,防止某些原料储存过久甚至过期,造成浪费。

(8)检查整理并保持冷冻库货架及各类原料存放整齐和清洁。

(9)在零下23至零下18℃的冷冻库中,应注意各类原料的最长储藏期。

二、原料盘存管理

对库存食品原料按期盘存清点(通常每月一次)是原料储存管理的一个重要措施。盘存清点工作是一次全面彻底的核实清点仓库存货、检查原料的账面数字是否与实际储存数量相符的工作。在必要时,盘存清点可以随时进行。原料的盘存清点不应仅由仓库保管人员经手,而应由餐饮企业财务部门派人专门负责。

每一种库存原料必须经过实地清点核对,检查其实际库存量是否与永续盘存卡账面数字相符合,然后记入存货清单。如果实际库存数与账面数字有出入,那就需要重新清点库存实物,或查询该材料的进货记录和发料记录。倘若差错原因无法找出,则应根据该原料的实际库存数修改账面数字,使自此以后两者相符。为了便于清点,加快盘存速度,永续盘存卡的编排次序以及存货清单上原料的编排次序应该与仓库原料存放的实际次序完全一致。这样,不仅能节省大量劳力和时间,而且能避免遗漏。如果餐饮企业不使用永续盘存卡,则盘存清点只不过是逐一点数存货数量,并将数字记入存货清单这样一个简单的过程,控制作用不大。

盘存清点结束以后,即应计算各种原料的价值和库存原料总额,作为本期原料的期末结余,而本期的期末结余自然便是下期的期初结余。由于每一种原料往往以不同的价格购进,同一原料的市价在一个会计期内也往往有涨有落,因此计算各种原料的价值,决定各种原料的单价,常常是盘存清点工作的关键,因为它关系到库存餐饮原料总额的计算。

三、原料发放与领用管理

加强原料的发放与领用管理,一是为了保证厨房用料得到及时、充分的供应与补充,二是控制厨房用料的数量,三是正确记录厨房用料的成本。为此,仓库的原料发放与厨房的原料领用要遵循以下原则。

（一）原料发放要定时

仓库保管人员应有充分的时间整理仓库，检查各种原料的库存及质量情况。同时为了加强厨房用料的计划性，对原料的发放必须规定时间，定时发放。当然，厨房应该全面、尽早计划，适时安排领料。

（二）原料发放要履行必要的手续

为了记录每一次发放的原料数量及其价值，以便正确计核厨房成本消耗，仓库原料必须坚持凭原料领用单发放的原则。领用单应由厨房领料人填写，由厨师长及规定有权审批的人员核准签字，然后送仓库领料。保管人员凭单发料后应在单上签字。原料领用单一式三联，一联随原料交回领用厨房，一联由仓库转交财务部，一联作仓库留存。仓库发货人员要坚持原则，做到没有领用单不发货，领用单没有审批或有涂改、字迹不清楚的也不予发货。

（三）原料发放后要正确计价

根据领料手续做好原材料发放记录和存货卡记录。当日发货时间过后，仓库保管人员必须逐一为领用单计价，并及时转交给食品成本控制人员，以保持库中原料与账卡相符，协助做好厨房成本控制工作。

烹饪原料的领用是由厨房内部决定的、直接影响厨房当日成本的重要工作，烹饪原料的领用要慎重，因为领用之后，牵涉成本的增加和原料妥善保管的问题。作为原料使用部门，除了采取积极的态度，主动配合仓储发放工作以外，更要自觉注意以下三方面的问题。

（1）增强原料领用的计划性和审核的严肃性。将每次领料的数量控制在尽可能少但不妨碍正常生产出品的范围之内，努力压减厨房备用原料。这样才能比较准确地反映厨房每日的成本消耗。对名贵原料的申领更要按计划补充，控制备存，防止因原料领用的无序而导致成本计核的大起大落。

（2）把好领用原料质量关。原料领进厨房后，随时可能用于做菜，因此，要确保领用的原料质量优良。罐头等有保质期的原料应保证在可使用的期限以内；无明确期限要求的原料，其感官性状，即原料的色、形、味、质地等均要符合烹饪要求。否则，不能领用。

（3）坚持对领进的原料进行数量复核。由于库房和厨房多有间隔，加上领料人员责任心不一，原料从库房领到厨房以后，其数量可能与发料数量不相吻合。因此，必须由管理人员复核，对贵重原料及小包装原料尤其应如此。

四、原料调拨管理

原料在部门间进行调拨，这种情况不可避免。如果餐饮企业内不同功能的餐厅、厨房、酒吧等生产、服务网点较多，调拨更是经常发生。为了使各部门成本核算准确，企业往往规定使用调拨单记录调拨往来账目的制度。调拨单应一式四份，除原料调出、调入部门各留一份外，应及时送交财务部一份，另一份则由仓库记账，以使各部门的营业情况与成本用料情况得到正确全面的反映。

第三节　厨房组织管理

厨房生产和管理是通过一定的组织形式来实现的。厨房设置科学、完善的机构有以下作用：可以清楚反映每个工种及岗位人员的职责；可以避免越级或横向指挥；容易发现工作疏漏，并防止重复安排工作；使每个员工清楚自己在厨房组织中的位置和发展方向。

一、厨房的种类

厨房泛指从事菜肴、点心制作的生产场所。国外经常将厨房描述成"烹调实验室"或"食品艺术家的工作室"，甚至是"一处生财宝地"。本书所阐述的厨房特指以生产经营或企业配套为目的、为服务顾客而进行菜点制作的生产场所。它必须具备以下要素：一定数量的生产工作人员（有一定专业技术的厨师、厨工及相关工作人员），生产所必需的设施和设备，必需的生产空间和场地，满足生产需要的烹饪原材料，适用的能源等。

厨房是一个集合概念，就其规模、餐别、功能的不同，可作如下分述。

（一）按厨房规模划分

1. 大型厨房

大型厨房是指生产规模大、能提供众多顾客同时用餐的生产场所。综合型饭店一般是客房在 500 间以上、经营餐位在 1500 个以上的饭店，大多设有大型厨房。这种大型厨房，由多个不同功能的厨房组合而成。各厨房分工明确，协调一致，承担饭店大规模的生产出品工作。经营面积在 2000 平方米或餐位在 1200 个以上的餐馆、酒楼，其厨房亦多为大型厨房。这样的厨房场地开阔，大多集中设计，统一管理；经营数种风味的大型厨房，多需要分类设计，细分管理，统筹经营。

2. 中型厨房

中型厨房是指能同时生产、提供 300～500 个餐位供顾客用餐的厨房。中型厨房场地面积较大，大多将加工、生产与出品等集中设计，综合布局。

3. 小型厨房

小型厨房多指生产、服务 200～300 个餐位甚至更少餐位供顾客用餐的场所。小型厨房多将厨房各工种、岗位集中设计，综合布局设备，占用场地面积相对节省，风味比较专一。

4. 超小型厨房

超小型厨房是指生产功能单一，服务能力十分有限的烹饪场所。比如，在餐厅设置面对客人现场烹饪的明档，宾馆、饭店豪华套间或总统套间内的小厨房，商务行政楼层内的小厨房，公寓式酒店内的小厨房等也属于这种超小型厨房。它与其他厨房配套完成生产出品任务。这种厨房虽然小，但设计都比较精巧，生产操作很方便。

（二）按餐饮风味类别划分

餐饮根据其经营风味，从大的风格上可分为中餐、西餐等；从风味流派上进行细分，中餐又可分为川、苏、鲁、粤以及宫廷、官府、清真、素菜等,西餐又可分为法国菜、美国菜、俄罗斯菜、意大利菜等。所以,依据生产经营风味,厨房可分为以下三种。

1. 中餐厨房

中餐厨房是生产中国不同地方、不同风味、不同风格的菜肴、点心等食品的场所,如广东菜厨房、四川菜厨房、江苏菜厨房、山东菜厨房、宫廷菜厨房、清真菜厨房、素菜厨房等。

2. 西餐厨房

西餐厨房是生产西方国家风味菜肴及点心的场所,如法国菜厨房、美国菜厨房、俄罗斯菜厨房、英国菜厨房、意大利菜厨房等。

3. 其他风味厨房

除了典型的中餐风味、西餐风味厨房,还有一些生产制作特定地区、民族的特殊风格菜点的场所,即其他风味厨房,如日本料理厨房、韩国烧烤厨房、泰国菜厨房等。

(三)按厨房生产功能划分

厨房生产功能,即厨房主要从事的工作或承担的任务,是与相对应的餐厅功能和厨房总体工作分工相吻合的。依据生产功能,厨房可分为以下几种。

1. 加工厨房

加工厨房是对各类鲜活烹饪原料进行初加工(宰杀、去毛、洗涤)、对干货原料进行涨发、对原料进行刀工处理和适当保藏工作的场所。

加工厨房在国内外一些饭店中又被称为主厨房,负责餐饮企业内各烹调厨房所需烹饪原料的加工。在特大型餐饮企业或连锁、集团餐饮企业里,加工厨房有时又被切配中心取代。由于加工厨房每天的工作量较大,进出货物较多,垃圾和用水量也较多,因而许多餐饮企业都将其设置在建筑物的底层,出入便利、易于排污和较为隐蔽的地方。

2. 宴会厨房

宴会厨房是指为宴会厅服务的、主要烹制宴会菜肴的场所。大多数餐饮企业为保证宴会的规格和档次,专门设置了此类厨房。设有多功能厅的餐饮企业,宴会厨房大多同时负责各类大、小宴会厅和多功能厅的烹饪出品工作。

3. 零点厨房

零点厨房是专门生产、烹制客人临时、零散点的菜品的场所。零点餐厅是给客人自行选择、点食的餐厅,故列入菜单的品种较多,厨房准备工作量大,开餐期间亦很繁忙,其设计多有足够的设备和场地,以便于制作和及时出品。

4. 冷菜厨房

冷菜厨房又称冷菜间,是制作、出品冷菜的场所。冷菜制作程序与热菜不同,多为先加工烹制,再切配装盘,故冷菜间的设计在卫生和整个工作环境温度等方面有更加严格的要求。冷菜厨房还可分为冷菜烹调制作厨房(如加工卤水、烧烤或腌制、烫拌冷菜等)和冷菜装盘出品厨房,后者主要用于成品冷菜的装盘与发放。

5. 面点厨房

面点厨房是加工制作面食、点心及饭粥类食品的场所。中餐称为点心间,西餐多叫包饼房。由于生产用料的特殊性,面点制作与菜肴制作明显不同,故又将面点生产称为白案,菜肴生产称为红案。各餐饮企业分工不同,面点厨房的生产任务也不尽一致。有的面点厨房还承担甜品和巧克力小饼等的制作。

6. 咖啡厅厨房

咖啡厅厨房是为咖啡厅生产制作菜肴的场所。咖啡厅相对于扒房等高档西餐厅,实际上是西餐快餐或简餐餐厅。咖啡厅经营的品种多为普通菜肴,甚至包括小吃和饮品。因此,咖啡厅厨房设备配备相对较齐,出品也较快。也正因为如此,许多饭店将咖啡厅作为饭店内每天经营时间最长的餐厅,咖啡厅厨房也就成了生产出品时间最长的厨房,有的咖啡厅厨房还兼备客房送餐食品的制作出品功能。

7. 烧烤厨房

烧烤厨房是专门加工制作烧烤类菜肴的场所。烧烤菜肴如烤乳猪、叉烧、烤鸭等,由于加工制作工艺、时间与热菜、普通冷菜的程序、时间和成品特点不同,故需要配备专门的制作间。烧烤厨房室内温度较高,工作条件较艰苦,其成品多转交明档或冷菜装盘间出品。

8. 快餐厨房

快餐厨房是加工制作快餐食品的场所。快餐食品是相对于餐厅经营的正餐或宴会大餐食品而言的。快餐厨房大多配备炒炉、油炸锅等便于快速烹调菜品的设备,成品大多较简单、经济,生产流程畅达和生产节奏快是其显著特征。

二、厨房各部门职能

厨房职能随餐饮企业规模的大小和经营风味、风格的不同而有所区别。大型、综合型餐饮企业的厨房规模大,各部门功能比较专一。中、小型餐饮企业的厨房的有些功能会合并,结构较为简单。原料进入厨房,要经过加工、配份、烹调,以及冷菜、点心等工种、岗位的相应处理,至成品阶段才能送至备餐间传菜销售。因此,厨房各工种、岗位都承担着不可或缺的重要职能。厨房各部门职能如下。

(一)加工部门

加工部门是原料进入厨房的第一生产部门,主要负责将蔬菜、水产、禽畜、肉类等各种原料进行拣择、洗涤、宰杀、整理,即所谓的初加工;干货原料的涨发、洗涤、处理也属于初加工范畴。现代厨房明显强化加工厨房的职能,在对原料进行初加工的基础上,还负责按照规格要求对原料进行刀工切割处理,并做预制浆腌,这又叫深加工或精加工。加工部门又被称为加工厨房,甚至叫作主厨房或中心厨房。

在连锁、集团餐饮企业,加工部门的职能还要扩大一些,比如在将一些原料进行加工、调味的基础上,还需要按规格要求进行真空包装,再送达各连锁销售点,以便于烹调、销售。因此,有些连锁、集团餐饮企业需在加工厨房的基础上,建立加工配送中心,或称切配中心。

(二)配菜部门

配菜部门又称砧墩或案板切配部门,负责将已加工的原料按照菜肴制作要求进行主料、配料、料头(又叫小料,主要指配到菜肴里起增香作用的葱、姜、蒜等)的组合配份。由于这里使用的原料都是净料,而且直接影响着每道菜、每种原料的投放数量,因此,对成本控制起着重要作用。

有些生产量不大的厨房的配菜部门，又叫切配部门，加工部门只是负责对各种原料进行初步加工、洗涤、整理，而原料的切割、浆腌等刀工处理、精细加工则由此部门完成，连同配菜，在整个生产链中起着加工与炉灶烹调的桥梁、纽带作用。

（三）炉灶部门

需要经过烹调才可食用的热菜，都由炉灶部门处理。炉灶部门将配制好的组合原料，经过加热、杀菌、消毒和调味等环节，做出符合风味、质地、营养、卫生要求的成品。该部门决定成菜的色、香、味、质地、温度等，是开餐期间最繁忙，也是对出品质量、秩序影响最大的部门。

（四）冷菜部门

冷菜部门负责冷菜（亦称凉菜）的刀工处理、腌制、烹调及改刀装盘工作。冷菜与热菜的制作、切配程序不完全一致，冷菜大多先烹调后配份、装盘。因此，它的生产、制作与切配、装盘是分开进行的。冷菜的切配、装盘场所特别要求低温、杀菌，对员工及其操作过程的卫生要求也相当高。根据地域、饮食习惯和文化上的差异，有些消费者更喜欢食用烧烤、卤水菜肴或色拉等，这些菜品通常也多作为类似冷菜功能的前菜或开胃菜出品。

（五）点心部门

点心部门主要负责点心的制作和供应，中餐广东风味厨房的点心部门还负责茶市小吃的制作和供应，有的点心部门还兼做甜品、炒面类食品。西餐点心部主要负责各类面包、蛋糕、甜品等的制作与供应。

三、厨房组织机构

厨房组织机构图是厨房各层级、各岗位在整个厨房当中的位置和联络关系的图表。餐饮企业性质和管理风格不同，烹饪生产规模和作业方式不一，厨房组织机构图也就不同。厨房组织机构图并非一成不变的，随着餐饮经营方式、策略、企业管理风格的变化，厨房的组织机构图也需做相应的调整和改变，以准确反映厨房各岗位和工种之间的最新关系。

（一）大型厨房组织机构（图3-1）

大型厨房机构的特点是集中设立，并特别强化主厨房的职能，由主厨房加工、提供各烹调厨房的半成品原料。根据餐饮企业的规模和经营风味，分设若干烹调厨房，领用主厨房原料，进行烹制出品。集中与分散有机结合，既便于控制加工规格，计核原材料成本，又在一定程度上保证了各烹调厨房的卫生和出品质量。

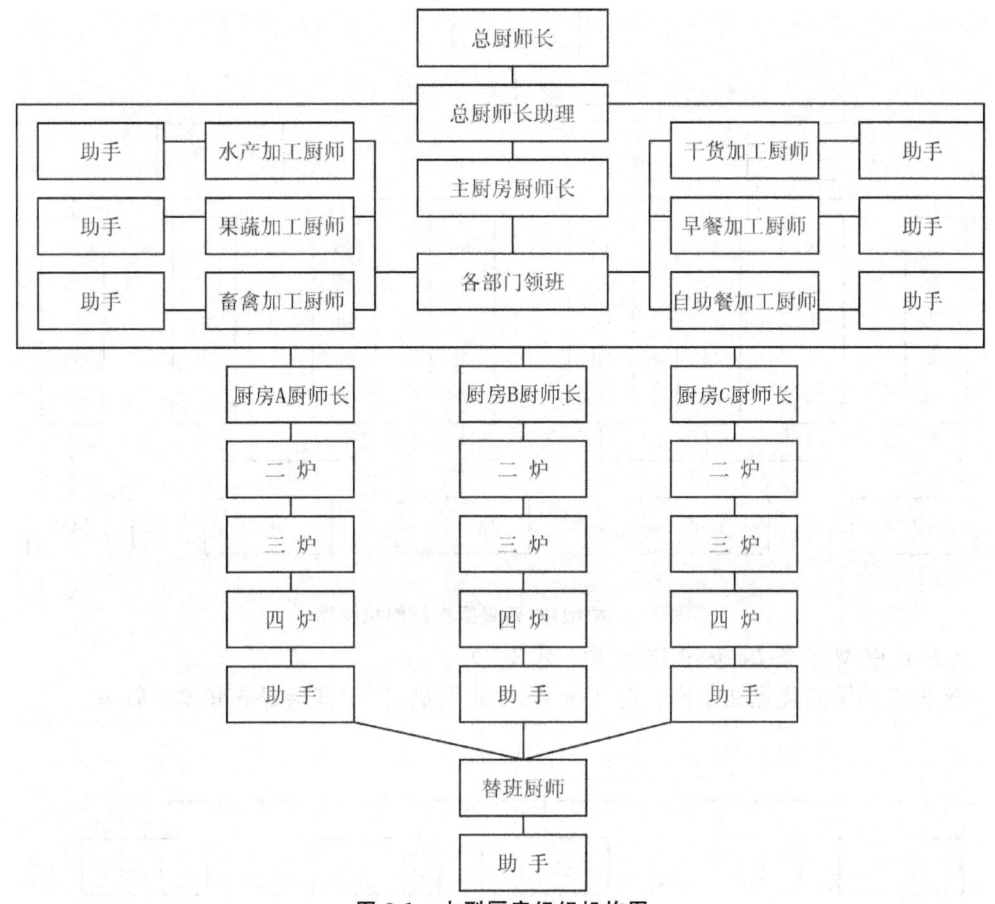

图 3-1　大型厨房组织机构图

（二）中型中、西餐厨房组织机构（图 3-2）

这种厨房大多兼有中、西餐功能的综合型饭店的厨房机构，通常分为中餐、西餐两部分，厨房的规模不是很大，除了加工工作合并、集中设计外，中餐厨房和西餐厨房具有相对独立、全面的多种生产功能。

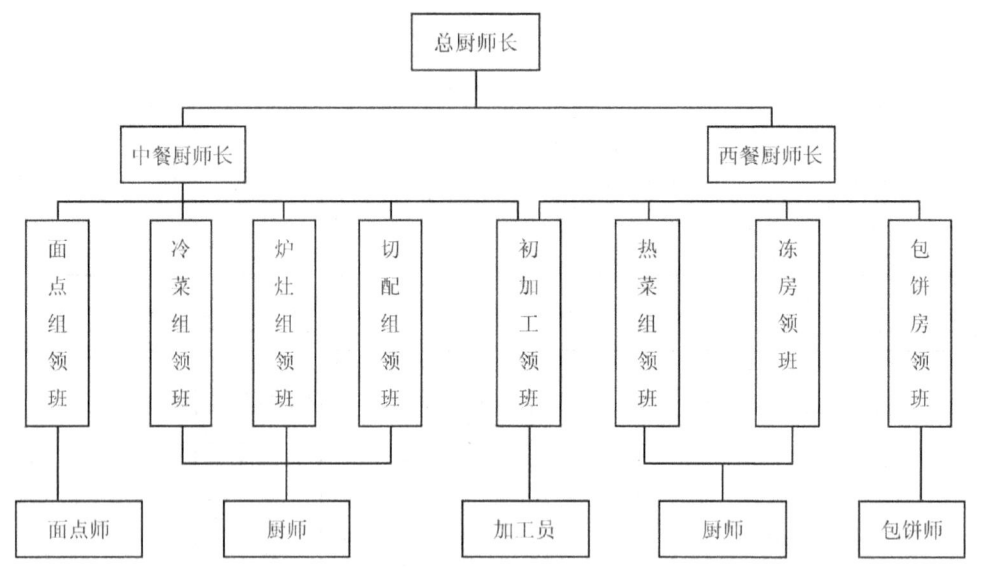

图 3-2　中型中、西餐厨房组织机构图

（三）中型中餐厨房组织机构（图 3-3）

这种机构图的优点在于岗位分工细致，职责明确，便于基层督导和监控管理。

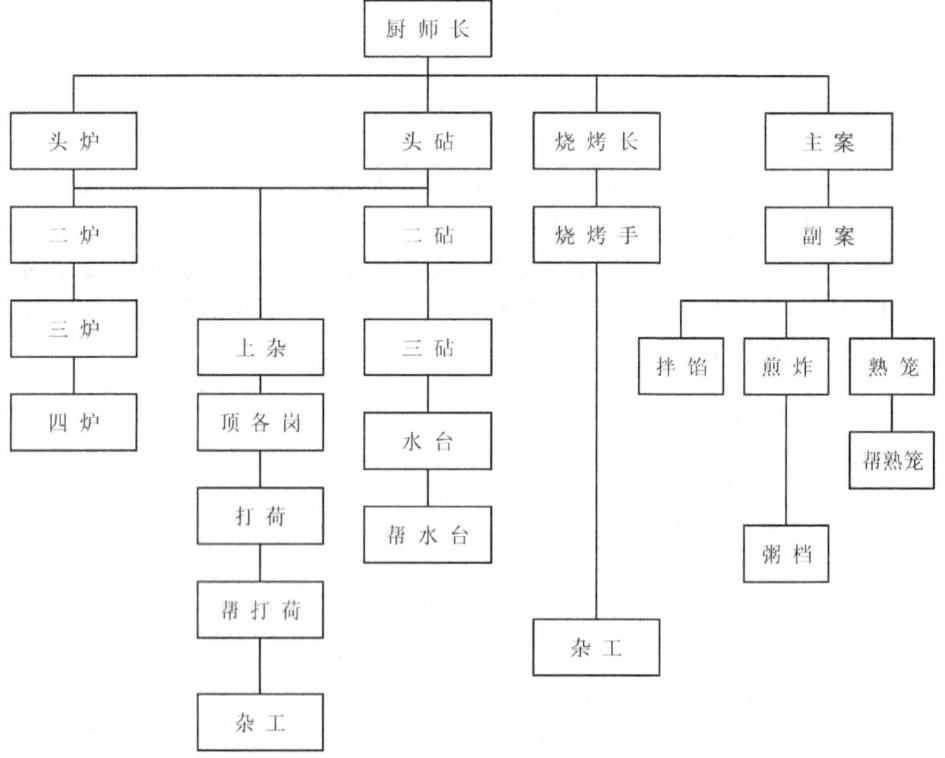

图 3-3　中型中餐厨房组织机构图

（四）小型厨房组织机构（图 3-4）

小型厨房规模小，因此机构也比较简单，设置几个主要的职能部门即可，加工直接隶属于切配,可不单独设组。更小的厨房可不设部门而直接设岗。

图 3-4　小型厨房组织机构图

第四节　厨房生产管理

一、原料加工管理

加工阶段包括原料的初加工和深加工。初加工是指对冰冻原料进行解冻,对鲜活原料进行宰杀、洗涤和初步整理;而深加工则是指对已经经过初加工的原料进行切割成形和腌浆工作。在具有加工功能的厨房中,这些工作是连在一起的,而在无专职加工厨房的餐饮企业中,深加工一般属于砧板岗位的工作。这一阶段的工作是整个厨房生产制作的基础,其加工品的规格、质量和出品时效对以下各个阶段的厨房生产产生直接影响。除此以外,加工质量的高低还决定原料净料率的高低,和厨房的成本控制也有较大关系。

（一）加工质量的管理

加工质量主要包括原料的加工净料率和加工的规格标准、冰冻原料的解冻质量及腌浆原料的标准等几个方面。

原料加工的净料率,一般包括鲜活原料的净料率和干货原料的涨发率两个方面。原料的净料率、涨发率越高,意味着原料的利用率越高,原料的净料成本则越低。现代餐饮企业强调的低成本运作,就包含原料加工的利用率,首先是加工的技术要过硬,无论处理原料或是涨发原料都需要有很高的出货率;其次是对于剩下的下脚料,要充分地利用,使原料的成本进一步降低,把实惠留给顾客。比如,禽类的血液、肠脏,鱼类的皮、骨等看似无用之物,可进行再加工使原料得到充分的利用。具体的操作方法如下。

对冰冻原料进行解冻,即对冰冻状态的原料通过采取适当的方法,使其恢复新鲜、软嫩的状态,以便烹饪。冰冻原料解冻,要使解冻后的原料尽量减少汁液流失,保持其风味和营养,解冻时必须注意以下要点。

1. 解冻媒质温度要尽量低

用于解冻的空气、水等,温度要尽量接近冰冻物的温度,使其缓慢解冻。解冻时可将原料适时提前从深冻库领至冷藏库进行部分解冻。解冻时将原料置于空气或水中,力求将空气、水的温度降低到10℃以下(如用碎冰和冰水等解冻)。除非时间紧迫,尽量不将冰冻原料直接放在热水中化冻,这会造成原料外部未经烧煮已经半熟,使原料内外的营养、质地、感官质量都受到破坏。

2. 被解冻原料不要直接接触解冻媒质

冰冻保存原料,主要是抑制其内部微生物活动,以保证其质量。解冻时,微生物随着原料温度的回升而渐渐开始活动,加之解冻需要一定的时间,解冻原料无论是暴露在空气中,还是在水中浸泡,都易造成原料氧化、被微生物侵袭和营养流失。因此,若用水解冻时,最好用聚乙烯薄膜包裹住解冻原料,然后再进行水泡或水冲解冻。

3. 外部和内部解冻所需时间差距要小

解冻时间越长,受污染的机会、原料汁液流失的数量就越多。因此,在解冻时,可采用勤换解冻媒质的方法(如经常更换用于解冻的碎冰和凉水等),以缩短解冻物内外时间差。

4. 尽量在半解冻状态下进行烹饪

有些需用切片机进行切割的原料,如切涮羊肉片、切炖狮子头的肉粒,将其略作化解,即可用以切割。

几种常用的解冻方法如表3-1所示。

表3-1 几种常用的解冻方法

解冻方法	时间	备注
冰箱冷藏室	6h	时间充裕时可用,以低温慢速解冻
室温	40～60min	根据当时气温而定
自来水	10min	时间不充裕时采用,但必须与密封包装一起放入水中,以防风味及营养损失
热水解冻	5min	时间紧迫时采用,但必须与密封包装一起放入水中,以防风味及营养损失
微波解冻	2～3min	一般视原料体积而定

原料的加工出净,是指有些完整的、没有经过分档取料的毛料,需要在加工阶段进行选取净料(剔除废料、下脚料)处理。加工净料率是指加工后可用作做菜的净料和未经加工的原始原料重量之百分比。净料率越高,原料的利用率越高;净料率越低,菜肴单位成本就越大。因此,把握和控制加工的净料率是十分重要的。具体做法可以采用对比考核法,即对每批新使用的原料进行加工测试,测定净料率后,再交由加工厨师或助手操作。在加工厨师操作过程中,对领用原料和加工成品分别进行称量计重,随时检查,看是否达标。未达标准则要查明原因。如果是因技术原因造成的,要及时采取有效的培训、指导等措施,若是态度问题,则需强化检查和督导。同时可以经常检查下脚料和垃圾桶,看是否还有可用原料未被利用,使员工对净料率引起高度重视。

原料加工质量直接关系到菜肴成品的色、香、味、形及营养和卫生状况。因此,除了控制加工原料的净料率,还需要严格把握加工品的卫生指标和规格标准,凡不符合要求的加工品,禁止流入下道工序。加工原料的洗涤是厨房产品卫生的基础。原料洗涤不净,不仅有损菜肴味道,甚至可能引起客人的不满和投诉。比如,杀鱼时,鱼内脏未洗净;该去鳞的鱼,鱼鳞未去净;甲鱼的油脂未完全除净等,既影响成菜的色泽,又造成菜肴的恶腥。比如,有些蔬菜,尤其是整棵蔬菜或菜心部分,洗涤不充分、不彻底,中间可能夹有泥沙甚至蝇虫,而后期的配份、烹调很难发现菜中有异物,这就为出品质量留下隐患。

原料加工的所有任务分工要明确,一方面是为了分清责任,另一方面可以提高厨师专项技术的熟练程度,有效地保证加工质量。尽量使用机械切割,以保证加工成品规格标准一致。原料加工规格明确、精细,加工成品整齐一致,为菜肴口感和品相的一致提供了前提。加工规格标准的一致,不仅仅指原料的刀工成形,即片、丝、块、条、段等均匀整齐,而且,原料上浆腌制的规格也应一致。因此,如有条件,对于原料加工应该制定一定的标准,避免盲目操作。

(二)加工数量的管理

原料的加工数量,主要取决于厨房配份等岗位销售菜肴、使用原料的多少。在加工型厨房中,主要依据是厨房砧板岗位下的预订单,如表3-2所示。而没有加工型厨房的餐饮企业,往往会根据餐厅预订的情况及前一日餐厅的销售情况,预测加工的数量。总之,加工数量应以销售预测为依据,以满足生产为前提,留有适当的贮存周转量,避免加工过多而造成质量降低。

表3-2 加工原料预订单

订料时间: 交料时间:

品名	单位	数量	实发数	备注
鸡肉丁	kg			
猪肉片	kg			
菜心	kg			
…				

厨房原料加工数量的控制,是厨房管理的基础工作。加工多了,使用不足,大量过剩,加工成品原料质量急剧下降,甚至成为垃圾被废弃;加工少了,经营使用断档,开餐期间免不了混乱、狼狈。加工原料数量的确定和控制的运作过程如下。

(1)各配份、烹调厨房根据下餐或次日预订和客情预测出加工成品的数量要求,在全饭店所有厨房约定时间(如中午开餐后、下班前)提交加工厨房。

(2)加工厨房收集、分类汇总各配份厨房的加工原料。按各类原料净料率、涨发率,推算出原始原料(即市场可购买原料)的数量,作为向仓库申领或向采购部申购的依据。此申购总表必须经总厨审核,以免过量进货或进货不足。待原料进入本饭店之后,再经加工厨房分类加工,继而根据各配份、烹调厨房预订,进行加工成品原料的分发。这样可较好地控制各类原料的加工数量,并能及时周转发货,保证厨房生产的正常进行。

(三)加工工作的程序与标准

加工阶段的工作,除了对原料进行初加工和深加工之外,大部分饭店厨房水产品的活养亦归此管理。各类原料加工程序如下。

1. 禽类原料加工程序

标准与要求:杀口适当,血液放尽;羽毛去净,洗涤干净;内脏、杂物去净,物尽其用。

步骤：备齐加工禽类原料，准备用具、盛器；将禽类原料按烹调需要宰杀褪毛；根据不同做菜要求，进行分割，洗净沥干；将加工后的禽类原料交切割岗位切割；将切割后的禽类原料交腌浆岗位浆腌或根据需要用保鲜膜封好，放置冷藏库中的固定位置，留待取用。

2. 肉类原料加工程序

标准与要求：用肉部位准确，物尽其用；污秽、杂毛、筋膜剔尽；分类整齐，成形一致。

步骤：备齐待加工肉类原料，准备用具和盛器；根据菜肴烹调规格要求，将所用的猪、牛、羊等肉类原料进行不同的洗涤和切割；将加工后的肉类原料交上浆岗位浆制，剩余部分用保鲜膜封好，分别放置冷藏库规定位置，留待取用。

3. 水产原料加工程序

标准与要求：鱼应除尽污秽杂物，鳞去净，或留鳞完整；血放尽，鳃除尽，内脏杂物去净；虾须壳、泥肠、脑中污沙等去净；河蟹整只用蟹刷洗干净，捆扎整齐；剔取蟹粉，肉、壳分清，壳中不带肉，肉中无碎壳，蟹肉与蟹黄分别放置；海蟹应去尽腹脐等不能食用的部分。

步骤：备齐加工的水产品，准备用具及盛器；对虾、蟹、鱼等原料进行不同的宰杀加工，洗净沥干，交切割岗位切件；剔蟹粉，分别剔取蟹肉、蟹黄，用保鲜膜封好，入冷藏库待领；清洁场地，清运垃圾，整理、保管用具。

4. 蔬菜类原料加工程序

标准与要求：无老叶、老根、老皮及筋络等不能食用的部分；修削整齐，符合规格要求；无泥沙、虫卵，洗涤干净，沥干水分；合理放置，不受污染。

步骤：备齐、备足需加工蔬菜，准备用具及盛器；按烹制菜肴要求对蔬菜进行拣择或去皮，或择取嫩叶、心；分类洗涤蔬菜，保持其完好；沥干水分，置筐内；交烹调厨房领用或送冷藏库暂存待用；清洁场地，清运垃圾，整理、保管用具。

5. 原料切制工作程序

标准与要求：大小一致，长短相等，厚薄均匀，放置整齐；用料合理，物尽其用。

步骤：备齐需切割的原料，化冻至可切割状态；准备用具及盛器；对切割原料进行初步整理，去净筋、膜、皮，斩尽脚、须等；根据不同的烹调要求，分别对畜、禽、水产品、蔬菜类原料进行切割；区别不同用途和领用时间，将已切割的原料分别包装冷藏或交上浆岗位浆制；清洁工作区域及用具，妥善收藏剩余原料，清运垃圾。

6. 加工原料上浆工作程序

标准与要求：调味品用料合理，用量准确，浓度适当，色泽符合菜肴要求。

步骤：将需上浆原料进行解冻，化至自然状态；领取、备齐上浆用调味品，清洁整理上浆用具；将白色菜肴的上浆原料进行漂洗；将原料沥干或吸干水分；根据烹调菜肴要求，对不同原料按浆腌用料规格分别进行浆制；已浆制好的原料放入相应盛器，用保鲜膜封好后，入冷库暂存留待领用；整理上浆用调味品及其用料，清洁上浆用具并归位；清洁工作区域，清除垃圾。

7. 水产原料活养程序

标准与要求：原料鲜活无死货，特别是鳝鱼、河蟹等水产品绝对不可进死货；水质清澈无杂质；温度适宜，供氧充足，通风光线适当。

步骤：打开水箱网罩，检查在养水产原料的成活情况，拣出已死水产品；为水箱、水池换水,检查增氧泵工作情况;检查水温,采取相应措施,保证水温达到活养要求;购进的鲜活水产品去除杂物,及时放进相应的活养水箱及容器;捞取或销售活养水产品时,随用随取,多取的水产品及时放回,保持水箱及容器的整洁;定期检查水产原料成活情况,捞出将死的水产品,作相应处理;视情况给水箱换水,加盖网罩,上锁。

二、菜肴配份管理

菜肴配份就是将加工成形的或腌浆好的原料,经过一定的组配,形成一个或一组未烹调菜肴和宴席的过程。配份阶段看似简单,实际上是菜肴制作中非常重要的一部分,其重要性体现在:通过配份工作为下一步烹调做准备,使菜肴或宴席初步成形,确定烹调的风味,控制原材料成本。它就像一个中间枢纽一样决定着未来菜肴形式和风味的走向。

配份阶段是决定每份菜肴的用料及成本的关键期,甚至这里也会出现生产的无用功(即产品出去了,可利润没收回)。因此,配份阶段的控制既是保证出品质量的需要,也是经营盈利所必需。

(一) 配份数量与成本控制

配份数量控制具有两方面的意义,一方面,它可以保证配出的每份菜肴数量合乎规格,成品饱满而不超标,使每份菜产生应有的效益;另一方面,它又是成本控制的核心。因为原料通过加工、切割、上浆,到配份岗位时,其单位成本已经很高。配份时如果疏忽大意,或者大手大脚,会使饭店原料大量流失,菜肴成本居高不下,这就为成本控制平添了诸多麻烦,因此,配份的数量控制至关重要。一份菜确定多少数量,大多根据饭店的要求来定,一旦经营思路确定了,就要进行合理的管理。配份管理的主要手段是充分依靠、利用标准食谱规定的配份规格,养成用秤称量、论个计数的习惯,这样,就可以切实保证就餐宾客的利益,也有利于塑造好的产品形象和餐饮声誉。

(二) 配份质量管理

菜肴配份,首先要保证同样的菜名其原料配份必须相同。经常见饭店发生这样的事:前后两客均点了"三鲜汤",一厨为之配了鸡片、火腿、冬笋片,价格昂贵,口味鲜美;另一厨为之配了青菜、豆腐、鸡蛋皮,色彩悦目,成本低廉,口味一般。厨师用心皆良,操作不错,可食客为之纳闷,颇感不悦;厨房管理者更是不快,质量难保,成本难控。可见,配份不一不仅影响菜肴的质量,而且还影响饭店的社会效益和经济效益。按标准食谱进行培训,统一配菜用料,并加强岗位间的监督、检查,可以有效地防止随意配份现象的发生。

配份岗位操作,同时还应考虑烹调操作的方便性。因此,每份菜肴的主料、配料、料头(小料)配放要规范,即分别取用各自的器皿,三料三盘,这样,烹调岗位操作就十分便利,也为提高出品速度和质量提供了保证。配菜时还要严格防止和杜绝配错菜(配错餐桌)、配重菜和配漏菜现象的出现。一旦出现了上述疏忽,既打乱了整个出菜的次序,又妨碍了餐厅的正常操作,这在开餐高峰期是很被动的。控制和防止错配、漏配菜可采用以下措施:一是制订配菜工作程序,理顺工作关系;二是健全出菜制度,防止有意或无意错、漏配菜现象的发生。各原料的具体操作程序如下。

1. 料头准备工作程序

料头又称小料,即配菜所用的葱、姜、蒜等佐助配料,其块型较小。虽然这些小料用量不大,但在配菜与烹调之间,在约定俗成的情况下,也起着无声的信息传递作用,可以避免很多错乱的发生,在开餐高峰期尤其如此。如红烧鱼、干烧鱼和炒鱼片,分别用葱段,葱花、马蹄葱片和姜片,姜米及小姜花片,准确了解料头,上菜时既不用口头交代,又一目了然,很方便。料头的准备工作,开餐前由配菜师根据需要完成。

标准与要求:大小一致,形状整齐美观,符合规格要求;数量适当,品种齐备,满足开餐配菜的需要。

步骤:领取、洗净各类料头用料,分别定位存放;根据烹调菜肴的需要,按切配料头规格对原料进行切制(如表3-3所示);将切好的料头,区别性质用途,分别干放或水养,置于固定器皿和位置,并用保鲜膜封好;清洁砧板、工作台,将用剩的料头原料放到原位;开餐时,揭去保鲜膜,根据配菜要求分别取用各种料头。

表3-3 切制料头规格表

料头名称	用料	切制规格要求	配制菜肴
葱段	青葱	长5cm	红烧鱼、葱烧海参
蝴蝶姜花	生姜	3.5×2.5×0.15(cm)	炒鱼球、爆鸡柳
...			

2. 配份工作程序

标准与要求:配份用料品种、数量符合规格要求,主、配料分别放置;接受零点订单5分钟内配出菜肴,宴会订单菜肴提前20分钟配齐。

步骤:根据加工原料申请订单领取加工原料,备齐主料和配料,并准备配菜用具;对菜肴配料进行切割,部分主料根据需要加工;对水养(放在水中保管)原料进行换水处理;对当日用已发好的干货进行洗涤改刀,交炉灶焯水后备用;备齐开餐用各类配菜筐、盘,清理配菜台,准备配菜;接受订单,按配份规格配制各类菜肴的主、配料及料头,置于配菜台出菜处;开餐结束,交代值班人员搞好收尾工作,将剩余原料分类收藏,整理冰箱、冷库;清点下餐、次日预订客情通知单,结合零点客情分析,计划并向加工厨房预订下餐或次日需补充的已加工原料;清洁工作区域,用具放于固定位置。

(三)烹调质量管理

烹调阶段是将已经配份好的主料、配料、料头,按照烹调程序进行烹制,使菜由原料变成成品,烹调阶段是确定菜肴色泽、口味、形态、质地的关键期。烹调阶段控制得好,就可以保证出品质量和出菜节奏;控制不力,会造成出菜秩序混乱,菜肴回炉返工率增加,客人投诉增多。因此,切不可掉以轻心。

烹调岗位管理主要应从烹调厨师的操作规范,烹制数量,出菜速度,成菜口味、质地、温度,以及对失手菜肴的处理这几个方面加以督导、控制。首先应要求厨师服从打荷派菜的安排,按正常出菜次序和客人要求的出菜速度烹制出品。在烹调过程中,要督导厨师按规定操作程序进行烹制,并按规定的调料比例投放调料,不可随心所欲,多少无度。尽管在烹制某个菜肴时,不同厨师有不同做法,或各有"绝招",但要保证整个厨房出品质量的一致性。尤其在中餐菜肴的烹制中,保证菜肴质量最关键的两个因素是菜肴的味道和温度。例如,"凤梨猪肝"这个炒菜,猪肝切片后有人喜欢入油锅拉油,有人则习惯于焯水,尽管出菜都能达到熟、嫩的效果,可吃起来质感是不一样的,同一家饭店只能以一种面貌出现。菜肴的味道,其实包含菜肴的滋味和质感两方面,人们一般说的味道不好,既指菜肴口味一般,也指菜肴口感一般。比如某饭店的肉丝不好,可能是肉丝口感太老、不嫩造成的,往往被人们笼统地称其味道不佳。这实际上既有炉灶厨师烹制不当的原因,也有砧板厨师加工不当的原因。因此,把握菜肴的口味,一定要加强操作的合理性和调味的规范性。菜肴的核心味道确定了,菜肴的外部因素——温度也一定要保证。保持温度可采用多种方法,比如,缩短上菜时间(设计厨房时,将餐厅与厨房安排在一起;厨房分工尽可能细化;使用现代化运输工具进行服务等),运用冷藏、热藏手段(充分应用冰箱、冰柜、保温车、保温餐具等),运用特殊器皿(如锅仔、瓦罐、石锅、铁板、小火锅等)。

另外,控制菜肴的烹调量也是保证出品质量的重要措施。坚持菜肴少炒勤烹,既能做到每席菜肴出品及时,又可减少因分配不均而产生的误会和麻烦。

(四)烹调工作程序

1. 打荷工作程序

标准与要求:台面清洁,调味品种齐全,陈放有序;吊汤原料洗净,吊汤用火恰当;餐具种类齐全,盘饰花卉数量适当;分派菜肴给炉灶烹调恰当,符合炉灶厨师技术特长或工作分工;符合出菜顺序,出菜速度适当;餐具与菜肴相配,盘饰菜肴美观大方;速度快捷,形象美观;打荷台面干爽,剩余用品收藏及时。

步骤:清理工作台,取出、备齐调味汁及糊浆;领取吊汤用料,吊汤;根据营业情况,备齐餐具,领取盘饰用花卉;传送、分派各类菜肴给炉灶厨师烹调;为烹调好的菜肴提供餐具,整理菜肴,进行盘饰;将已装饰好的菜肴传递至出菜位置;清洁工作台;清洗、消毒、晾挂抹布;关、锁工作门柜。

2. 盘饰用品制作程序

标准与要求:盘饰花卉至少要有八个品种,数量足够;每餐开餐前30分钟备齐。

步骤:领取备齐食品雕刻用原料及番茄、香菜等盘饰用蔬菜;清理工作台,准备各类刀具及盛放花卉用盛器;根据装饰点缀菜肴的需要,运用各种刀法雕刻一定数量、不同品种的花卉;整理、择取一定数量的番茄、香菜等,置于盛器,留待盘饰使用;将雕刻好的花卉用保鲜膜封盖,集中置于低温处,供开餐打荷使用;整理、保管雕刻刀具、用具,用剩的原料放回原位,清洁工作岗位。

3. 炉灶烹调工作程序

标准与要求:调料罐放置位置正确,固体调料颗粒分明,不受潮,液体调料清洁无油污,添加数量适当;烹调用的清汤要清澈见底,白汤要浓稠乳白;焯水蔬菜色泽鲜艳,质地脆嫩,无苦涩味;焯水荤料去尽腥味和血污;制糊投料比例准确,稀稠适当,糊中无颗粒及异物;调味用料准确,口味、色泽符合要求;菜肴烹调及时迅速,装盘美观。

步骤:准备用具,开启排油烟罩,点燃炉火使之处于工作状态;对不同性质的原料,根据烹调要求,分别进行焯水、过油等初步熟处理;吊制清汤、上汤或浓汤,为烹制高档及宴会菜肴做好准备;熬制各种调味汁,制备必要的用糊,做好开餐的各项准备工作;开餐期间,接受打荷安排,根据菜肴的规格标准及时进行烹调;开餐结束,妥善保管剩余食品及调料,擦洗灶头,清洁整理工作区域及用具。

三、冷菜、点心生产管理

冷菜又称冷碟,通常以开胃、佐酒为目的,由独立的厨房生产,并大多以常温或低于常温的温度出品。有些地方将烧烤、卤水产品也合并于此。点心是多以米、面为主要原料,配以适当辅料,在独立的生产场所,由面点师生产制作的产品。生产冷菜和点心的场所是厨房生产相对独立的两个部门,其生产与出品管理与热菜有不尽相同的特点。冷菜品质优良,出品及时,可以诱发客人食欲,给客人留下美好的第一印象。点心虽然多在就餐的最后(少数在中途穿插)出品,但其口味和造型同样能给客人留下愉快和美好的记忆。

（一）分量控制

冷菜与热菜不同,多在烹调后切配装盘。而每份装盘数量的多少,拼盘用什么品种组合,既关系到客人的利益,又直接影响到成本控制。虽然冷菜多以小型餐具盛装,但也并非越少就越给客人精致美好的感觉,应以适量、饱满、恰好佐酒为度。

点心亦很精细,大多小巧玲珑,其分量和数量包括两个方面:一是每份点心的个数,二是每个点心的用料及其主料、配料的配比。前者直接关系到成本控制,后者随时影响点心的风味和质量。因此,加强点心生产的分量和数量控制也是十分重要的。

控制冷菜、点心分量的有效做法是测试、规定各类冷菜及点心的生产和装盘规格标准,并督导执行,如表 3-4、表 3-5 所示。

表 3-4　冷菜装盘规格表

菜名	用料		盛器	装备要求	备注
	名称	数量			
桶子鸡	熟鸡	1/4 只	8 英寸椭圆盘	剔骨	
心里美萝卜	生心里美萝卜	半个	8 英寸椭圆盘	摆放整齐	
…					

表 3-5　点心制作、装盘规格表

品名	主料		配料		制作要求	盛器	装盘数量
	名称	数量	名称	数量			
鲜肉包子	大肉馅	40g	面粉	30g	收口	8 英寸圆盘	10 个

（二）质量与出品管理

不管是中餐冷菜还是西餐冷菜,都具有开胃、佐酒的功能。因此,对冷菜的风味和口感要求都比较高,风味要正,口感要好。要保持冷菜口味的一致性,对有些品种的冷菜,可以采用预先调制统一规格比例的冷菜调味汁、冷沙司的做法,待成品改刀、装盘后浇上即可。冷菜调味汁、沙司的调制应按统一规格比例进行,这样才能保证风味的纯正和统一。冷菜由于在饭店菜点中最先出品,会给客人以先入为主的感觉。因此,对其装盘造型和色彩的搭配等要求都很高。不同规格的宴会,冷菜还应有不同的盛器及拼摆装盘方法,给客人以丰富多彩、不断变化的印象,同时也可突出宴请主题,调节就餐气氛。比如,在上年纪客人的寿宴上呈现"松鹤延年"或"福如东海"的冷盘,在婚宴上呈现裱有"永浴爱河"、"白头偕老"字样的花式冷盘,在公司的年终聚餐上呈现"财源滚滚"的冷盘等,均可烘托宴会气氛,效果甚佳。

点心正好与冷菜相反,它重在给就餐宾客留下美好回味,期待其下次的光临。因此,点心多在就餐后期出品,少数穿插在就餐过程中。客人在酒足饭饱之际,更加喜欢品尝、欣赏点心的造型和口味。有些栩栩如生、玲珑别致的点心,客人往往不忍下筷,或再三玩味,或打包带走,这就要求对点心质量加以严格控制,确保出品符合规定的质量标准,起到应有的效果。比如,汤圆类要求玲珑剔透,口感滑润;糕点类要求造型特别,口味纯正。

冷菜与点心的生产和出品,通常是和热菜分隔开的。因此,其出品的手续控制也要健全。餐厅下订单时,多以单独的两联分送冷菜和点心厨房,按单配份与装盘出品同样要按配菜出菜制度执行,严格防止和堵塞漏洞。餐后,所有出品订单都应收集汇总,交至厨师长处备查。

(三) 工作标准与程序

1. 冷菜工作标准与程序

标准与要求:造型美观,盛器正确,分量准确;色彩悦目,口味符合其特点要求;零点冷菜接订单后尽量在5分钟内出品,已预订宴会冷菜在开餐前20分钟备齐。

步骤:打开(15分钟)并及时熄灭紫外线灯对冷菜间进行消毒杀菌(早晚各一次);备齐冷菜用原料、调料,准备相应盛器及各类餐具;按规格加工、烹调制作冷菜及调味汁;对上一餐剩余冷菜进行重复加工处理,确保卫生安全;接受订单和宴会通知单,按规格切制、装配冷菜,并放于规定的出菜位置,协助服务员走好餐;开餐结束,清洁整理冰箱,将剩余冷菜及调味汁分类放入冰箱;清洁整理工作场地及用具。

2. 点心工作标准与程序

标准与要求:造型美观,盛器正确,每客分量准确;装盘整齐,口味符合其特点要求;零点点心接订单后10分钟内可以出品,已预订宴会点心应在开餐前备齐,开餐即听候出品。

步骤:领取备齐各类原料,准备用具;检查整理烤箱、蒸笼的卫生和安全使用情况;加工制作馅心及其他半成品,切配各类料头,预制部分宴会、团队点心;准备所需调料,备齐开餐用各类餐具;接受订单,按规格制作出品各类点心;开餐结束,清洁整理冰箱,将剩余点心原料、半成品、成品及调味品分类放入冰箱;清洁整理工作区域、烤箱、蒸笼,清洁用具。

【小结】

厨房生产的最终目的是通过生产管理的有效调节,生产出让顾客满意的产品。为此,厨房和饭店的管理者一定要了解厨房生产中的原料加工、配份及烹调程序,掌握各种形式的餐食生产,学会安排和协调,并能够采用先进手段对重点的生产过程进行控制,从而保证整个厨房生产有条不紊。

【关键术语】

原料采购 验收管理 原料储存 原料盘存 原料发放与领用 原料调拨 厨房组

织机构　原料加工管理　菜肴配份管理

【习题】

一、简答题
1. 简述餐饮原料的采购方式。
2. 如何进行餐饮原料的发放与领用管理？
3. 简述厨房的种类。

二、论述题
1. 如何进行原料的采购管理？
2. 试述厨房原料盘存的过程和方法。

第四章 餐饮企业经营

【教学要点】

知识要点	掌握程度	相关知识
餐饮经营概述	了解	餐饮经营的概念、任务,影响餐饮经营的因素
菜单设计	熟悉	菜单的内容、作用,菜单的设计
餐厅、厅房、菜品命名	掌握	餐厅、厅房、菜品命名的意义、原则,餐厅、厅房、菜品名称的设计
餐饮产品开发	掌握	餐饮产品的构成、餐饮产品开发的原则和策略,餐饮产品开发程序
餐饮连锁经营管理	熟悉	餐饮连锁经营的概念,餐饮连锁经营的市场扩张方式,餐饮连锁经营的模式选择,餐饮连锁企业特许经营管理
餐饮经营创新	了解	餐饮经营创新的原则与类型、方式

【导入案例】

来去匆匆的"土家烧饼"

说起"土家烧饼",也许很多人都吃过或听说过,也能想起来。

几乎是一夜之间,"土家族烧饼"、"掉渣王烧饼"、"土家烧饼大王"、"掉渣烧饼"、"土掉渣烧饼"、"掉馅的烧饼"、"土家西施烧饼"等烧饼店就遍布全国各大中城市。这些烧饼店虽然打着各种不同的品牌旗号,但大多数都冠以"东方风味披萨"的广告语,店招也都差不多,售价2元一个,一度引得人们争相排队品尝……但来得快,去得也快,在很短的时间内,各种名号的土家烧饼都好像从市场上消失了。

"土家烧饼"为什么如流星一样来去匆匆?它迅速衰败的原因是什么?连锁经营有哪些关键因素?

第一节　餐饮经营概述

一、餐饮经营概述

（一）餐饮经营的概念

餐饮经营是餐饮企业在国家方针政策的指导下，以市场为导向，营销为手段，满足客人需要为目标，筹划并管理餐饮企业的产品生产、销售活动，实现餐饮企业的社会效益和经济效益目标的活动过程。

餐饮企业以客人需求为前提，进行产品开发并促成餐饮产品销售，获得最佳经济效益。餐饮经营活动的开展要以市场分析为基础，根据市场需求和特点，及时调整餐饮产品及经营策略，增强企业竞争力。

（二）餐饮经营的内容

1. 市场调查和市场预测

市场调查和市场预测是餐饮企业经营决策的基础和前提。通过对餐饮市场进行调查，定位企业的目标市场，围绕目标群体的消费特点，确定餐饮企业产品的特点、层次和结构，并预测未来发展情况。

2. 确立经营方针和经营目标

经营方针是餐饮企业发展的方向和方针，它随餐饮企业的性质、环境条件和接待对象不同而变化。餐饮企业在遵循国家方针政策的前提下，进行市场调查和预测，从而确定经营方针，为餐饮产品的开发、生产和销售指明方向。

经营目标是餐饮企业预期的各项效益指标和结果，包括效益目标、销售指标、产品质量目标等。

3. 选择经营策略

经营策略是经营方针的具体应用，餐饮企业要根据企业的类型、层次、产品特点、经营环境、服务和管理水平等方面的不同采取不同的经营策略。

4. 组织餐饮生产、营销和服务工作

餐饮企业的生产、营销和服务，都是为了引导并满足客人的需要，从而实现产品的销售。企业菜品风味的确定、菜式的研发、成本核算等都是确保菜品质量、餐饮经营活动顺利开展的保证。在竞争激烈的餐饮市场中，加上近几年餐饮市场上物价上涨、消费者要求较高等问题，营销的作用日益凸显。餐饮服务要做到规范化与个性化相结合，给客人营造轻松、舒适的就餐环境。

（三）餐饮经营方针

餐饮经营方针是餐饮企业在国家相关方针政策指导下，以经营目标为宗旨所制定的具体工作方针。它包括餐饮企业总体经营方针和部门经营方针。

餐饮企业总体经营方针要根据企业的性质、层次、消费群体和企业目标来确定。如北京全聚德股份有限公司把"充分发挥全聚德老字号的品牌优势,一业为主,综合经营,多元化发展"作为企业的经营方针。天津狗不理集团股份有限公司的经营方针是:"以消费者需求为中心,以质量第一、服务至上为原则,以顾客满意为标准,以维护企业信誉为己任,为消费者提供文化式舒适的就餐环境、便捷周到的服务、特色式精致的产品、家庭式衷心的关怀。"

综合性饭店餐饮部的经营方针应以饭店总体经营方针为指导,如广州白天鹅宾馆的经营方针是"通过一流服务和高效率管理,为宾客提供舒适、亲切、方便和带有人情味的生活享受,把企业办成具有中国特色和国际水平的一流宾馆",同时这也是宾馆餐饮部的经营方针。此外餐饮部可以结合部门特点制定具体的工作方针,以此作为企业经营方针的补充,如部门可制定"不断创新、奉献美味"、"追求时尚、引导消费"等方针对企业的总体方针进行补充和诠释。

(四)餐饮经营策略

现代餐饮的经营需要运用新的理念、手段和方法来整合饭店的餐饮资源,餐饮经营策略是餐饮企业经营理念和经营方针的具体表现方式。餐饮经营的主要策略如下。

1. 单一产品策略

主要经营一种类型的餐饮产品,其他产品为辅。这种类型的餐厅通过特色产品或拥有技术秘密和技术优势来吸引客人,并占领市场,如近几年风行的疯狂烤翅。

2. 传统风味策略

以经营具有民族特色的传统风味产品为主。餐饮企业在经营过程中要突出传统特色或各民族的风味特点,如烤鸭店、饺子店、老北京豆汁儿等都是特色明显的传统食品。

3. 地方风味策略

我国幅员辽阔,各地的自然地理、气候条件、资源特产的不同形成了各地具有地方特色的菜系,如川菜、粤菜等。此外各地区少数民族的菜品在口味和用料及烹饪方式上也具有其民族特点。采用地方风味策略不仅要突出菜品的地方特色,餐厅的环境和服务也要体现地方及民族的文化特色。

4. 外国风味策略

各类充满异域风味的餐厅渐渐成为各地的一道独特风景,目前我国存在的外国风味主要是西餐及日韩、土耳其、巴西、墨西哥等外国风味。采用该经营策略,原料、生产工艺和方法要正宗,就餐环境、家具和用品、餐厅文化、员工服饰、服务方式等都要体现异国风情。

5. 乡土风味策略

乡土风味菜来源于民间,植根于百姓,用料要以当地土特产为主,天然、健康,乡土风味浓郁。采用该策略原料一定要正宗,环境和用品及服务人员的服饰要体现"土"的特征。

6. 大众经营策略

采用大众化的原料、适中的价格,面向普通消费者提供相对较高质量标准的餐饮产品。采用该策略要坚持薄利多销,考虑大众消费者要求方便快捷、经济实惠的特点。

7. 差异化经营策略

主要表现在餐饮产品、价格、促销等方面的差异化。从这几个方面入手进行产品的组合,突出本餐厅与其他餐厅的差异,满足不同目标顾客的需要。

8. 多种经营策略

以上不同经营策略的综合应用。该策略适用于综合性饭店的餐饮部,在格局上可以实行"满楼开花"的方式,在一个楼层经营酒吧、咖啡厅,在主要楼层设立中餐厅、西餐厅或风味餐厅等,经营不同口味的菜品,满足不同类型消费者的需要。

需要指出的是,餐饮企业采用的策略并不是一成不变的,在不同时期,企业要根据市场的变化适时调整经营策略。

二、餐饮经营的任务

(一) 提供令客人满意的餐饮产品,服务于大众生活

这是餐饮企业最基本的任务。俗话说众口难调,每个人都有自己独特的饮食需求,虽然一个餐饮企业很难做到满足每位客人,但为客人提供安全放心、可口的饭菜及舒适的环境和优质的服务是餐饮企业最基础的目标。

(二) 树立良好的企业形象

良好的企业形象可以使企业获得顾客的信赖,有利于餐饮企业经营活动的开展和产品的销售,为改善经营环境提供契机。

广告宣传的方式并不适合所有餐饮企业,企业形象的建立主要依赖于硬件和软件建设两方面。除此之外,在本地区举办或参加公益活动是树立企业良好形象的重要方式。

(三) 弘扬传统饮食文化,继承传统并不断创新

我国自古为礼仪之邦,为讲究民以食为天的国度,中华饮食文化源远流长。现如今,中餐也已走向世界,并传播着中国的文化。弘扬我国传统的饮食文化,使产品的特殊生产工艺和服务方式能够代代相传,是餐饮生产和经营者义不容辞的责任。在中华饮食的发展和演变过程中,历代餐饮企业家和劳动者通过他们的勤劳智慧创立了众多的餐饮老字号,这是中华餐饮文化的瑰宝,也是民族和文化的积淀,具有极高的历史价值、文化价值。

(四) 为国家税收做贡献

依法纳税是每个企业应尽的义务。餐饮企业的经营在为本企业创造收益的同时,也为国家创造了大量的财富。

三、影响餐饮经营的因素

(一) 环境因素

环境因素是影响餐饮经营的重要因素之一,它不仅包括地理位置、周围环境,也包括内部装修、氛围的营造等内部环境。

1. 餐厅选址

古人云"天时不如地利",充分强调了地理位置的重要性。人们把地理位置视为餐厅赚钱的第一要素。餐厅选址的原则有以下几点。

第一,满足目标顾客需要的原则。餐厅的选址要尽可能地方便目标顾客,并且与目标顾客所属的地区相吻合。如城市的客运站、码头、机场等区域,此区域人员密集,客流量大,并且流动性大,适合建立各种快餐厅。此区域的餐厅回头率低,对餐厅的用餐环境要

求不高,但是餐厅要注意饭菜质量,避免欺客宰客等现象的发生。城市商业区,人们在此区域以逛街、购物、休闲为主。这些地段由于客流、车流量都比较大,适合建立快餐店、小吃店和美食广场。比如,各商业区都可以看到麦当劳、肯德基、德克士等西式快餐厅。社区和学校周边适合建立中低档的大众餐馆、小吃店等。政府机关、金融机构、商务区附近适合建立中高档的餐厅,用餐环境要雅致、菜肴精美、讲究服务和用具,主要针对商务宴请、社交活动以及高收入人群。

第二,方便性原则。餐厅的选址要尽可能靠近顾客居住地、工作区域或适当方便客人就餐的地方。如没有特殊交通管制并且交通通畅、方便车辆停靠的地区。

第三,可见度原则。可见度指餐厅位置的明显程度。评价餐厅可见度高低的方法就是看能够从几个方向观察到餐厅。一般来说,餐厅最好面对街道,让客人在路边或交通工具上就能够看到。

第四,投资回报原则。由于餐饮投资的回收期越来越长,虽然交通便利的地方能为餐厅带来更多的消费者,获得可观的收入,但由于这些地方租金较高,所以选址时要重点考虑房租的高低,同时还有基础设施费用、劳动力成本等成本费用因素。

因此,餐厅选址在遵循以上几个原则的基础上,需要考虑的因素还有很多,简单归纳为地理因素、经济因素和市场因素。

第一,地理因素。

(1) 区域规划。餐厅在进行选址时首先要考虑整个城市的规划,所选区域的规划将会影响到餐厅的长远发展。若不进行前期调查,成本收回前遭遇拆迁或重建,餐厅受到经济损失的同时,前期建立的声誉也会受到较大影响。

(2) 交通状况。餐厅周边的交通状况很大程度上决定了餐厅的客流量,但并不是说交通频繁客源就一定好,同时还要考虑此地区的人们是否有就餐的机会和欲望。国外的餐厅在选址时,通常要对本地区车流量和客流量进行统计分析,以保证餐厅开业后有充足的客源。

第二,经济因素。

餐厅选址要考虑地区的经济发展水平。一方面要考虑本地区的经济发展潜力,另一方面地区的经济发展水平也决定了本地区居民的消费水平。如房租,交通便利、商业发达的地区,往往也有着令人却步的高房租,两者之间的矛盾需要决策者对餐厅未来的销售量进行科学预测。

第三,市场因素。

餐厅选址时,既要考虑直接竞争对手的状况,又要了解间接竞争对手的状况;既要分析自身的优势和劣势,又要对竞争对手的产品、价格、服务、经营环境、客源状况等方面进行了解。激烈的竞争虽然对企业是威胁,但同时也蕴含着商机。

2. 内部环境

现代人到餐厅就餐注重满足自己的生理需求(填饱肚子)的同时还要求获得精神上的愉悦,这就要求餐厅的内部环境设计要做到以下几点。

(1) 卫生状况。俗话说:"民以食为天,食以安为先。"客人用餐时最关心的就是餐厅的卫生状况。所以餐厅在营造内部环境的时候,要达到清洁、卫生、整齐,给客人以良好的视觉感受,让客人吃得放心、踏实。

(2) 空间设计。各餐厅要根据档次、功能及场地等具体条件,运用设计理念,对餐厅内部环境进行合理布局。首先,空间的设计和布局要突出餐厅主题、分清主次,可通过餐厅灯光、色彩和装饰物等来表现;其次,利用室外景观营造独特的小环境,并可通过家具弥补空间的不足,进行合理的弥补和设置。

(3) 服务人员。这也是内部环境的重要组成部分。服务人员的制服、仪态等形象方面的因素都会影响到客人对内部环境的感受。

(二) 服务因素

餐饮企业服务水平的高低,对企业形象和产品销售有着重要的影响。因此,餐饮企业要以优质服务赢得客人满意,这也是餐饮企业经营成功的重要因素之一。

1. 服务意识

服务不仅是一线员工的事情,餐饮企业的每一位员工包括管理人员和后台的工作人员都要树立为客人服务的意识。不论员工的工作岗位如何,为客人服务的思想不能变。因此,要调动每个员工的工作积极性,为客人提供热情周到的服务。

员工要树立正确的服务理念,"一切为了客人"、"客人就是上帝"、"客人永远是对的"、"服务从细节做起"等是餐饮服务的基本指导思想,是为客人服务思想的具体实践。

在服务中倡导"客人永远是对的",并不是说客人没有错的时候,而是要求员工在对客服务中坚持把错误留给自己,把正确让给客人。这就要求员工在工作中要有宽宏大度和谦让的心理准备。所以在平时的培训中要注意加强对员工宽广胸怀和良好心理素质的培养。

2. 确定服务标准和程序

餐饮企业要制定科学、合理的餐饮服务标准和程序,以此规范餐饮服务,提高服务质量,克服餐饮服务中随意和随机性强的问题。

餐饮企业制定的服务标准主要涉及这样几个方面:订餐服务程序,餐饮接待服务程序,点菜、上菜程序,餐具洗涤程序,餐饮服务中处理客人投诉程序,餐饮服务的卫生标准,服务效率和服务方式。

(三) 菜品因素

1. 质量比较

指对菜品的色、香、味、形、器、名、营养等进行比较。

第一,色。指利用菜品、酒水的颜色进行的色彩搭配。自然、鲜亮的菜品、酒水能给人带来视觉上的享受,激发人的食欲。菜品和酒水的生产中,要注意色彩的搭配,此外,菜品装盘后旁边可摆放一些雕刻的饰物进行装饰,如萝卜花、水果片、蔬菜叶等。但菜品色彩不宜过分多样化,一般来说,两种或者三种对比颜色比较合适。

第二,香。指菜品作用于人的嗅觉器官所产生的感觉。菜品的香气主要来自主料、辅料以及调料。对于很多菜品来说,香主要来自原料本身,但是烹饪过程中所使用的调料如辣椒、花椒、胡椒、八角、孜然等都会增加香味,刺激人的嗅觉,引起人的食欲。

第三,味。指菜品、酒水作用于人的口舌、味蕾而产生的感觉。人们常说"民以食为天,食以味为鲜",味道是客人评价菜品和酒水质量的一项重要指标。一块臭豆腐,或一盘红烧肥肠,虽然说其貌不扬,人们却吃得"津津有味",关键就在于"味"。酸、甜、苦、辣、咸皆可入味,但菜品应达到口味纯正、味道鲜美、调味适中的基本要求。

第四,形。主要指菜肴成品后与菜品周围装饰在器皿中的形状。美观、生动、巧妙的菜品造型,是烹调艺术的表现形式,它能给人以视觉上的享受,并增添就餐的情趣。

第五,器。餐具一直被视为饮食文化的重要组成部分。古诗云"葡萄美酒夜光杯",这足以表现"美食"与"美器"的关系。常言说,美食不如美器。美食与美器犹如红花配绿叶,二者巧妙搭配才能达到和谐完美。目前,除了传统的陶瓷餐具外,木制、竹制、玻璃、不锈钢餐具等均可作为盛放菜肴的器皿。有特色的器皿能够有效提升就餐的文化氛围,如"木瓜炖雪蛤",就是把木瓜当作盛放菜品的"容器",成菜后汤中有木瓜的香味,水果与雪蛤的味道互相映衬。

第六,名。菜名是人们认识菜肴的主要依据,给菜品起一个好听、寓意深刻的菜名有助于菜品推销。同时,菜名具有潜在的商业价值,它给人们留下的"第一印象"是影响消费者购买意向的重要因素之一。

第七,营养。随着人们生活水平的提高,人们越来越注重生活的品质。对于我们的饮食,更加关注日常饮食是否营养。强调营养,就是讲究膳食平衡。"三低一高"(低脂肪、低糖、低盐、高蛋白)成为人们评价菜品营养的重要标准;"以味为核心,以养为目的"是中国烹饪的本质特征。中国菜既讲口味,以味宜人,又讲营养、养生、健身,以养宜人。菜品的创新也需要与时俱进,开发一些清淡菜品,粗粮细做的乡土菜品,养颜、健脑的营养菜品,是目前餐饮菜品创新的方向。

2. 数量比较

对于我国的餐饮企业来说,提供高品质菜品的同时,还要保证菜品的分量,即按照标准菜谱规定的菜品分量进行生产,确保消费者的利益。餐饮经营者要结合餐厅类型及客人对菜品分量的评价来确定菜品分量。

3. 价格比较

价格是餐饮产品价值的货币表现。餐饮产品价格是消费者关注的焦点问题,但菜品价格的高低不是营销餐饮消费的决定因素,餐厅的菜品和服务要做到物有所值,不要暴利经营。餐饮经营者应参考同类型餐厅的价格水平,采取合适恰当的价格策略。

(四)广告宣传和公共关系因素

目前,餐饮市场再也不是"酒香不怕巷子深"的时代,利用广告宣传自己,已成为餐饮经营的重要手段之一。广告宣传不仅能使餐饮企业在短时间内实现产品销售的目的,从长远的角度考虑,还能强化企业在公众中的形象,不断培育和提升企业品牌。公共关系是发展企业与公众之间关系的重要手段。它的基本目标之一是为企业树立良好的社会形象,通过有效的对外推广扩大企业知名度,提高企业的美誉度。餐饮企业应关注社会的经济发展、餐饮市场的发展变化、社会舆论和公众兴趣等,策划一些有创意、能引起公众注意的公关活动。

(五)客人评价的反馈因素

目前很多餐饮企业不重视顾客的反馈,而客人对餐饮企业提出的宝贵意见,直接影响餐厅利益的获得。它是餐饮企业不断提高生产、服务和经营管理水平的重要依据,只有不断收集客人的反馈意见,才能使企业产品更加完美。餐饮企业收集客人的反馈意见,可通过以下方式进行。

1. 与客人直接交流

餐厅采用与就餐客人面对面交流的方式,一般在客人结账时征求客人对服务、环境、菜品、价格、设施、管理等方面的意见,对企业、部门和员工的工作进行评价。通过这种方式收集到的意见比较真实、有效,对全面提高餐厅产品质量具有重要的意义。

2. 客人填写宾客意见征询表

为及时了解就餐客人对餐厅工作的建议和要求,可以在客人就餐完毕稍事休息的时候,向客人发放"宾客意见征询表",征询客人对菜品的口味、质量、价格,餐厅的环境和卫生及员工的服务态度、服务效率、与客人沟通交流的能力等方面的意见。

3. 专家评价

餐厅可以聘请行业专家,采取公开检查或暗访等形式找出餐饮企业在生产、服务和管理中存在的问题,促使企业及时整改提高。此外,也可以请行业协会组织同行相互学习、相互观摩,让同行提出改进建议,在相互的取长补短中快速成长。

第二节 菜单设计

菜单指餐饮企业向客人提供的餐饮产品的品种和价格的一览表。它是客人在饭店、餐厅、宴会厅用餐的主要参考资料,起着向客人传递信息的作用。客人从菜单上不仅可以知道酒店餐厅、宴会厅所提供的菜品、酒水及其价格,进而达到消费的目的,还可以从菜单的设计上感受到酒店餐饮服务的气息和文化品位。因此,菜单的印刷精美固然重要,但是独具匠心的菜单设计更能体现出优质的服务。

一、菜单内容

(一)菜品名称、规格和价格

1. 菜名

随着社会的进步和餐饮业的发展,顾客对菜肴的要求已不仅仅是菜品的色、香、味俱备,更讲究营养和文化内涵。菜名是餐饮产品的品牌标记;对于客人来说,菜名会形成他对餐饮产品的总体认识,并引发对餐饮产品色、香、味、形等特质的联想,进而产生购买欲望。好的菜名不仅可以反映菜的主配料、地域特色,更能体现文化底蕴和美好的祝愿,起着点睛的作用。所以菜品起菜名,要既高雅又实际,既突出本色又通俗易懂,真实而不夸张,让顾客在点菜时一目了然,理解菜品的内涵。

2. 规格和价格

菜单上常见的菜式单位和菜点规格有:例盘、中盘、大盘、打、盅、位、碟、碗、份、只、斤、两、克等。餐饮价格是餐饮经营之道,餐饮产品的价位水平要与餐厅的市场定位相符,要体现饭店餐饮的毛利水平,符合国家和地区的物价政策,并主动适应市场的变化。

（二）菜品的描述性介绍

菜品描述介绍常见的方式有文字表述和图片展示。它是客人选择菜品的主要依据，能增进客人对菜肴的了解，便于选择自己喜欢的菜肴，同时也能方便工作人员推销菜品，提高点菜效率。菜点介绍主要包括：主料、辅料；味型及主要配料；营养功效（滋补药膳、健康素食、绿色无公害食品等）；烹调方法及服务方法；实物图片。

（三）餐厅告示性信息

在餐厅使用的菜单上，除了关于菜肴的知识外，还要设计与餐厅有关的信息以及需要客人了解的信息。

1. 餐厅名称与标识

菜单封面上餐厅的名称能够反映出餐厅经营风格、规模、水准和主题气氛，餐厅标识是餐厅饮食文化及其人文背景的结晶。好的餐厅名称和标识能加深客人对餐厅的印象。

2. 其他告示性信息

在菜单的封底还应包括以下告示性信息，如餐厅的地址、邮政编码或在简易地图中标明餐厅的位置；营业时间、订餐电话；网址和电子信箱；餐厅加收的费用等。

（四）饭店、餐厅所属集团、公司等机构性信息介绍

这种介绍旨在宣传餐厅产品的优良品质、良好的信誉，树立品牌形象，包括餐厅的发展历程，经营理念、宣传口号，餐厅经理、厨师长的致辞及签名，主打餐饮产品的特色，具有纪念意义、代表性强的图片和文字。

二、菜单的作用

在现代餐饮业中，菜单可以说是餐饮经营的精髓，在餐厅的经营中起着举足轻重的作用。

（一）菜单是沟通的渠道，无声的广告

菜单是沟通经营者和消费者的渠道和工具，是企业与顾客之间的信息桥梁。在餐饮服务过程中，客人根据自身的爱好选择菜点和饮品，餐饮服务员在熟练掌握菜单内容的基础上，了解客人的心理，以较强的服务意识和技巧向客人推销菜点。

菜单是企业无声的代表，它通过菜单的内容、形式、装饰、富有吸引力的花色品种等来招揽顾客。一份客人喜欢的菜单，能够激发客人的食欲，既能满足客人的饮食需要，又能扩大销售，达到企业、顾客双赢的目的。

（二）菜单是餐厅主题、水准和特色的标志

菜单的设计与装帧，是餐厅主题气氛的缩影，应与餐厅的装潢布置互相协调，应该能够体现餐厅的风格和整体风貌。每一家餐厅都有自己的特色、等级和水平，这些可以通过菜单中菜肴的种类、质量和价格等反映出来，客人通过菜单就可以判别餐厅的特色和水准。

（三）菜单是信息反馈的渠道

菜单不仅能向客人传递信息，而且还能反馈信息。客人点菜的种类、多寡，某些被点频率高的菜肴，都反映了客人的嗜好。作为餐厅老板，可以根据客人点菜的情况，了解客人的口味、爱好，以及客人对本餐厅菜点的欢迎程度等。从而根据菜单所反馈的信息改进

菜肴和服务质量,以迎合顾客心理,使餐厅盈利。

(四) 菜单是餐厅业务活动的总纲

菜单是餐饮服务设施的基础,是餐厅服务工作的依据。它在很多方面,以多种形式影响和支配着餐厅的服务系统。

菜单是餐饮企业选择和购置餐饮设备的依据与指南。餐饮企业设备、厨具及餐具用品的类型、功能、数量、质量以及设备用品的组合取决于菜单的设定。餐饮设备的选择购置和布局设计必须与菜单所要求的服务方式、服务效率协调一致。

菜单决定了餐馆员工的技术水平、工种和人数,标志着餐馆服务的水准和特色;而要体现这些水准和特色,还必须通过厨师烹调和餐厅服务来实现。所以,餐厅管理者必须根据菜式制作和服务的要求,配置具有相应技术水平的厨师和服务人员。

菜单的内容规定了食品原料采购和贮藏工作的对象。餐厅的采购和贮藏活动的规模、方法等一定程度上要根据菜单类型来决定。比如,使用固定菜单的餐厅,由于菜式品种在一定时期内保持不变,它所需要的仪器、原料品种、规格等也便相应不变,这就使得餐馆在原料采购方法、采购规格标准、货源、原料贮藏要求等方面能保持相对稳定;如果餐馆使用循环菜单,则会产生不同的情况,食品原料的采购和贮藏活动会变得复杂。

菜单也决定了餐饮成本的高低。用料珍稀、原料昂贵的菜式过多,必然会导致较高的设备及原料成本,而精雕细刻的菜式过多,又会增加人工成本。所以说,菜单制订是否合理,各种不同成本的菜式的数量之间的比例是否恰当,直接影响着餐馆的盈利能力。

菜单影响着厨房的布局和餐厅的装饰。厨房是加工制作菜肴的场所,厨房内各业务操作部分的布局,各种设备、器械、加工工具的定位,应当根据菜单内容的加工制作需要来制定。中餐与西餐厨房的布局安排大相径庭,这是因为它们烹制的过程不同、内容不同,使用的设施和工具也不同。即使同是中餐厨房或西餐厨房,布局也会因各家菜单中菜肴特色、加工制作方法、品种数量比例等方面的差异而有所不同。

餐厅装饰的目的是营造理想的餐饮产品销售环境,因此,装饰的风格以及饰物陈设、灯光色彩等,都应与菜单的风格相协调,从而烘托餐饮特色。

三、菜单设计

菜单设计是餐饮管理人员在市场调查的基础上,综合客人需求、市场环境和餐饮企业自身情况等因素,提出可供收录到菜单的菜肴品种,再根据一定的原则选择,经过版面设计和美化,最终形成成品菜单。

(一) 菜单设计和制作的原则

1. 以客人需要为导向

满足顾客需求是餐厅经营制胜的根本,所以菜单设计必须体现顾客的需求。顾客需求不同,菜单的设计也完全不同。所以在菜单筹划前,要确立目标市场,了解目标客人的需要,根据客人的喜好设计菜单。菜单的规格要能方便客人阅览和选择,设计要能吸引客人,刺激他们的食欲。

2. 量力而行,确有把握

以实际能力为依据设计菜单,才能确保其发挥最佳的效果。设计菜单前应了解本餐厅的人力、物力和财力,对餐厅的生产能力做到心中有数,根据本餐厅所具备的条件量力而行,但要保证所选择的菜品质量能达到预期的效果,能按时、按质、按量供应菜单上所列的菜品。

3."个性化"原则

客人从菜单上不仅可以了解餐厅所提供的菜品、酒水及其价格,还可以从菜单的设计、印制上感受到餐厅的文化品位。餐厅菜单的个性化应予以充分重视。因此,独具匠心的菜单设计关键是在个性化基础上的合理定位。具体做法如下。

(1) 个性化的情感定位。情感定位是用恰当的情感唤起消费者内心深处的认同和共鸣。

(2) 及时更换餐厅菜单内页。尽管所换的内容可能只是其中一部分,比如当日特色菜,但是这些最新的内容与当天(比如某个节日)相呼应的问候语,使客人打开菜单就能感受到他们所享受的是最新的服务,并且能产生一种亲切感。而不是像某些餐厅长期使用的菜单,内容从不更新,甚至不再推出的菜品都还保留在菜单上。

(3) 餐厅应该能够按照预定本上的相关信息为贵宾级客人或者有特殊要求的客人提供特别的菜单。对所有的贵宾或有在餐厅举办特别聚餐活动的客人,餐厅都应该在客人到达前做好个性化菜单(语言建议为):"本餐厅专为×××女士及其同仁准备"、"祝×××先生××岁生日快乐"等。

(4) 个性化的消费群体定位。消费群体定位是指直接以某类消费群体为诉求对象,突出产品专为该类消费群体服务,来获得消费群体的认同,增进消费者的归属感,使其产生"我自己的菜单"的感觉。比如儿童这一消费群体,为儿童客人服务虽然利润不高,但是他们的父母却能给餐厅带来收入。因此,餐厅除了提供独具特色的成年人菜单外,还应该为儿童准备精美的菜单(Kids Menu)。当儿童客人在父母带领下来餐厅用餐时,服务员为小客人送上新颖独特的儿童菜单,会令小朋友们喜出望外,家长更能感觉到餐厅高超的服务艺术。

4. 适应饮食新形势,推陈出新

顾客的口味和餐饮形势是在不断变化的,因此,设计菜单要灵活,菜肴要定期更换,推陈出新,还要考虑季节因素,安排时令菜肴。同时要结合现在人们对于健康、营养、美容等方面的关注,餐厅在设计菜单时应适应这一新的要求,考虑人体营养需求等方面的因素。一般来说,最好一个季度或半年更换一次,如果长期不换,吸引力会下降,从而失去客人。同时长期不换菜单,也不利于厨师烹调技艺的提高。

5. 讲究艺术美

菜单不仅是餐厅的宣传工具,也是艺术品。菜单的形式、色彩、字体、版面安排都要从艺术的角度去考虑,要使其与餐厅的档次和气氛相协调,与餐厅的布置、餐具、服务人员的服装相适应。同时菜单还要方便客人翻阅,简单明了,对客人有吸引力,使菜单成为餐厅美化的一部分。

6. 创造经济效益

餐厅经营的最终目的是赚钱,设计菜单时不仅要考虑菜品质量及种类,更要考虑其盈利能力。菜价的制定要考虑菜的成本和顾客的接受能力,所以,设计菜单时应降低高成本菜的毛利,提高低成本菜的毛利,同时还要考虑高成本菜和低成本菜所占的比例,保证在总体上达到规定的毛利率。此外,菜品的畅销程度也是影响经济效益的一个重要因素,根据菜品的畅销程度和毛利额高低,餐厅的所有菜品可分为四类,既畅销且利润高、虽畅销但利润低、不畅销但利润高、不畅销且利润低。

一般来说,没有盈利能力或盈利能力较小的菜品,如第二类和第四类菜品,不应选入菜单或应及时更换,而对于第一类菜品应予以保留和发扬。

总之,菜单设计者在决定某一菜品是否应列入菜单时,应综合考虑三点因素,即菜品的原料成本、售价和毛利,菜品的畅销程度,菜品销售对其他菜品销售所产生的影响。

(二) 菜单设计者

1. 菜单设计者的素质要求

餐厅菜单设计一般由餐饮部门的经理和主厨担任,也可以设置或聘请专职菜单设计者。无论如何,菜单设计应具有权威性与责任感,设计者应具备以下几方面素质。

(1) 有广泛的食品原料知识。熟悉原料的品种、规格、品质、出产地、上市季节及价格;了解食物的制作方法、营养、价值等;

(2) 有一定的艺术修养。对于食物色彩的调配,以及外观、风味、稠度、温度等如何配合适当,都有感性和理性的知识;

(3) 有可利用的相关数据。善于了解顾客,了解厨房及工作人员的业务水平;

(4) 有创新意识。了解顾客需求及菜肴发展趋势,能够结合传统菜肴的精髓和现代人的用餐习惯,不断革新创新名菜;

(5) 善于沟通。能够虚心听取相关人员的建议,具有筹划竞争力强的菜单的能力。

2. 菜单设计者的主要职责

与相关人员(主厨、采购负责人)研究并制定菜单,按季节新编时令菜单,并进行试菜;根据管理部门对毛利、菜单等要求,结合行情制订菜品的标准分量、价格;价格同财务部门成本控制人员商议,一起控制食品饮料的成本;查阅为宴席预订客户所设计的宴席菜单。了解客人的需求,提出改进和创新餐点的意见。

(三) 菜单设计与制作

1. 菜单设计的步骤

(1) 准备所需的参考资料。主要包括:旧菜单,包括企业正在使用的菜单;标准菜谱档案;库存信息和时令菜、畅销菜菜单等;每份菜成本或类似信息;各种烹饪技术书籍、普通词典、菜单词典、餐饮网站;菜单食品饮料一览表;过去的销售资料。

(2) 列出餐厅菜单目录。首先列出餐厅能够提供的菜肴名称,而所列菜肴数量一般是需要的菜肴数量的三倍;之后从所列菜肴中再选择精髓组成需要的菜单,可加上一些后备项目以备更新之需。菜单应符合菜馆的主题、氛围以及顾客的期望,同时也要考虑厨房的生产能力和厨师的特长。把任何不符合这些条件的菜肴删减、将本店招牌及厨师特长的菜品提炼出来。对菜单上希望出现的菜肴有一个整体的构思之后,最终确定保留在菜单上的菜肴。

(3) 参考标准菜谱,并计算菜品成本。标准菜谱是以菜谱的形式列出配方、原料,规定操作程序,明确装盘形式、盛器规格,指明菜肴的质量标准、该份菜的可用餐人数、成本的菜谱。实际上是食品质量、成本的控制工具。菜单设计时参考标准菜谱,才可确定菜肴原料的组成及分量,计算菜肴成本,确定菜品价格,从而保证经营效益。

(4) 选择菜单风格。设计菜单时也要考虑它的灵活性,大多数餐厅使用一个主菜单和一个附加菜单(如餐桌上的帐篷状菜单、酒水单或外卖菜单)。制定菜单的时候,要充分考虑顾客的需求、与餐厅氛围的搭配,以及完全展示菜单上的项目,从而来确定菜单的形式和风格。菜单的形式一般来说有单页菜单、多页菜单和集中菜单三种。

(5) 菜单的装潢设计。菜单的装潢设计可聘请专业的菜单设计公司,也可召集有关人员如广告宣传员、美工、营养学家和有关管理人员对已确定的菜品、饮料、酒水进行统筹安排,精心设计。

2. 菜单设计技巧

(1) 菜单结构的设计。菜单结构是指菜单上各类菜式的排列次序。进餐次序也就是菜肴上桌的顺序,是菜单编排必须遵循的原则。而菜肴上桌的顺序虽因各地习惯而不尽相同,但一般的做法仍然遵循以下六项原则:先冷盘后热炒,先菜肴后点心,先烧后炒,先咸后甜,先清淡后油腻,先优质后一般。因此,一般来说,中餐菜单通常按照冷菜→热炒→大菜→汤→点心→水果的次序进行设计,然后再按原料分类将各类菜式进行排列,如热炒类,可再按照干货、海鲜、肉、素菜或根据煎炒炖煲等烹饪方式进行分类。

西餐进餐顺序与中餐有很大的不同,虽然西餐服务方式有法式、俄式、英式、美式、意式等,各种服务方式因礼仪习俗而有所不同,即使是同一种服务方式,每天用餐时段不同,用餐时的服务方式也会有差别。但目前市场上西餐上菜一般按照开胃菜→汤→主菜→沙拉→甜点的次序进行。因此,西餐午餐菜单通常是按开胃菜类、汤类、主菜类(海鲜、鱼虾、牛猪羊肉、禽类)、蔬菜类、甜点、餐后饮料等次序排列。

(2) 菜单的版面设计。菜单的版面设计可根据餐厅规模、档次、主题风格等设计成不同的形式。如普通小吃店以单页式居多,高档餐厅以多页为主,奶茶店中3页或4页比较普遍。

(3) 菜单上重点促销菜肴的位置安排。重点促销菜肴是饭店希望尽快介绍、推销给客人的菜,它可以是特色菜、时令菜、厨师拿手菜,也可以是由滞销或积压的原料经过精心加工包装之后制成的特别推荐菜。

既然是重点促销的菜肴,就应该位于菜单的醒目之处。重点菜肴的位置安排要遵循两大原则:将重点促销菜放在菜单的开始处和结尾处,因为这是菜单中引人注目的位置,并能在人们头脑中留下深刻的印象。除此之外,菜单上有些重点推销的菜、名牌菜、高价菜和特色菜或套餐可以采用插页、夹页、台卡的形式单独进行推销。另外,不同形式的菜单,重点推销区域也不同。单页菜单的上半部是重点推销区;双页菜单的右上角为重点推销区;三页菜单对菜肴推销很有利,对人们注意力研究的结果表明,人们对正中部分的注视程度是对全部菜单注视程度的七倍。因而菜单中页的中部是最显眼之处,是人们目光停留时间最长的地方,应放上餐厅最需要推销的菜肴。

第三节　餐厅、厅房、菜品的命名

一、餐厅、厅房与菜品命名的意义

名称是餐厅、厅房和菜品的重要组成部分，好的名称能引起顾客的兴趣，带来更多的财源，并给人带来美的享受。目前餐饮企业的竞争不仅体现在价格、环境、服务和产品质量等方面，还体现在餐饮企业的文化上；而餐厅、厅房和菜品名称则是企业文化的外在表现形式之一。因此，有越来越多的餐饮企业开始重视餐厅、厅房与菜品的命名。餐厅、厅房和菜品命名的意义如下。

（一）反映餐饮企业的经营宗旨、菜肴的风味和特色

餐厅、厅房与菜品的名称不只是一个文字符号，它给客人留下听觉和视觉印象的同时，还能反映出企业的经营宗旨、指导思想和风味、特色等，如永和豆浆、澳门豆捞。

（二）传递餐饮企业的文化信息

餐厅、厅房与菜品名称能够反映餐厅主题、烘托气氛，它的内涵和效应早已超越了其文字本身所拥有的涵义，成为传播企业文化的重要载体。透过寓意美好的餐厅、厅房与菜品命名，可以让客人对餐饮企业的主题文化有更深的了解。

（三）有助于餐饮推销

有特色、有寓意的命名，是对餐饮产品本身的反映，它不仅能吸引客人前来就餐，给客人留下深刻的印象，也是餐饮产品生动的广告词，有助于餐饮产品的销售。

二、餐厅、厅房与菜品命名的原则

（一）体现餐厅个性特征及特色的原则

餐厅、厅房及菜品名称设计要具有鲜明的个性和特色。成都中华餐饮名店"巴国布衣"的命名充分体现了服务大众的经营指导思想和市场定位，给客人一种回到家的感觉；人们看到成都"石磨豆花庄"，很容易联想到入口即化、辣中有淡的豆花和麻辣风格的川菜；"向阳渔港"是以经营海鲜为主的餐馆；"阿凡提餐厅"是一家具有浓郁新疆维吾尔族风情的餐厅。

（二）体现餐厅主题文化特色的原则

餐厅、厅房及菜品的名称是富有文化内涵的商业卖点，蕴涵丰富的主题文化特色。餐饮市场上，不管是阳春白雪式的贵族文化还是下里巴人式的平民文化都可以成为主题，只要有不同的文化相支撑。无论文化的雅和俗、新和旧、中和西，关键在于文化的独特性、唯一性和对口性。高档次的餐饮企业，使用高雅的名称可以显现出一种气派、档次，从而促进消费。而大众餐馆搞阳春白雪式的文化，就与平民文化不符，大众餐馆往往需要轻松的、幽默的、生动的、贴近生活的文化。

（三）寓意美好的原则

1. 好的命名既要名副其实，又要雅俗共赏。餐厅、厅房、菜品命名看似随意、微不足道，但却蕴藏着深厚的文化内涵。如"百姓厨房"、"私房小厨"比"大众餐厅"更富有意境。成都三洞桥畔曾有一家名为"带江草堂"的酒家，能烹制极为鲜美的鲢鱼，店家临桥建房，茅屋草亭，风格别具。在这里吃河鲜，饮大曲，酒酣意畅之时，凭窗远眺，但见小桥流水，芦苇、垂柳，侧耳静听，唯有蝉声，竹筒车水声，遂忍不住要低吟。"带江草堂"这个店名令人不禁想起杜甫的名句"每日江头带醉归"，自然就被一种难以言状的惬意充满了。一家名为"花月酒家"的餐厅，原本用花的名字取包间名，后来改为"十二金钗"，显然更加生动、更加富有内涵，并增加了客人谈话的内容。

2. 婚宴菜肴命名多选用带有福、禄、喜、龙、凤等吉祥如意的字。婚礼讲究的是吉祥如意。因此，婚宴菜单上多选用具有美好寓意的名称，如"百年和好"（西芹百合）、"金玉满堂"（松子玉米）、"龙凤和鸣"（卤味拼盘）、"早生贵子"（莲子羹）、"鸳鸯戏水"（两吃虾）来表达对新人的美好祝愿。

案例链接

某酒店婚宴菜单

喜气洋洋——鸿运乳猪拼盘
一见钟情——红烧鸡丝烩鱼翅
美满鸳鸯——XO酱碧螺炒
成双成对——花雕蒸花虾
美满家园——金银蒜蒸蝴蝶斑
喜结连理——鼎上素拼素鹅
富贵吉祥——特式烧米鸭
百年好合——上汤蒜子浸时蔬
心心相印——双喜烩伊面
合家欢腾——时令鲜果拼盘

3. 寿宴菜肴命名要体现吉祥、文雅。针对寿宴吉祥、幸福、团圆的特点，菜品命名要求寓意深远，文雅而又贴近主题。如"松鹤延年"突出了寿宴的主题庆贺延年益寿，紧随其后的是"五子献寿"、"长生不老"、"返老还童"、"福寿绵长"等菜肴均围绕贺寿的主题，而"子孙满堂"、"天伦之乐"、"洪福齐天"等则表现了家庭和睦、享受天伦之乐的美好生活。

（四）简明、扼要的原则

餐厅、厅房和菜品的命名要简洁、扼要，尽量做到少、短、小。用词响亮，笔画少，这样顾客称呼上口，容易记忆。拼写太长的名称，往往会影响企业的传播效果和经营状况。为了便于客人识别和记忆，命名时一般取2~4个字。

三、餐厅、厅房与菜品名称的设计

(一)餐厅名称设计

餐厅与厅房、菜品命名不相同,餐厅名称不仅要寓意深刻、耐人寻味,还要反映餐饮企业的经营特色。

1. 中餐馆命名常用的字

中国饮食在长期的发展过程中,形成了鲜明的民俗和文化特色,中式餐厅的名称也充分体现了这一特色。命名时常用的字如表 4-1 所示。

表 4-1　中式餐厅命名常用字

餐厅常用字	举例	餐厅常用字	举例
楼	正阳楼、松鹤楼	院	泰和院、农家院
顺	东来顺、友来顺	园	丰泽园、同乐园
轩	四合轩、意味轩	庄	豆花庄、风波庄
村	杏花村、又一村	观	知味观、川味观
斋	和味斋、鸿茂斋	亭	爱晚亭、秀味亭
居	陶陶居、陶然居	阁	绿茵阁、天香阁

需要注意的是,上述几个字最好不要在餐厅当中重复使用。如一家以花卉为主题的中式餐厅,其厅房可以分别命名为杏花村、玫瑰园、芙蓉楼、莲花亭、菊花台、梅花轩、茉莉阁、兰花院等。

2. 餐厅命名的形式

(1) 以姓氏命名。用姓氏为餐厅起名早已有之,我国很多老字号的餐厅多是以姓氏来命名,如谭家菜、馄饨侯、烤肉季、羊蝎子李、馅饼周等。这些店共同的特点是店名不但能突出自己的姓,而且从店名中能体现出其经营的具体内容。比如,馄饨侯虽说不清是什么,但可得知老板姓侯,是一家经营馄饨的馆子。这种取名法能让顾客一目了然,通过店名就能看出所经营的具体内容。在如今的市场条件下以姓氏来命名已经不单单是一种传统的命名方式,而且还是一种对消费者追求质量讲究特色的信誉保障。

(2) 以地名命名。以一个城市的区、县或街巷命名的餐馆也不少见。这样的命名突出了地区方位,使人们能够了解餐厅的位置。比如正阳门酒楼,一般应在北京前门大街附近。但要注意的是,有些地名具有重复性,比如"三里河烤鸭店",北京至少有两个地方名叫三里河。若是为了方便顾客就餐,餐厅起名时,应把店的详细地址和方位传达给顾客。

(3) 以风味起名。有些餐厅起名不但有姓氏、地区,往往最主要的还是尽量突出自己的经营内容和具体的风味特色,如主营安徽菜的"逍遥津"、经营正宗川菜的"川西坝子",而"功德林素菜馆"一目了然地体现了其专供素食的特点。以风味起名的餐厅,便于消费者从名称上了解经营的内容,有利于客人对菜肴的选定,而且还可节约顾客的时间,使用餐有的放矢。这样的命名方法多适用于经营特殊菜品或风味菜的餐馆。

(4) 以美好愿望和意境来命名。餐厅取名时,潜意识里也是为了满足人心理上的某种良好意愿和希望,通常使用吉利又有好兆头的词语是大多数人的爱好。传统的店铺命名如"顺悦酒楼"、"鸿运楼"、"福顺祥"大都有顺、鸿、运、祥这类的字眼,为的是讨个吉利舒心。现代的中西式餐厅如"绿茵阁"既表现出了西餐厅的味道,而"阁"字又有中国的感觉,向客人传达出餐厅的环境特点和意境。由于这种取名艺术性较强,名称意境悠长,回味无穷,餐饮企业较多采用这种方式取名。

(5) 以历史名人或典故来命名。如"东坡酒楼"、"孔府酒家"等,以历史名人和典故命名的餐饮企业,要求在环境装饰及经营内容上与历史文化相一致,否则会给人不伦不类的感觉。这种命名的方法如果运用恰当,能够引起顾客的敬意和怀旧之情,在顾客中起到特殊的广告效应,从而吸引顾客光临。但这种借古代名人的名字作企业名称时,要注意名称商标发生侵权纠纷的可能性。同时,我国传统的餐饮企业在名称后多以居、坊、府等来代表饭店、餐馆,所以要灵活运用,合理匹配。

(6) 以文学名著或名句的寓意来命名。如"忠义堂"取自名著《水浒传》中"梁山好汉多豪杰,各显本色展忠义"的思想;而"鹿鸣酒家"取自曹操《短歌行》中的"呦呦鹿鸣,食野之苹,我有嘉宾,鼓瑟吹笙"的著名诗句,用鹿鸣寓意热情周到,待客如宾;"杏花村"酒楼使人联想到"借问酒家何处有,牧童遥指杏花村"的诗句,让人酒兴大增;"竹林小餐"使人联想到历史上"竹林七贤"的诗酒无敌,自命清高,想到苏东坡"无竹令人俗"的论断。

(二) 厅房名称设计常采用的形式

1. 词牌或诗词名

词牌或诗词名作厅房名称适合于中餐厅,如用钗头凤、柳梢青、玉楼春、江南好、沁园春、满庭芳、念奴娇、浣溪沙、满江红、蝶恋花等词牌为厅房命名,使餐厅充满韵味,提升了餐厅的文化内涵;也可借用《诗经》的题目对各厅房命名,并在厅房内用该篇诗作的书法作装饰,如关雎、蒹葭、葛覃、子衿、谷风、鹤鸣、崧高、采薇等,给人留下古朴的印象。

2. 花卉

用花卉名给餐厅命名,给客人带来不同的感受和遐想,如"端庄富丽花中王,众香国里最壮观"的"牡丹厅"、"唯恐夜深花睡去,故烧高烛照红装"的"海棠厅"、"只到花开十日红,此花无日不春风"的"月季厅","亭亭玉立,香远益清则为出水"的"芙蓉厅"。

3. 优秀文学作品

比如用《红楼梦》中的怡红院、潇湘馆、蘅芜院、稻香村、大观园、缀锦楼、藕香榭、紫菱洲、杏花村、含芳阁、蓼风轩等为中餐厅命名,或是以红楼女儿命名,或以大观园典故为名,每一个厅房都代表着一段红楼故事。

4. 朝代名称

北京凯莱酒店的餐厅厅房分别以"秦"、"唐"、"汉"、"宋"、"明"、"清"命名,每个厅房内部都以其命名的朝代的风格进行装修:"秦"威严霸气,"唐、汉"大气风流,"宋"精巧别致,"明"、"清"典雅质朴。六个厅房全无反复累赘,各有其匠心独运之处。

5. 经典音乐曲目

中式餐厅的厅房可以使用中国古典音乐中的渔舟唱晚、高山流水、彩云追月、阳春白雪、百鸟朝凤、二泉映月、花好月圆等。欧式风格的餐厅可以用经典钢琴曲目来做厅房名称,如蓝色多瑙河、秋日私语、林中散步、秘密的庭院等。

6. 著名旅游景点或旅游城市名

如北京风味的餐馆,可以根据北京的"燕京八景"把厅房命名为太液秋风、琼岛春阴、金台夕照、蓟门烟树、西山晴雪、玉泉趵突、卢沟晓月、居庸叠翠。

此外,也可以根据世界著名的旅游城市来对厅房进行命名,如维也纳(音乐之都)、威尼斯(水城)、慕尼黑(啤酒城)、莫斯科(冰雪城)、北海道(旅游名城)、新加坡(卫生城)、夏威夷(海滨城市)。

(三)菜品名称的设计

中国饮食文化博大精深,从菜品的名称就能看出其文化内涵。许多历史名菜由于名字取得有特色,确实大大地吊起了食客的胃口。例如"带子上朝"、"东坡肉"、"夫妻肺片"、"麻婆豆腐"、"宫保鸡丁"、"佛跳墙"、"叫花鸡"、"翡翠银芽"、"湘妃糕"等,或风雅,或形象,或通俗,使人饮食前产生渴求企盼,饮食中产生品评、联想,饮食后产生回味、思念。好的菜名将"口腹之欲"与"精神愉悦"融合在一起,从而增强了它的生命力。

所谓的菜肴命名,是根据一定的原则给不同原料的菜肴起名,它在一定程度上反映了菜肴特性。中国菜肴的命名方法多种多样,归纳起来大体可分为写实命名法和寓意命名法两大类。

1. 写实命名法

写实命名法是一种反映原料构成、烹制方法和风味特色的命名法,其特点是开门见山,突出主料,朴素中蕴涵文雅,使人一看便大致了解菜肴的构成和特色。具体做法如下。

(1)主料+配料。如上海的"茉莉鱿鱼卷"、内蒙古的"枸杞菊花牛鞭"、鲁菜中的"肉片海参"等,都是不加修饰,直接反映了菜品的主要原料和配料,朴素大方。根据主料来命名,能够反映菜品的基本特点,便于顾客点菜。

(2)主料+烹饪方式。曾经流行全国的"桑拿虾"就是利用"桑拿"的原理,改进了传统白灼基围虾的制法,现场烹饪的方式使顾客能现场看到虾的鲜活程度,同时也增加了观赏性。但是有些菜名却会使人产生误解。如四川的"水煮系列菜"听起来似乎是很清淡的白水煮菜,岂知它恰恰是麻辣味很重的菜品,是典型的川菜。许多沿海和南方的客人不擅长吃辣,以为点一款水煮的菜品会清淡适口,菜品一上桌才直呼上当。因而像这类菜品,最好应写明"水煮……(麻辣)",以免顾客产生上当受骗的感觉。

(3)主料+味型。"味"是中国菜肴的核心。中国菜肴对"味"研究深刻独到,各大菜系就是不同地区人们对菜肴不同风味追求的结果。在酸、甜、苦、辣、咸五味的基础上,还有许多复合型口味,这从菜名中就鲜明地反映出来。例如"蜜莲肉"(甜香)、"糖醋排骨"(酸甜)等,均表现了不同菜系的口味。就是同一菜系,也有许多不同的口味。尤其是百菜百味的川菜,通过浏览菜名,就知其丰富多样的风味。

(4)主料+器皿。"盖碗豆花"就是以盖碗茶碗作盛具,同时盖碗也是一种文化的体现。曾经风靡的"石锅鱼"即是以石锅来命名。傣家风味的竹筒系列、菠萝系列、椰子系列菜品,都分别以天然器皿命名,拉近了人与自然的距离。

(5)主料+口感。川菜中的"脆皮粉蒸肉"、"弹性豆花鱼"、广东的"爽口牛肉丸"等许多菜品,都是直截了当告诉顾客菜品的口感,让顾客吃个明明白白。

(6)主料+地名。如北京烤鸭、西湖醋鱼、武昌鱼、金华火腿、南京咸水鸭、潮州卤鹅、新疆烤全羊等,这些菜名直接反映了菜肴的发源地或所属菜系。

2. 寓意命名法

这类菜名虽不能直接反映菜肴的特征，但高雅的名称，含义深远，增加了菜肴的艺术感染力，可以引起人们的兴趣，启发联想，增进食欲，发挥出菜肴的色、形、味所发挥不出的作用。

寓意命名法是针对客人的猎奇心理，抛开菜肴的具体内容而另立新意的一种命名，常用借代、比喻、象征等联想手法，来突出菜肴某一特色，赋予其诗情画意，以起到令人着迷、耐人寻味的作用。因而，这类菜名表现了不同的风格特征，有的古朴典雅，有的诙谐幽默。主要有以下四种类型。

(1) 通过颜色或造型强调意境。这种类型多以菜肴的颜色、造型或烹调特色，以及如诗如画的意境来命名。为菜肴加点"文化佐料"，提高其艺术欣赏的品位，是中华饮食在审美需求上的一大特点。

在中国菜肴中，不少菜名都注意在"色"上下工夫。将"青菜"比作"翡翠"，以"玉兰片"代替"竹笋"，"豆腐"化作了"白玉"，"辣椒丝"也被喻为"珊瑚"。如一盘素炒的菠菜，因其根红叶绿，美其名为"红嘴绿鹦哥"；"豆腐煮芙蓉花"，因其豆腐的白，芙蓉花的红，如霞红映雪，故美其名为"雪霞羹"。此外还有"金玉羹"、"翡翠虾仁"、"水晶大虾"、"五色绣球"等菜名，无不令人浮想联翩。

中国菜非常强调造型，通过将菜肴造型形象化，产生了很多意境深远，令人回味无穷的菜名。被誉为"汤中之魁"的川菜清汤"推纱望月"，主料为竹荪、鸽蛋，制作时把鱼糁敷一圈，修成八角窗格形，再用熟火腿、瓜衣切麻线丝嵌成窗格花线条，接着再用圆形模具将鸽蛋蒸成月亮形，共同放入碗中，兑入鲜美可口的清鸡汤。看上去犹如窗前的一轮明月倒映在清泉中，给人清新典雅，卓尔不凡的感觉。

(2) 寓意吉祥。如意吉祥，福寿平安，是中国人自古就有的热望和追求，这种追求也表现在菜名上。这种命名方式常用于宴会，并根据宴会的主题加以确定，可采用旁注的方式说明每道菜的基本原料构成及口味特色。如在"状元宴"上，酿苦瓜取名为"苦尽甘来"，以猪蹄为主料的菜名为"金榜题名"，以鱼为主要原料的菜命名为"鲤鱼跳龙门"；婚宴上，中国人很喜欢用龙凤之类的字为菜肴命名，如鸡与鳗鱼同烹叫"龙凤呈祥"，鱿鱼炒鸡叫"游龙戏凤"，竹笋炒鸡片叫"竹林鸣凤"，公鸡与母鸡同炒叫"龙凤同春"等；为表达对新人的祝福，西芹炒百合命名为"百年好合"等。

(3) 引经据典。这类菜名常借用历史典故或诗词歌赋来命名，它可以营造一种古朴典雅的饮食氛围，以此为题材的菜名，也成为餐桌上的美谈。上海名菜"全家福"是一道由火腿、海参、鲍鱼、鸡脯、笋丁、干贝、海米、虾仁等二十多种原料烹制的佳肴。当年乾隆皇帝下江南时，两江总督为恭迎圣驾，炫耀政绩，曾广招名厨，大摆宴席。然山珍海味尽献，美味珍馐罗陈，就是提不起皇上的食欲。有位聪明的厨师见状，便试着将多种上好的原料加以调配，经勾芡翻转，精心制作出了这道别具江南特色的馔食，取意"天下的福分，皇上占得最全"，所以给皇上做菜，也就应材料俱全，味道俱全，乾隆听了龙颜大悦，随即赐名"全家福"，从此，它便成为江南名菜并流传各地。此类命名还有"鸿门宴"、"桃园三结义"、"八仙过海"、"贵妃醉酒"、"青梅竹马"等。

(4) 诙谐风趣。这类命名或新奇别致，或幽默风趣，便于营造出一种诙谐风趣的饮食氛围。例如"蚂蚁上树",乍一听以为是以蚂蚁为原料烹制而成的菜肴,原来这道菜是用粉丝与肉末做原料,把粉丝比作树,粉丝上粘上肉末,即表示"蚂蚁上树",真是令人捧腹;又如"乌龙吐珠",此名气度不凡,原来此菜是将海参以水泡发,放入油锅去腥,鹌鹑蛋煮熟去壳,再加入各种调料,煨一小时后,翻锅装盘,故曰"乌龙吐珠",亦诙谐有趣。

(四)餐厅和菜品命名时应注意的问题

1. 要引人食欲

好的餐厅和菜品命名,让客人看后能引起他们的食欲。如杭州中华老字号餐馆"知味观",让客人"知味停车,闻香下马"。闽菜中的"西施舌",说是名菜,其实就是普通的贝肉氽汤,其烹调方法也很简单,往汤里一氽就行了。之所以出名,是因为有人根据贝肉颇似人舌,而给这个菜取了一个"西施舌"的菜名。西施是大名鼎鼎无人不知的美人,这样的菜名不禁使人想要尝试一下。它将"食"和"色"结合,可谓匠心独具!

2. 要雅致得体

餐厅不能因为迎合某些客人的庸俗化心理,而在餐厅和菜品上动歪脑筋,起一些格调庸俗或不文明的名字。如现在有些餐厅起一些低级趣味的菜品名来吸引消费者,"红灯区"是红辣椒炒鸡肉,"玉女脱衣"是黄瓜拌猪蹄,"勾勾搭搭"是炒黄豆芽绿豆芽等。这些菜名以庸俗为文雅,拿无聊当有趣,有悖于道德规范,有失水准和身份,反映出命名者的低俗趣味和阴暗心理。餐饮经营者要积极捍卫餐饮文化的纯洁性,反对庸俗,唾弃糟粕,抵制低级趣味、有伤风化的怪异名字。

3. 要名副其实

菜名新颖奇特,不仅可以引起消费者的关注,给人以想象的空间,增加就餐的情趣,还能实现比较好的销售业绩。但是,如果一味追求新奇,故弄玄虚,并且利用消费者的猎奇心理而加以欺诈的话,就会损害消费者的合法权益,店家这种急功近利的短期行为,必将导致其难以在竞争激烈的当代社会立足。如"小二黑结婚"就是两个剥了壳的皮蛋,"猴子捞月亮"是一盘醋上面放了一滴香油,"心痛的感觉"就是一杯白开水,这样的命名牵强附会,让人捉摸不清,是明显的欺诈和宰客行为。

第四节 餐饮产品开发

一、餐饮产品的构成

(一)餐饮产品的内涵

餐饮产品是由菜品、酒水、环境、服务及饮食文化等构成的综合性产品。随着餐饮业的发展,餐饮产品的内涵也在发生着变化。餐饮产品的内涵包括以下六个方面:餐饮产品是由满足顾客的某种需求和某种利益的物质实体和非物质形态的服务构成;餐饮产品的物质实体称为有形产品。餐饮产品中的有形产品是顾客从产品外观容易看到的。例如,餐厅的外观、餐饮生产和服务设施、餐厅的形象、菜肴和酒水等;餐饮产品的非物质实体称为无形产品。餐饮产品中的无形产品是顾客从产品的外观看不到的,但可以在产品消费过程中从产品的内在质量中感受到的。例如,餐厅的声誉、餐厅的等级、餐厅的位置、餐厅的特色、餐厅的气氛、餐厅的服务等都属于无形产品;餐饮产品中的有形产品和无形产品有着同等的重要性,互相不能代替;餐饮的有形产品和无形产品组成完整的餐饮产品;餐饮产品的核心是产品的功能和效用,即餐饮产品的可食性。

(二)餐饮产品的构成

1. 餐饮产品中的有形产品

菜肴与酒水是餐饮产品的核心,它是餐饮有形产品中最核心的部分。菜肴和酒水的有形性是通过造型、重量或数量、颜色、装饰和包装来表现的。餐厅内部和外部的气氛和环境是餐饮产品的重要组成部分。

2. 餐饮产品中的无形产品

餐厅的无形产品需要客人通过自己的感官来感受,如餐厅和酒吧的温度、菜肴和酒水的温度、餐饮服务的效率和时间、餐厅和酒吧的安全、餐厅和酒吧用餐和饮酒的舒适程度、餐饮服务等的方便程度、餐饮服务的礼节礼貌、餐饮产品的质量信誉等。

二、餐饮产品开发的原则

(一)符合消费心理

随着时代的进步,人们求新猎奇的心理日益强烈,餐饮业的传统产品已经难以满足顾客的需要,餐饮企业在进行产品开发时,要抓住顾客求新求变的心理。无论是产品、价格、服务,还是环境、设施设备都要考虑消费者的心理需求,开发适合消费群体的产品,在服务方式上和产品上尽量满足其对个性化和特色化的需求。

(二)独特性

企业在提供餐饮产品过程中,要使顾客感知到餐厅提供的产品在某一区域的同类产品中是与众不同的,并能够给顾客带来愉悦感。独特性不仅体现在食物配方、烹饪方法、服务技巧上,还显示于餐厅的环境氛围。餐厅环境的场景化、情绪化,能够更好地满足客人的感性需求。

(三)审美性

餐饮产品具有非专利性,这一特点使得菜品口味的审美心理更侧重于菜品的"卖相",诸如精致程度、配菜与主菜的颜色搭配、菜盘的修饰等。此外美食被人们喜欢还因为它是一门艺术,菜品的形、器等各方面能够体现它的欣赏价值,于是菜点的美就成了现代饮食消费的又一追求。而服务的审美,主要是在服务方式上树立一种耳目一新的规范,与餐厅主题相符合的服务礼仪标准,给客人带来美的享受。

(四)流行性

追求时尚是现代人的心理需求,时尚的东西往往能够吸引与调动广大消费者的欲望。饮食业的发展趋势是餐饮业要融入时尚元素,要注重时尚流行趋势。对餐饮业者来说,经营理念要有新的创新,要不断有新的产品推出。除了菜品要时尚,顾客也要求享受时尚的就餐环境和服务。为满足新的消费追求,餐厅的装饰也要融入许多时尚元素。根据调查分析,现在许多顾客的兴趣都集中在特色餐饮上,尤其是价位适中的特色菜备受追捧。在时尚的流行潮中,经常变换花样的特色店通常是顾客的首选,店家依靠特色菜品吸引着好奇的人们前去尝新。

（五）满意度

人们对饮食总是喜欢追求变化,所以许多餐饮经营者衡量经营是否成功,也总是把顾客的满意度放在第一位。要确保一个顾客的满意度很容易,但是要保持这个满意度却很难,原因是几乎所有的客人都在不断追求饮食的新与美,并以此来作为满意度的标准。

（六）营造文化特色

餐饮企业所能满足客人的,不仅是简单的食品饮料服务,而且要使客人享受产品内涵。同时,客人的要求也不仅局限于物质上而是追求更重要的心理预期,即要享受文化和消费文化。餐饮竞争到一定程度也是文化性竞争,必须在饮食文化上大做文章。餐厅环境是饮食文化的组成部分之一,餐厅应从多角度、多方位来营造文化氛围。从餐厅外在的有形店景文化到餐厅的功能布局、设计装饰、环境烘托、灯饰小品、挂件寓意都能体现文化主题和内涵。从菜品本身来讲,它的起源、烹制、风味都有一定的文化背景;餐厅可以通过对菜品文化背景的研究,结合史料记载,推出具有民族特色或异国风情的丰富多样的菜肴,再通过服务人员对菜品文化价值的介绍,使客人在物质和精神上都得到满足。

三、餐饮新产品开发策略

餐饮企业投入资金、人力、物力开发产品的目的,是为了满足顾客需要,吸引其前来消费并获取更大的企业利润,但是产品开发同样也存在着风险。实力不同的企业,在产品开发上的能力也各不相同。因此,餐饮企业应根据具体情况,选择适当的产品开发策略。餐饮产品开发策略主要有以下三种。

（一）抢先策略

抢先策略是指餐饮企业在老一代产品衰退前,率先推出新产品,使其占领市场的产品开发策略。这种策略能够抢占人们大脑中的空白点,触动消费者的兴奋神经,引起关注。

采用抢先策略的餐饮企业,必须随时关注消费者的需求动向,同时把握竞争对手的状况和变化,当消费者需求发生变化时,及时推出新产品,使得企业始终在市场上占据领先地位。选用该策略的餐饮企业一般应具有较强的技术和管理实力,并且有一套灵敏的市场处理和反馈系统。一些实力雄厚的餐饮企业设立专门的菜品研究部门,组织专业的研究人员,并确定一系列的任务指标,就是采用抢先策略的表现。

（二）仿制策略

仿制策略是指餐饮企业将市场上已经存在且竞争者很少的其他企业的产品,在仿制的基础上进行改良和创新,从而使其成为自己新产品的开发策略。

使用这种策略要求餐饮企业随时关注市场上餐饮产品发展的趋势,包括新的餐饮形式、餐厅风格、餐饮经营新模式等,餐饮企业可以进行借鉴用以仿制出新的餐厅环境主题和风格;也包括其他餐厅推出的受市场欢迎的新菜品,对其进行改良,成为本企业的产品。

这种策略比较适合中小餐饮企业,采用仿制策略,餐饮企业应制定周密的计划,并建立一整套工作程序,力求以较少的成本不断推出受消费者欢迎的产品,从而提高企业的市场竞争力。

（三）市场服务策略

市场服务策略是在原有产品基础上，通过提供附加服务，提升产品附加值，进一步吸引消费者关注的策略。餐饮产品附加值是企业通过注入有形菜肴的科技含量和增加无形服务的文化特色而创造出的超出原材料价值的价值。这是餐饮产品的开发方向，也是消费者的需求。如"海底捞"为客人提供的一个又一个细节服务，成为"海底捞"的招牌，减少了客人的流失，并且吸引了一批又一批的客人，有效地提升了营业额。火锅产品并没有太大的差异，但"海底捞"通过它系统化、制度化的服务，为客人提供高附加值的产品，让客人感受到星级酒店的服务。

四、餐饮产品开发程序

餐饮产品的开发关系到企业发展的全局，涉及餐饮企业管理的方方面面。只有从企业的全局发展来看待产品的开发，才能够使其在餐饮企业的发展中发挥重要的作用。

餐饮产品开发的过程包括以下几个部分：制定餐饮企业的经营战略、建立企业经营行业状况分析、企业经营条件分析、市场需求状况分析、具体项目的产品开发过程、信息反馈和修改。餐饮产品开发要求负责人深入理解餐饮企业经营的全过程，深刻认识产品开发在企业经营发展中的重要作用，这样才能够在管理产品开发的过程中保持与企业经营发展目标的高度协调。餐饮产品开发的程序如图 4-1 所示。

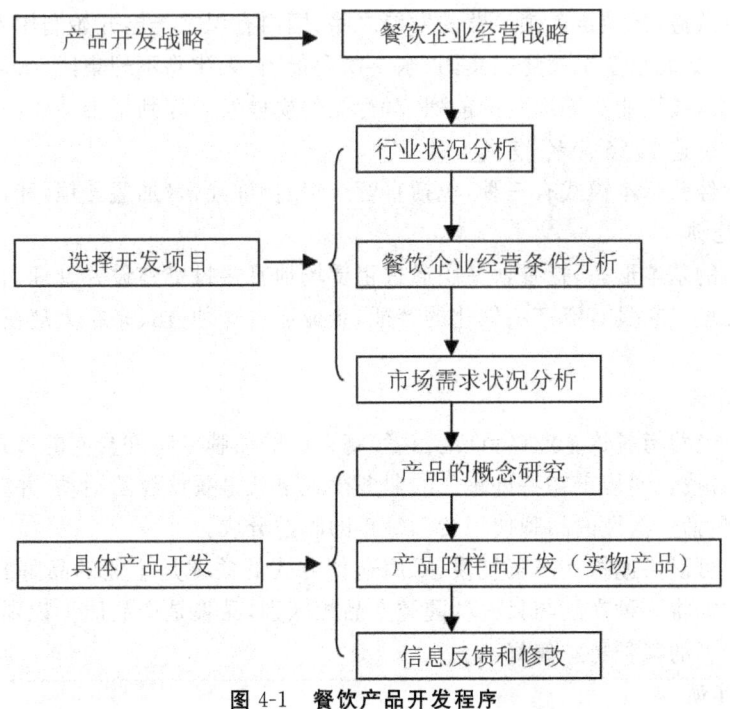

图 4-1　餐饮产品开发程序

第五节　餐饮连锁经营与管理

随着外资连锁餐饮企业的强势进入,目前国内一些标准化程度高的餐饮企业也采用连锁模式进行快速市场扩张,并获得显著的效果。在餐饮业快速发展的今天,连锁模式将会成为更多企业的发展方向。

一、餐饮连锁经营概述

(一)餐饮连锁经营的概念

餐饮连锁经营是指餐饮总店将开发的产品、服务等以营业合同的形式授予加盟店在规定区域的统销权和经营权,加盟店在总店的指导和监督下进行标准化、统一化的经营活动,并定期向特许者交纳一定的经营权使用费。

连锁经营改变了传统餐饮单店作坊式经营、加工随意、经验式管理,扩大了市场占有率,给企业带来了巨大的规模效益。它依托标准化操作、工厂化配送、规模化经营和科学化管理,使餐饮业向产业化、连锁化、集团化和现代化的方向发展。面对市场的挑战,餐饮业要实现规模效益,必须走连锁经营的发展之路,国内有识之士已开始利用连锁这一方式进行生产经营,如北京全聚德烤鸭集团、东安饮食集团、天津狗不理集团、大连渤海饭店集团等都走在国内餐饮业连锁经营的前列,对行业的规模发展起到了推动作用。

(二)餐饮连锁经营的模式

餐饮连锁经营基本模式有三种,包括直营连锁、特许经营(加盟连锁)和自由连锁。

1. 直营连锁

这是连锁的基本形态,指餐饮集团通过租赁场地直接投资建设并管理,它是单一资本统一经营的类型。它具有资产一体化的特征,企业通过这种方式来扩大规模,对资金的要求较高。

2. 特许经营

餐饮特许经营指餐饮企业(特许经营者)将自己的品牌以特许合同的形式转让给加盟者使用,加盟者按合同规定在特许统一的业务模式下从事餐饮经营活动,并向特许者支付相应的费用,包括一次性的品牌使用费和每年的收益分成。

这种方式可以快速扩大市场规模,采用这种方式的关键是企业的品牌要过硬。品牌的作用在于它能将一种产品与另一种同类产品相区别,品牌是产品质量识别的媒介,而且可以满足消费者的某种特殊偏好。

3. 自由连锁

自由连锁经营是由不同资本的多数店铺自发组织成总部,实行共同进货、配送的连锁经营形式。总部同各店铺之间是协商、服务关系。集中订货和统一送货,统一制定销售战略,统一使用物流及信息设施。各店铺不仅独立核算、自负盈亏、人事自主,而且在经营品种、经营方式、经营策略上也有很大的自主权,但要按销售额或毛利的一定比例向总部上交加盟金及指导费。

这三种模式各有特点,其核心特征都是以连锁为经营平台。连锁企业在追求最大化的市场份额的同时,也追求实现单店利润的最大化。目前对于多数餐饮企业来说,常见的模式为直营连锁和特许经营。

(三)餐饮连锁经营的特点

1. 经营模式的统一性

连锁经营的餐饮企业统一性表现在经营理念、企业形象识别系统和经营行为上,主要表现在连锁餐饮企业的市场定位、企业文化、营销策划、经营方式、服务规范、行为规范、管理标准和操作模式上。

2. 经营产品大众化和独特性

连锁经营的餐饮企业为了扩大市场份额,把目标市场确定为普通大众消费。同时,连锁餐饮企业的产品还必须有自己的经营特色或独特的配方,不会轻易被人模仿。

3. 管理的规范性和科学性

连锁企业总部如何与众多的供货商和连锁店进行有效的运作,主要取决于公司的管理水平,即科学管理是其核心内容。连锁总部要将众多纷繁复杂的事务处理好,必须建立专业化职能的管理部门,规范化的管理制度和调控体系,并配备专业人才。

4. 与国际餐饮业的融合

随着对外交流的日益频繁,世界餐饮业与中国餐饮业的融合进一步加深。越来越多的国际餐饮公司开始瞄向中国这块巨大的蛋糕,全球快餐连锁的著名品牌如肯德基、麦当劳、必胜客、吉野家等已经进入中国餐饮市场。美国最大的汉堡连锁餐厅赛百味、星巴克等都计划将大量增加在中国的门店数量。与此同时,我国内地餐饮连锁企业赴海外市场开拓的势头渐热,如全聚德已在国外建立5家以上的特许加盟店,内蒙古小肥羊餐饮连锁有限公司也已进入美国市场。

(四)连锁经营的优势和劣势

连锁经营的优势:有利于建立标准化体系;便于广告宣传,树立企业形象,建立品牌;有利于降低企业成本;可以提高管理水平,形成独特的管理模式。

连锁经营的劣势:"连锁效应"容易导致企业信誉、形象受到影响;经营模式、内容较为单一,企业面临的风险较大。

二、餐饮连锁经营的市场扩张方式

市场扩张是餐饮连锁企业扩大企业规模的方式,餐饮企业必须制定正确的市场扩张战略,选择适宜的扩张方式,餐饮企业才能获得更大的发展,不断提升市场竞争力。餐饮连锁企业的市场扩张方式主要有以下五种。

(一)直营式战略扩张

餐饮连锁企业利用自有资金及自身资源,通过建立新的门店或子公司来实现经营规模的扩大,叫作直营式战略扩张。

直营式扩张还可分为自主新建分店扩张和租用式直营扩张,自主新建分店包括购买土地使用权、建造和装修购物场所、置办必要的经营设备和设施、派遣管理人才和招聘员工等;租用式直营扩张是租用房产,将其改建为分店,除不拥有房屋产权外,本企业拥有绝对经营权。这种方式是餐饮连锁进行扩张的主要方式之一,任何餐饮连锁企业在扩张中都会采取这种方式,以保证企业对店铺的绝对控制力。相比较而言,第二种类型比第一种需要花费的资金要少,同时也可以缩短筹备时间。

(二)入股式战略扩张

入股式战略扩张是餐饮连锁企业与其他餐饮企业通过资金或资产入股方式来组建新的股份制企业,从而实现经营规模的扩张。入股的成员也是餐饮业中的同类企业,一般由两方或两方以上组成,入股可以通过资金、不动产或其他有效资产的方式。如全聚德就是采用"品牌+资本"的方式加快连锁扩张。这种扩张方式需要的资金较少,组建周期较短,能在相对较短的时间内进行餐饮连锁扩张。

(三)并购式战略扩张

餐饮连锁企业通过资本运作方式来实现规模扩张,为了获得其他企业的控制权而进行产权交易活动即为并购扩张。并购式战略扩张又可以分为合并式扩张和收购式扩张。

合并式扩张是指两个或两个以上餐饮企业通过资产合并和重组组建新的企业,合并行为可以是主动自愿的市场行为,也可以是被动接受的政府行政行为,甚至两种行为兼而有之。

收购式扩张是指某一餐饮企业通过付出一定货币资本(或其他代价)来获得对另一餐饮企业的资产和经营控制权,从而达到战略扩张的目的。收购的方式有三种:一是通过证券市场进行股票收购,即本企业购买被收购企业股票来实现对被收购企业的控制,如2009年百胜集团从私募股权投资公司——英国3i私募基金及普凯投资基金收购小肥羊14%股权,随后,百胜再从小肥羊的控股股东等方面收购6%股权,2012年2月,百胜成功收购小肥羊的所有股权,使得他成为国内最大和最多样化的连锁餐厅;二是运用市场规则,对非上市公司进行谈判收购;三是由政府出面进行行政干预,实现对国有餐饮企业的收购。如2004年在北京市国资委加快推进国有资产并购重组的背景下,同属于北京市国资委的北京首旅集团、新燕莎集团、全聚德集团三家大集团宣布合并重组。

(四)联盟式战略扩张

联盟式扩张是指经营业务相同或相近的不同企业之间为了扩大经营规模,获得市场竞争优势,共同结成某种形式的战略联盟,如采购联盟、服务联盟、营销联盟等。联盟各方资产所有权不变,联盟内各企业之间内在的约束具有一定弹性,这种联盟又被称为自由联盟。各个企业结成联盟后,可以形成单个企业无法做到的联盟利益或联盟优势。在联盟的支持下,各成员企业的扩张速度加快,实力获得较大的增强。如果加入联盟的企业是为了连锁扩张,则这种联盟就被称为自由连锁。

(五)特许加盟式战略扩张

特许加盟是特许人与受许人之间达成的契约关系。特许经营是特许方拓展业务、销售产品和服务的双赢商业模式,它使特许经营人能够最充分的组合、利用自身优势并最大限度地吸纳广泛的社会资源。特许加盟是21世纪餐饮企业快速扩张的有效模式。

目前,以上几种战略扩张方式各自具有不同的特点、优劣势和适用范围,餐饮连锁企业可根据市场状况、本企业产品特性和企业实际等因素进行合理选择。

三、餐饮连锁经营模式选择

案例链接

餐饮连锁，直营 or 加盟？

2000年，凭借"不蘸小料"这一特色，小肥羊迅速征服了消费者的胃，小肥羊在吸引食客的同时也诱惑着投资者。那个时候，一个一级城市的加盟商每年只要交纳20万元的品牌使用费，就可以开一家小肥羊火锅店。源源不断的食客所带来的投资回报让这20万元成了一个不值一提的小数字。短期内，小肥羊就创造了数以百计的百万富翁。

小肥羊的迅速扩张得益于其"树形"加盟体系的搭建。一开始，在自身实力还不足的情况下，为了迅速占领全国市场，小肥羊确定了"以加盟为主，重点直营"的加盟政策。在全国各地设立了省、市、县级总代理，除了在北京、上海、深圳等重点城市实行直营战略以外，由代理商发展加盟店。代理商成为小肥羊这棵"大树"的枝干，而代理商旗下的加盟商又成为枝干的分枝。

短短三年，小肥羊这棵大树便"枝繁叶茂"，可是其树干却并没有成长得强大而有力。在总部管理能力还不够规范的情况下，品牌失控的危机也若隐若现。2003年，小肥羊某地区的店在卫生执法检查中卫生问题被曝光；此外，一些加盟商违反统一配送原则，在当地市场采购质量较低的羊肉，损害了品牌的形象。迅速扩张的消费需求使物流配送跟不上，引起多家加盟连锁店的不满，投诉事件不断。产品、店面、服务、配送、培训等一系列环节都出现问题，管理难题摆在了面前。

从2003年到2007年，小肥羊历时四年对全国的加盟店进行调查，对于有问题的加盟店采取关闭、整改和收购等手段进行整顿。整顿结束后，小肥羊明确表示，今后在国内一二线城市将不再开放特许加盟业务，只做直营店，在三线及以下城市有选择性地开放特许加盟业务。那么对于餐饮连锁企业来说，到底应该选择哪种连锁模式才是对企业的发展最有利的呢？

（一）直营连锁

直营连锁曾是美国连锁店的基本形态，连锁店建立早期一直采用这种方式，待实力日渐雄厚，名声越来越大后，开始选取加盟商，采用特许经营方式，这是连锁发展的规律之一。直营连锁具有统一调动企业资源、统一经营战略、统一开发运作、有利于人才培养、促进新技术和新产品推广、快速占领市场等优点，但也有发展速度和规模受资金限制、自主性小、管理成本增加等缺点。

（二）特许经营

特许经营是目前最流行的商业运营模式，也是当今餐饮连锁公司的主要经营模式，麦当劳公司就是世界知名餐饮特许经营企业。特许方特许经营的优点在于能够以最快速度扩张、能够以低成本和低风险扩张、能够形成规模效益进而降低成本和价格、能够促进品牌的快速成长；缺点是较难控制加盟店的独立性、核心技术和知识产权易流失、总公司品牌价值易受个别经营不好的加盟店的影响、无法及时更换不能胜任的加盟商等。所以,加盟体系是否能够成功,不仅与特许方的加盟体系是否完善有关,还取决于是否选择到合适的加盟商。特许方选择加盟商需要考虑以下因素。

1. 加盟商的资格和素质

加盟商必须具备一定的自有资金,也必须在加盟店投入自己的资金,因为特许方不提供任何金融支持。而适合加盟的申请者要有必要的资金但不必太富裕,如麦当劳加盟体系的创始人克拉克发现,能够和麦当劳共建事业的人都是一些不很富裕的人,他们用尽毕生积蓄、甚至得加上借贷,才能凑够开店的资金。此外,加盟商的个人素质,如知识、欲望、教育机会、语言表达力、年龄、健康、家庭状况等都是特许方需要考虑的因素。

2. 加盟商的合作性、适应性和经营管理能力

加盟商必须具备良好的与他人合作的理念、意愿及能力。这也是麦当劳选择新加盟商时的必要条件之一。

3. 加盟商的企业家精神

加盟商成功的因素包括渴望成功的理念和激情以及自身的经营能力。无论加盟商是个人还是组织,加盟部业务经理都应把加盟商是否具备专业性的经营意识作为选择条件。加盟商必须具备企业家精神和强烈的成功欲望,能够将加盟品牌的餐饮事业作为自己的事业来共同奋斗。如在麦当劳的加盟商中,真正表现良好的是那些愿意全心全力贡献给麦当劳事业的人,他们放弃其他的事业以麦当劳为主业,几乎把麦当劳当作自己的第二个家。

4. 加盟商的地方影响力

经营环境好,加盟商在当地具有较好的影响力对加盟店在当地的生存具有重要意义。连锁餐饮企业的顾客是当地的居民,加盟商在当地表现优秀,并且具有良好的群众口碑,是特许方无形的财富,而且只有诚信经营的加盟商加入进来,该品牌在当地的生存环境才能得到稳定,加盟店在这样的商家管理下,不仅能够在短时间内获得客源,促进销售,从长远来看,对特许方的品牌推广和形象树立也是顺水行舟,能获得事半功倍的效果。

5. 加盟商的心态

心态、专业知识和经营管理技巧是影响加盟事业成功的三个重要因素。因此,加盟商难得的一个素质就是良好且平衡的心态,因为对加盟商来说,任何事情在操作之前都要做到不妄喜、不焦躁。

(三)选择餐饮连锁模式需要考虑的因素

1. 企业规模和经济实力

连锁经营依靠规模效益而盈利,没有相应的资金投入,开设的门店数量就难以达到一定数量,企业的效益就很难提高。一般认为门店的数量在15家左右,整个连锁系统才能够进入盈利期,数量越多,而研发成本、广告营销费用、谈判费用、仓储运输成本、管理人员工资、配送中心运营费用等开支可以由更多门店来分担,从而降低成本,总部取得盈利的可能性就越大。在餐饮连锁中,直营店和加盟店比例的控制,要考虑企业的规模和经济实力。由于直营门店的数量越多,投资的总额也就越大,企业如果没有相当的经济实力,无法把规模做大,规模效益也很难实现。

2. 管理制度和管理能力

连锁经营要实现统一化、规模化和标准化，必须具备规范的制度来约束连锁体系中各门店的经营行为。除此之外，连锁总部还应该具有统驭全局的能力，包括研究管理技术、培训员工以及对各门店进行规范统一的管理。若连锁总部没有完善的管理制度和统驭全局的能力，将会面临加盟费难收、投资意愿减弱、加盟商维护难度增加等问题。

3. 配送中心的运行效率

餐饮连锁要求具备高效的配送中心，统一配送能够从供货商那里以较低的价格采购产品，然后各门店按照一定程序进行加工整理后供烹饪和销售。高效的配送中心能够确保销售产品的统一性和标准化，规范自己的产品不被擅自更改。

4. 企业形象和品牌维护体系

开展餐饮连锁要具有良好的企业形象，在消费市场拥有一定的知名度，在进行连锁经营的同时企业要注意企业品牌的培育，实施品牌化战略。连锁经营在一定程度上是品牌经营，既要靠品牌吸引消费者，迅速占领市场，也要靠品牌吸引供货商提供质优价廉的产品。品牌是企业的无形资产，连锁企业是否具有健全的品牌管理制度体系也是餐饮企业选择连锁模式时要充分考虑的问题。

四、餐饮连锁企业特许经营管理

（一）特许经营体系选择

1. 特许经营体系的含义

特许经营体系是指由特许方和受许者基于相同的商标（包括服务商标）、商号、产品、专利和专有技术、经营模式、支持保障等合作要素以合同的形式加以确立，受许者在特许方提供的统一的业务模式下从事经营活动，并向特许方支付相应费用的连锁经营体系。

2. 特许经营体系的筛选

对特许经营体系的筛选需要考虑以下因素。

（1）连锁企业的基本情况。在对餐饮连锁企业的特许经营体系进行选择时，需要对企业的基本情况进行了解。内容包括：公司所有制形式、企业主要股东的背景、财力状况、企业现有资本和债务状况。

（2）连锁经营发展情况。餐饮连锁企业的发展历史是重要的考虑因素，具有较长发展历史的特许总部积累了比较丰富的运营经验，特别是在产品、服务及组织管理方面，能够给加盟商一定的保障。而成立不久的餐饮连锁企业，并不意味着没有成功的经验，只是相比较来说，还没有形成成熟、合适的特许经营体系，对于加盟商来说需要慎重考虑。加盟商可以通过了解餐饮连锁企业拥有加盟商的数量来判断其连锁发展阶段。

当加盟商数量为1~10个时，加盟总部处于探索阶段；当加盟商数量为11~40个时，加盟总部已度过探索阶段，但风险依然较多，如果连锁经营体系组织不够完善，会发生各种严重的问题；当加盟商数量为41~100个时，特许经营体系已比较成熟，加盟总部形成了良好的组织体系，加盟商能够从总部规范统一的活动中获益。这时主要考虑的是总部能够接受革新和进步的程度，以及总部对加盟商的支持力度；当加盟商数量为100个以上时，特许经营体系已经完全成熟，这时加盟总部能够迅速的对市场上各种发展机会做出反应,也能够成功的采纳各种建议。

(3) 企业的财务状况和销售报告。对于特许经营公司总部来说,特许连锁加盟商带来的利润只占较小的一部分,大部分利润是由直营店或其他投资项目带来的。所以投资者除了要考察总部是否赚钱,还要分析总部盈利点。投资者尽可能获取一些总部的财务信息,请专业人士帮助分析,以便对企业财务状况形成系统认识。

连锁企业很少会把各个时期的销售记录都公开给投资者,而是提供业绩最佳店铺的预计销售额,投资者在考察时要慎重对待这些数字。

(4) 特许商的直营店或加盟店的运营状况。考察特许商是否有两家直营门店和一年以上经营,有无供他人有权使用的商标。此外,亲自到特许商的加盟店探究经营状况,或者以暗访的形式多考察几天,对加盟店铺的营业面积、服务员工、食客反响做一个细致分析。

(5) 特许商的企业经营管理系统。目前市场上有一些急功近利的人,在刚开始不久的项目上急于扩张加盟,目的不是要把加盟系统建立完善,而是要快速赚取加盟的费用,之后就撒手不管,或者是根本就没有能力管理。一个好的加盟系统要能够提供具体的加盟企划、前期培训和在职再培训、完善的管理系统和后援机制、详细规范的业务操作手册、稳定规范的供货系统等。

(6) 品牌知名度。餐饮业发展到现阶段,已不只是产品与产品之间的竞争,而且体现在品牌优势上。选择拥有良好知名度的餐饮企业是创业成功的必要条件。

具有良好知名度和优秀品牌的餐饮企业应具备以下四个特点:有突出的风味特色和较难模仿和复制的技术工艺;拥有较大的辐射空间和良好的社会口碑;拥有丰富的特许经营经验和较深的文化内涵;拥有较大的社会影响,并能够给加盟商带来客观的经济利益。国内知名的老字号餐饮企业如北京的"全聚德"、天津的"狗不理"等无不是靠其过硬的品牌发展起来的。可见,选择一个知名度高的餐饮品牌对投资者来说是其今后谋求更大发展的关键所在。

(二) 特许经营体系的管理和维护

1. 加强与加盟商的沟通

餐饮连锁企业的发展离不开拓展加盟商,品牌的形成与知名度在一定程度上受加盟商水平和能力的影响。进入品牌时代,餐饮企业和他的加盟商队伍都要随着市场的发展而不断提升。餐饮连锁企业总部与加盟商之间要进行有效的沟通,从多个方面提升经营水平,增强市场创新意识和服务意识。餐饮企业自身的提升,才能带动加盟商的观念更新,从而适应品牌时代的市场发展。

2. 促进加盟商之间的协作

每个加盟商都是团队的重要成员,加盟商之间建立良好的协作关系,可以在餐饮经营活动中共享市场信息、原料及物资采购、人力资源等资源。餐饮连锁企业总部应设法在体系内建立起加盟商之间畅通沟通的平台,如定期召开各类沟通会议,让新的加盟商能够从有经验的加盟商那里获得更多的帮助和扶持。

3. 建立体系内的自治组织

特许经营体系内的自治组织主要有特许顾问委员会和加盟商联合会两类。这样的组织能够给加盟商提供更多的建议。

第六节 餐饮经营创新

如今的餐饮市场风起云涌,在各种新思潮和时尚变幻的影响下,各种餐饮潮流此起彼伏,各种风味体系竞相争荣。积极应变创新成为餐饮企业竞争的利器,而这需要企业具有时代意识。企业在追求潮流的同时,要创造出企业的特色,否则就容易被人模仿,从而逐渐被淘汰。

保持特色,引导消费,关注潮流,大胆创新,这是现代餐饮企业的一条宽广之路。餐饮创新的根本目的在于迎合市场,满足顾客需求,最终获得较好的社会效益和经济效益。

餐饮经营的创新来自三股力量,即厨师、经营管理人员和营销人员。营销人员密切地掌握着大量的客人用餐信息反馈,他们的意见可以同经营管理者的意见结合起来,形成指导厨师技术创新的思路,只有这样的创新才具有旺盛的生命力。

一、餐饮经营创新的原则

(一)突出文化特色

当今时代,文化已渗透到餐饮经营的方方面面,从餐厅的设计布局、装饰到菜品的色、香、味、形、器,都是餐饮与文化相结合的体现。在餐饮创新过程中,应始终把提升文化特色作为经营的主要方向,为餐饮经营开辟新的思路,而近些年兴起的主题餐厅也多是以"文化"来定位策划的。这种以文化吸引顾客的经营方式,具有较强的设计创新力,能够在独特的主题下营造相应的环境,从而烘托出一种气氛,以此来产生对顾客的吸引力和新鲜感。

(二)适应目标顾客的需求

不同的消费群体需要的产品类型也不同。随着市场的进一步细分,餐饮经营创新也要求企业对市场进行更细的划分。而今,许多高星级饭店为了迎合高档的社会名流,纷纷开设高档的顶级餐厅,在产品开发中,特别重视鲍、翅、参等高规格菜品的制作;而许多低档餐厅,其消费对象主要是低消费群体,开发一些普通菜、家常菜、快餐等则比较适合。

(三)引领餐饮潮流

餐饮产品的创新,不仅是菜点,而是在菜点、菜谱、环境、服务、活动等方面,不断引领餐饮潮流。在产品创新中,菜肴将紧随国际饮食的"五轻"趋势,开发轻油、轻糖、轻盐、轻脂肪、轻调味品的菜品,更多地注重饮食环境,更多地借助人员服饰、服务礼仪和配合就餐活动开展的文娱活动来烘托主题。

资料链接

符合平衡膳食的健康要求

营养卫生是新时代酒店餐饮经营的生命线。营养卫生、膳食平衡、吃得科学、吃得健康是新世纪人们饮食生活的首要选择,如何让菜肴既合乎营养健康的要求,又保持菜肴原有的风味,这是新时代餐饮业需要解决的一个能力课题。平衡膳食通常是指全面均衡地满足机体营养需求的膳食,其中全面是指膳食中营养素种类齐全,数量充足;均衡是指膳食中各营养素之间保持适宜的比例关系,能够有效地被肌体吸收利用。平衡膳食要求科学地采用荤素搭配、粗细搭配、主副搭配、酸甜搭配等合理配菜方法。目前高血压、高血脂、心脑血管病、糖尿病等各种现代"文明病"发病率上升快,而且呈低龄化趋势,同人们不合理的饮食习惯和饮食结构密切相关,但是很多人还缺乏这方面的意识。若服务员能够针对客人的情况推荐菜品,使得客人在保证营养的同时兼顾美味,也会更易于被人们接受。

二、餐饮经营创新的类型

餐饮企业在进行创新时,要根据时机选择恰当的创新方式,使餐饮企业焕发更大的生机和活力。餐饮企业经营创新主要有以下三种类型。

(一)先导型创新

先导型创新就是餐饮企业的产品在别人还没有进入市场时"率先进入市场",其主导思想是餐饮企业为使其新产品得到市场承认而制定的完整的新产品规划,产品的类型都是首创。创新涉及产品的功能、外形、渠道等,这是一种主动式开发策略,它以未来需求为着眼点,投入资金、人力等来保持领先,具有一定的风险性,但一旦被市场所接受,将会给企业带来可观的收益。如成都某餐厅厨师利用独特的原材料,研制出了一道名为"石锅三角峰"的菜,仅 2007 年上半年,就卖出了 5 万份,这一道菜就带火了一家餐馆。

(二)模仿型创新

模仿创新是指企业以市场先导者推出的新产品或新形态餐厅模式为范例,通过"边仿边学",即通过学习、观摩、选择、借鉴、引进购买等方式,跟随先导者的足迹,充分吸取先导者成功的经验和失败的教训,并在此基础上进行改进,进一步开发出更具有竞争力的产品。

模仿创新是比复制和模仿都高级的行为,它不是单纯地进行复制,而是一个学习的过程,通过学习吸取模仿对象的精髓。它以模仿为基础,不仅包括对对象的学习,还包括理解,以及在此基础上的改进提高。如当麦当劳调整菜单,推出健康食品时,百胜餐饮紧随其后,使用模仿型策略在其属下的塔可钟和必胜客的早餐和晚餐也推出相类似的产品,与麦当劳争的如火如荼,不分上下。

(三)适应型创新

在先导型和模仿型战略之间还存在着一种称之为适应型的战略。这种战略主要是在吸收别人先导型创新成果的基础上,对其以某种方式进行改变,使其对市场和市场细分更具价值。如在经济萧条时期,一些星级酒店餐饮部使用粗菜细做的方式推出一些经济实惠、适合普通大众的菜品。

三、餐饮经营创新方式

(一)管理体制的创新

体制问题是决定企业性质的根本问题。在计划经济的体制下,我国餐饮企业以国有为主。而我国众多的老字号基本都属于当地的国有饮食服务集团,有些饮食服务集团同时拥有几个甚至多个老字号品牌。但是由于这些国有饮食服务集团缺乏市场观念,管理体制僵化等原因,导致很多老字号发展举步维艰,甚至出现一些老字号逐渐被市场淘汰的现象,在这种情况下,这些国有饮食服务集团的体制改革势在必行。目前我国有些饮食服务集团已经开始这方面的探索和尝试。如广州饮食服务企业集团将下属的泮溪酒家、莲香楼、北园、南园、菜根香素食馆、陶陶居、回民饭店、东江饭店、太平馆、大同酒家、大三元、华北酒家等16家知名酒楼下放到广州各区,这些企业下放后,广州饮食服务企业集团将不再存在,下放的这些企业由各区根据规划发展的需要推进改制,方向是国有资本逐渐退出餐饮行业。通过这样的改制重新焕发老字号的生命力。

目前我国餐饮企业的体制主要有国有及国有控股、中外合资及外资独资企业、民营企业等几种形式。随着市场经济的深入和发展,股份制、外资、民营、个体等餐饮企业迅速发展壮大,形成了多元化的格局。民营、个体餐饮企业成为我国餐饮市场的主力军,引领中国餐饮市场的发展。这种变产权单一国有为多元共有的改制,为餐饮业的发展注入新的血液。

(二)经营理念的创新

观念,尤其是餐饮经理人的观念,将决定整个餐饮企业的经营理念,甚至企业经营的成败。当今消费者已经由过去的"吃饱求生存"到"吃好求口味"发展到现在的"吃好求健康",人们的消费也由"感情消费"变成"理性消费"。餐饮经理人必须转变以往的观念,迎合人们的消费心理,"以顾客为中心",这样才能突破传统的思维方式,才能创新。餐饮企业的发展,需要餐饮经理人对经营策略和经营理念进行调整,从而适应社会发展。如杭州红泥餐饮娱乐公司的经营理念是"让价格回归合理,请百姓走进红泥"。这种经营理念让人有一种"面向社会、贴近市场、贴近百姓"的感觉。由此可见,餐饮服务的经营理念创新不仅让消费者感到实惠,还能给企业带来经济发展和社会美誉双重效益。

(三)菜肴设计的创新

菜肴设计的创新也要以顾客为中心,对厨师而言,一方面听取顾客和服务人员的意见,以顾客需求为导向,经常推出创新菜,供顾客挑选,供市场鉴别,推出后及时搜集顾客对于菜肴的反映和评价,及时进行改进和完善。创新还有一个重要的方面,就是采用模仿型战略,吸取竞争对手的畅销菜品的精华,为自己所用。菜肴设计的创新可以从以下六个方面进行。

1. 原料创新

伴随着我国改革开放的步伐,烹饪原料也越来越多样化,很多原料从国外引进。因此，菜品原料的使用和搭配，也要打破旧的传统观念。如有一家饭店于春季推出野菜宴，非常受客人欢迎。一方面春天是各种野菜最茂盛的时候；另一方面野菜宴的开发满足了人们崇尚自然的饮食潮流。由于迎合了都市人想要改换油腻口味的饮食需求，所以开业以来顾客盈门，而且许多外国旅游者都纷纷慕名前来品尝，吃后都赞不绝口。

2. 口味创新

五味调和百味香，五味调和百味鲜，菜肴的味型种类很多，第一种是利用原料本身的味道；第二种是采用多种原料复合的味道；第三种是利用复合调味品改变原料的滋味，复合成美味菜肴。如现在许多餐厅的厨师在烹制菜品时，把国外的调料柠檬、咖喱等融入到菜肴的创新中，给消费者带来全新的口味体验。

3. 烹饪技法创新

各种烹饪技法都有不同的特点和区别，菜肴的色、香、味、形、质主要靠烹饪技法来实现。如何用大众化原料辅之以创新的加工方法并精工细做，做出一些在家里吃不到或无法做的菜，这是餐饮经营者需要考虑的事。粗菜细做就是用平常的原料，改变做法，运用厨师的厨艺使之成为一道新菜，以达到菜品更新的目的。

另外中菜西做、西菜中做也是餐饮经营者在烹饪技法创新方面常采用的手段。这就要求厨师对中西饮食文化都非常了解，才能互相交融，学习外国菜系中原料、调料的运用等；各类菜系、菜品也都需要交流和交融。同时所谓的正宗和民间也都需要交流和交融。这样才能做到兼收并蓄，推陈出新。

4. 造型创新

菜肴的造型大部分依靠刀工、刀法的种类去实现，但更主要的是靠配菜去完善，靠塑造去美化，使菜肴形态逼真，美观大方，从而使就餐者赏心悦目，食欲大增。

5. 菜单创新

菜单的形式多种多样，目前最常见的是图形菜单和实物鲜活菜单。图形菜单让客人一目了然，并能大概了解其所用原料、烹制方法及口味特点等。随着餐饮业信息化程度的提高，电子菜单将颠覆传统的纸质菜单，它不仅具备纸质菜单的功能，同时还能将菜品的营养成分、顾客评价等都展示给顾客，同时它还可以完成下单和后厨关联功能。

6. 器皿创新

古人云"美食美器"，美器对菜肴能够起到画龙点睛的作用，菜肴经美器装点，能够相互辉映。一盘普通的菜品，配上雅致质优的器具，能将菜品的规模和档次体现出来。新创菜肴如果配上美观大方、别具一格的餐具，必定能引起人们的强烈反响并带动菜肴的销售。

饮食器皿的创新变化，可以一年一变，由原来的精瓷、粗陶、骨瓷到强化骨瓷再到日式餐具，直至更高档瓷器，品种繁多，琳琅满目，高中低兼备。

(四) 服务创新

近年来，无论何种产品都打出争创"品牌"的口号，而且愈演愈烈；创"服务品牌"，也是现今餐饮业发展的一个重要因素。服务不断地创新，也应加入人性化的内涵，甚至于适当的超前性，以满足顾客的多元化需求。服务创新可以从以下三个方面进行。

1. 服务语言创新

语言是服务沟通的工具,经过几十年的规范化管理,餐饮企业已形成规范化、标准化的服务语言体系。但这种毫无新意的服务语言已经让客人感到厌烦。对于餐饮企业来说,服务要依赖语言来进行。因此,进行服务语言创新是服务创新的重要内容。

2. 服务内容创新

餐饮经营者应该突破纯粹餐饮消费的观念,对服务内容进行创新时要追求餐饮内涵的延伸,特别要加强餐饮文化内涵的拓展。此外,一定要结合不同时期顾客的消费心理及餐饮消费衍生出更多的功能性。

3. 服务人员创新

餐饮服务中,人员的素质高低直接影响客人对餐饮产品质量的评价。因此,酒店应对服务人员进行知识、技能等方面的培训,用高素质员工创新的头脑服务于客人。如高星级酒店餐饮部,聘请专业的营养师对服务员进行营养知识的培训,服务员不仅能给客人提供规范化的服务,还能在客人点菜时给出专业的建议,并在用餐过程中将餐饮文化传播给顾客,使消费者在用餐中还能增长见识。

(五) 营销创新

餐饮企业营销方式的创新关键在于企业的市场定位,有了明确的定位才能确定企业的营销方式并且对其进行创新。营销创新的方式包括以下四个方面。

1. 顾客关系营销

顾客关系营销目的是促使顾客形成对企业及产品的良好印象和评价,提高企业及产品在市场上的知名度和美誉度,为企业争取顾客、开拓和稳定市场关系,保证企业营销成功。对餐饮企业来说,关系营销的意义在于"留住顾客",即培养忠诚顾客,给餐饮企业带来巨大的经济利益。

2. 文化营销

餐饮文化内容丰富、源远流长,餐饮企业实施文化营销,能够使餐饮产品展现出它的文化内涵和氛围,也能极大地提高产品竞争力;运用文化的力量进行营销,在消费者中塑造良好的形象,扩大品牌的知名度,形成竞争优势。

3. 品牌营销

品牌是高质量、高信誉、高效益及高市场占有率的象征。品牌营销要满足的不仅是目标消费者的需要,也包含社会的需要。只有这样,餐饮品牌才能被消费者和社会所认可,才能实现企业的经济和社会价值,真正建立品牌经营发展之路。

4. 网络营销

如今的社会已进入高信息时代,互联网的迅速发展为网络营销打下了良好的基础,它增强了企业与顾客间的互动性和感知性,为企业文化的宣传打开了一个崭新的空间。餐饮行业的营销模式经历了从"开门等客"向"主动找客"的升级。当前餐饮市场中也兴起了节日营销、主题营销、体验营销,火爆的团购营销即是借助网络平台兴起的营销模式。

【关键术语】

餐饮经营　餐饮经营策略　菜单　餐饮产品　餐饮连锁经营　特许经营体系　并购式战略扩张　联盟式战略扩张　模仿创新　顾客关系营销

【习题】

一、简答题

1. 餐厅选址时需要考虑哪些因素?
2. 餐饮企业为餐厅、厅房和菜品命名时需遵循的原则是什么?
3. 简述餐饮产品的开发过程。
4. 简述餐饮经营创新的类型。
5. 餐饮连锁经营的模式有哪些?
6. 简述餐饮连锁经营的优势和劣势。

二、论述题

1. 试论影响餐饮企业经营的因素。
2. 试论作为一个餐饮经营者,应如何选择加盟品牌。

第五章　餐饮营销管理

【教学要点】

知识要点	掌握程度	相关知识
餐饮市场营销的概念	掌握	餐饮市场营销的定义、观念演进、特征及要求
餐饮营销的策略	掌握	定位策略、品牌营销、产品营销、价格营销、主题和事件营销、网络营销
美食节的策划与组织	了解	美食节的概念和经营特点、确定美食节的主题、美食节的推广方式

【导入案例】

　　王女士就职于某五星级饭店潮州餐厅,几年来,餐厅经营业绩非凡,回头客不断。近来,由于受内外环境的影响,餐厅营业额开始每况愈下,王女士承受着巨大的压力。压力之下,王女士在新厨师长的配合下带领员工们开始了各种促销活动,如龙虾特荐,海鲜食品节等。王女士及其助手还在每天的班前例会上,不厌其烦地向员工讲述昨天的营业状况,分析与本日预算收入及利润的差额,要求员工接受推销技能的各种培训,提高客人的平均消费。一时间,餐厅的员工们被笼罩在浓重的经营氛围之中。不尽如人意的是,尽管餐厅全员促销,但营业收入仍无法完成任务。王女士考虑再三,出台了一套销售奖励政策,其主要内容是:员工若销售出高档食品,如龙虾、鱼翅、鲍鱼等,可以得到菜肴售价3%的奖励提成;员工销售出高档酒水,如白兰地、香槟、茅台等也可获得相同比例的提成。此政策经餐饮部讨论和饭店当局认可后,开始在餐厅实行。可以说,这个政策的实施,极大地调动了员工的推销积极性,员工们满怀热情地将以往向客人提建议的交谈口气调整为竭力推销的口气。几天以后,客人平均消费指数有了明显的提高,总收入也开始令人欣喜。但好景不长,两个月后,餐厅开始门庭冷落,许多过去常来光顾餐厅的老顾客也不见踪影了,餐饮部总监看着平均消费不断提高、就餐人数不断下降的经营报告,终于意识到了问题的严重性。几天以后,王女士被调离潮州餐厅。

第一节　餐饮营销概述

一、餐饮市场营销的概念

(一) 餐饮市场营销的定义

餐饮业是我国近十年来经济增长最快的产业之一,它的兴衰除了受旅游业大环境的影响外,关键在于其经营观念和营销手段。随着生产的发展,社会的进步,那种等客上门的"销售观念"时期不复再来,取而代之的是"营销观念"时期,餐饮企业纷纷想用"营销"来获取竞争优势。然而究竟什么是营销呢? 著名营销学家菲利普·科特勒在定义市场营销时说:"营销是个人和集体通过创造并同他人交换产品和价值,以满足需求和欲望的一种社会管理过程。"据此定义,市场营销应包含下列意义:一是市场营销的最终目标是满足需求和欲望;二是市场营销的核心是交换,交换过程是一个主动、积极寻找机会,满足双方需求和欲望的社会过程和管理过程;三是交换过程能否顺利进行,取决于营销者创造的产品和价值满足顾客需求的程度和交换过程管理的水平。

由此我们可以把餐饮市场营销定义为:通过市场调研了解宾客需要,然后配置内部资源,努力提供适应这种需要的产品和服务,使宾客满意、酒店获利的管理过程。它包括餐饮的市场调研、目标市场的选择、餐饮产品的开发、餐饮产品的定价,以及销售渠道的选择和组织各种促销活动等。餐饮市场营销是一个完整的过程,而不是一些支离破碎的零星活动,更不是零碎的推销活动。

(二) 餐饮营销观念的演进

餐饮营销和其他酒店部门的市场营销一样,也在不断地发展和变化。尤其是营销观念的变化,在整个餐饮市场营销当中最明显。餐饮营销的观念从改革开放之初到现在,经历了五个不同的发展阶段。

1. 生产导向观念阶段

所谓的生产导向观念阶段,也就是说最初的餐饮营销工作,是一种以自我为中心的营销活动。这个时候的餐饮企业往往不太关注市场,也不研究市场,更不去分析消费需求的变化。这个时期最大的特点是餐厅生产什么,就销售什么。顾客是否喜欢,经营者并不在意。所以,这是一种以自我为中心的营销手段。

2. 产品导向观念阶段

即餐饮经营工作的核心发生了转变,不再像过去那样以自我为中心,而是为顾客提供良好的设施和服务。这种产品导向观念,实际上是经营者在经营理念上的一个进步。经营者不再像过去那样只关注自己,而不关注市场。他们已经意识到,光有好的产品还不够,还需要有好的设施、好的配套服务。因此,餐饮的经营者,在为顾客提供优质餐饮产品的同时,也注意为顾客提供好的设施和好的服务。

3. 销售导向观念阶段

仅有好的产品、好的服务、好的设施设备,却不为公众所知,也是不行的,因为酒香也怕巷子深。随着麦当劳、肯德基这样的国际化快餐品牌落户众多城市,人们对餐饮企业的选择观念也有了很大转变,就餐消费并不仅仅是为了满足饥饿感,而是对就餐场所的品牌、档次以及口碑都有所甄别。餐饮经营者一方面要完善设施设备,提高服务质量;另一方面,要派专门的销售人员出去推销。这些人员在销售过程中,重点是把自己的产品、设施设备、服务等一系列特征展现给潜在客户,并通过这种宣传、介绍的销售过程,引起顾客注意,吸引顾客消费。这个阶段,就是销售导向阶段。需要注意的是,他们推销的只是目前的产品,而不是消费者需求的,实质仍是以内部生产为中心,没有以市场需求为出发点。

4. 营销导向观念阶段

营销导向观念认为,了解宾客的需求,提供针对性的产品,努力满足宾客的需求,才能够在激烈的餐饮经营竞争中获得发展。也就是说,营销导向观念要求餐饮经营者不仅要重视产品、价格、渠道和促销四大营销策略的整合,而且强调越过市场壁垒开展市场营销活动。这个时候的餐饮经营者,首先考虑的不是我能卖什么,而是我们的市场需要什么,顾客需要什么。了解了这些需求以后,再去设计产品和服务项目,为顾客提供针对性的产品,并且努力去满足顾客新的需求。这样,一个餐饮企业才能够在激烈的市场竞争中取胜,才能不断发展。

5. 社会营销导向观念阶段

所谓的社会营销导向观念,是指餐饮企业的经营必须符合社会与经济发展的需要,力求在创造经济效益的同时,能够为社会发展做出贡献,创造良好的社会效益。也就是说,现在的餐饮经营者,不能像过去那样,目光仅仅盯在自己的企业身上,只考虑自己的企业是否盈利,还要考虑到自己的社会责任。这个社会责任,包括社区责任、环境责任等。也就是说餐饮企业作为社会的一分子,在经营、盈利过程当中,还要承担相应的社会责任。例如,上海故乡大饭店曾搞过一个叫"为的哥送把遮阳伞,故乡大饭店夏日送清凉"的活动。在异常炎热的夏日里,上海故乡大饭店的员工来到浦东国际机场,向辛苦奔忙的出租车司机送车窗遮阳板和便携式水杯,为他们送去一份夏日里的清凉。当这些司机们得到精美的礼品以后,他们非常惊讶,特别是当他们发现这些礼品是为这次活动特别制作的时候,更加感动了。毫无疑问,这个酒店的做法,给出租车司机留下非常深刻的印象。大家都知道,出租车司机对于餐饮企业,对于酒店宾馆来说,是一个非常特殊的客源群体,他们可以给酒店带来更多的客源。当然,这个饭店这样做,一方面是关注出租车司机;另一方面是通过这样的社会公益活动,为企业树立良好的社会形象。最终的结果是,出租车司机得益的同时,企业也从中受益。所以,社会营销导向的观念实际上是使餐饮企业在关注社会、突出社会责任的同时,也给企业赢得良好的知名度和社会美誉度。

二、餐饮市场营销的特征

(一)餐饮营销必须以顾客的需求为核心

市场营销不同于一般的推销,也不同于平常所说的销售,它最大的特点是企业的一切经营活动、经济活动都必须以满足顾客的需求为核心,营销工作必须围绕着满足顾客需求这个核心来展开。

（二）餐饮营销必须以餐饮市场为中心

餐饮市场营销，同样也要以市场为中心，通过菜肴、酒水、就餐环境等来满足顾客的需求，并且综合运用各种营销手段，将餐饮产品销售给顾客。餐饮营销就是要依靠餐厅一整套营销活动，不断地跟踪顾客需求的变化，及时调整餐厅整体经营活动，努力满足顾客需要，以获得顾客信赖，通过顾客的满意来实现餐饮经营目标，达到消费者利益与经营者利益的一致。

（三）餐饮营销必须以全员营销为基础

全员营销是一种以市场为中心，整合餐厅资源和手段的科学管理理念，很多餐厅采用后取得了不凡的成效。餐饮全员营销就是指餐厅中的每一个与顾客直接接触的员工都应把自己看成是餐厅的推销员，在同顾客接触中，通过言谈、举止，树立餐厅形象，扩大餐厅知名度，使更多的顾客购买餐厅的菜品和服务。在全员营销理念的引导下，部门之间是顾客关系，企业可以建立一个"内部市场"，使所有员工对餐厅的菜品、价格、渠道、促销和需求、成本、便利、服务等可控因素进行互相配合，达到营销手段的整合性，以最佳组合的方式来满足顾客的各项需求。全员营销作为一种现代科学的管理方法，既包含了内部管理，也包含了外部营销，对其正确的应用无疑会给企业带来理想的回报。因此，它是企业实施任何营销手段的基础和保证。

（四）餐饮营销≠推销、促销

营销与推销的根本不同之处在于：营销是从顾客本位观点出发的经营行为，它要求产品或企业适应顾客需求；推销是以企业本位观点出发的经营行为，它则主要通过说服顾客适应产品或企业。美国著名管理学家德鲁克指出："可以设想某些推销工作总是需要的，然而，营销的目的就是要使推销成为多余。"营销的目的在于深刻了解顾客，从而使产品或服务完全适合他的需要而形成产品的自我销售，理想的营销会产生一个已经准备来购买的顾客。

1989年以前，中国市场上从来没有规模化、商品化生产和销售水的先例，但此时人们的消费观念逐渐变化，对水的安全性能要求、消费理念都有了极大的改变。深圳某公司敏锐地抓住这一需求产生的契机，从美国引进蒸馏水生产线，于当年底投产成为全国第一家生产销售蒸馏水的企业，广东也成为全国最先生产纯净水的省份。这一营销工程不但对企业产生了重大意义，而且启动了整个纯净水生产业，改变了国人的饮水习惯。

促销即促进产品销售的意思。从市场营销的角度看，促销是企业通过人力或非人力的方式沟通企业与消费者之间的信息，引发、刺激消费者的消费欲望和兴趣，使其产生购买行为的活动。促销作为一种经营手段，有着较长的历史，过去酒肆的酒幌、水牌、鸣堂等都有促销的意思。传统意义上的促销，从根本上说是推销观念的实现方式，是店家说服顾客接受其产品的手段。现代意义上的促销是营销工程的一个环节，是为实现整个营销目的服务的。现在许多餐饮企业一提到营销，就把目光投注在推销促销上，而且集中在促销手段之一的广告促销上，连篇累牍，诉诸趋同，更由于产品生产缺乏顾客视角，不能与顾客需求沟通，导致广告无效，劳民伤财。于是便会形成这样常见的状态：媒体说某家企业好，顾客心静如水，毫无反应；批评某家企业种种不是，信息便会十里传扬。有见识的餐饮企业目前已放弃靠媒体传播企业形象的方式,一般更依赖口碑。

三、餐饮市场营销的基本要求

（一）餐饮营销应满足宾客的需求

现代餐饮营销首先强调的是满足宾客的需要。餐饮经营者在日常的经营管理过程中,必须去发现并满足顾客的需求,尊重顾客的需求,并且充分认识到顾客需求和企业利益之间的依存关系,满足顾客的需求越多,企业的利润也就越多。另外,餐饮经营者还要思考两个问题:一个是顾客已经有了什么,他们还需要什么,这两者之间有什么差距;第二个问题是,顾客现在需要什么,他们对自己的需要是否已经意识到,如果意识到了,他们会在消费过程中,如何进行决策。这两个问题涉及餐饮产品的设计及营销手段的使用。

（二）餐饮营销具有连续性

餐饮营销活动是一个连续不断的管理活动,它不是一次简单的促销活动或简单的决策。单独的一次促销活动或一项决策,只是整个餐饮营销管理工作中的一项内容。所以,餐饮的经营者必须制订好精细的营销计划,落实好一系列的营销活动,而且还要着眼于未来企业的发展,立足长远,为适应市场的变化而获得能够长期经营成功的营销思想和战略。

（三）餐饮营销应有步骤地进行

餐饮营销应该有步骤地进行。餐饮营销工作是一个有计划、有步骤的过程,各项计划和活动的实施,必须要有计划、按步骤的进行,而且每一项营销活动都要一步一步地去落实、去推进。

（四）餐饮营销调研起着关键作用

餐饮营销活动的实施,需要以市场调研为基础。通过市场调研,企业能够清楚地认识到顾客的需求;通过市场调研,可以进一步确认顾客的需求。在确认顾客的需求、预见顾客的需求以后,才可以更好地为顾客提供满足他们需求的餐饮产品和餐饮服务。因此,要做好餐饮营销工作,首先必须进行深入细致的市场调研,这样才能确保餐饮营销工作具有针对性。

（五）餐饮营销需要各部门精诚合作

餐饮营销工作不可能由某一个独立的部门来完成。在餐饮营销工作过程中,需要各个部门特别是前、后台两大关键部门同心协力,没有前台、后台部门的支持和配合,餐饮的营销工作很难有效地开展起来。所以,餐饮营销工作的开展,必须要发挥团队合作精神,保持各个部门的通力合作。

（六）餐饮营销应注意与同行、相关行业搞好合作

任何一家餐饮企业,在推行餐饮营销活动的过程当中,都要注意与同行、与相关行业搞好合作关系。同一行业中的各个企业,在进行营销的时候,有着许多的合作机会。现代餐饮市场发展变化较快,竞争和过去也不相同。现在强调的是既竞争又合作,在合作中竞争,这样才能够促进整个行业的发展。整个行业发展提高了,餐饮企业也能够获得水涨船高的效应。另外,餐饮营销活动的组织,还需要得到诸如新闻媒体、社区以及当地行政部门的协调和支持。因此,在餐饮营销的过程中,必须和同行以及相关行业搞好合作。

第二节 餐饮营销策略

现代餐饮企业的发展需要营销人员必须具备仔细区分顾客消费需要、划分合理的细分市场的能力,能够根据自身条件和子市场状况,正确选择目标市场,在目标市场上树立理想的产品和品牌形象。其实,这一系列的过程就是餐饮目标市场营销战略的实施过程。餐饮营销策略就是运用市场经济的理论,结合餐饮行业的实际,为餐饮企业在市场激烈竞争中如何获得成功而设计、规划的一些思路和技巧。选择正确的营销策略是现代餐饮业经营管理的重中之重。近些年,营销策略的名目层出不穷,有传统的 4P(product、price、place、promotion)营销,也有改良后的 4C(customer needs and wants、convenience、communication、cost to customer)营销,还有后来出现的 4R、4S、4V 等营销模式,但无论市场如何变化,营销策略如何创新,我们都不能否认任何一种营销策略所产生的价值,更不能偏执一词、随波逐流地大赞 4C,或批评 4P。其实,这五种理论现在仍然都适用,任何时候都不会过时,只是在不同的企业、不同的行业、不同的市场、不同的经营背景下各有选择。下面介绍六种餐饮营销策略。

一、定位策略

俗话说"一步差三市",是说咫尺相望的店铺,其人气兴旺度有时会有巨大差别。但这个"市"并非仅指繁华度,更多是指与定位相适应的"市道"。定位是任何一个营销行为或活动的前提,不然,就像无头苍蝇,不明方向和目标,不知所向何方。餐饮业的核心优势在于菜品的特色和服务的个性,但经营的成败却取决于营销和管理的全方位定位。

(一)餐饮市场定位的概念

餐饮市场定位,是指餐饮经营者在一定经营条件下选择一定类型的客源,在合适的消费环境中用质价相符的产品和服务来开展业务经营活动的市场营销手段。一家餐饮企业在进入市场之前,应该首先对市场进行充分调研,分析目标市场上同类餐饮产品的竞争状况,针对宾客对该类餐饮产品某些特征或属性的重视程度,为本企业的餐饮产品塑造强有力的、与众不同的鲜明个性,同时塑造独特的品牌形象和风味个性。准确定位是餐饮企业保持经营稳定和发展的基础,也是实施整合策划的前提。例如在台北有家女性餐厅,其经营方式甚是别具一格,店主、服务员、调酒师、歌手等都是清一色的男士。老板此举立足于女士们做腻了家务及不甘受人摆布的心理,女士们来此可享受到男人们为他们提供的一流服务。所以,生意异常兴隆。

正确认识、理解、把握餐饮市场定位的概念,要掌握市场定位的内容,包括定客源(类型、层次、距离)、定产品(风味、品种、结构)、定质量(味形、色香、量器)、定价格(毛利、单价、结构)和定环境(特色、个性、主题),其中客源是中心,环境是基础,产品是关键,价格是杠杆,质量是保证;市场定位工作体系;市场定位的量度关系。

（二）餐饮市场定位的依据

餐饮市场定位的依据主要有以下几点：投资人的经济实力和企业等级规格的高低，可选目标市场的份额和潜力大小，新兴地区或区域的发展规划和市场前景，企业自身的市场竞争和开发实力的大小。企业自身的市场竞争和开发实力主要表现在：企业地理位置的优越程度；企业交通条件的方便程度；装饰布置的个性特点和形象吸引力的大小；产品风味和质量的适应程度；企业经营管理能力的强弱。

（三）餐饮市场定位的工作内容

餐饮市场的定位主要是针对目标市场的消费群体定位。餐饮市场有着庞大的顾客人群，从理论上讲，地球上有多少人口，餐饮市场的潜在顾客就有多少。一个餐饮企业是无论如何无法同时满足形形色色消费者的消费需求的。因此，就必须进行目标市场消费群体定位。

餐饮市场定位的第一步就是市场细分，即将市场上完整的消费群划分成不同的层次，认真分析其具体结构，了解各层次顾客的消费特征，根据不同顾客的不同需求进行有条件的挑选，列出不同层次消费群体的需求和欲望特征，有针对性地投其所好。例如以家庭消费为主的餐厅，一般应该以家常菜为主，满足家庭聚餐的需求趋势；以追求地位感的消费者为主的餐厅，应该只接待有一定层次的顾客，在服务上要注重满足消费者的地位感和成就感、荣誉感；以休闲消费群体为主的餐厅，需要营造一个愉快、轻松、雅静、休闲的环境和氛围，一般特别讲究文化底蕴。另外，企业定位准确最大的好处就是能使消费者产生购买意向。近几年风光无限的沈阳"小土豆"品牌在进入京城市场时，再次细分目标消费人群，先后推出阳光系列海鲜店、刚记海鲜排档系列、渔公渔婆海鲜超市系列等以经营海鲜为主的系列店。其"超市海鲜"、"平民海鲜"的新概念，在餐饮界引起极大震动，颠覆顾客以往对海鲜的价位认识，率先将现代餐饮超市概念和深层次的排档式餐饮文化呈现在消费者面前，有机地实现了产品定位与消费者心理取位的对接，成为海鲜餐饮经营的一大亮点。

餐饮市场定位的第二步是树立起与众不同的市场形象。在选择了具体的目标市场之后，经营者就应考虑饭店应树立什么样的企业形象来博取客人的好感与信赖，决策时要从客人的立场来思考问题，忧客人之忧、乐客人之乐。企业形象是企业文化的外在表现，大多数顾客都会被独具匠心、风格鲜明的企业文化主题所吸引。例如，香港某酒楼推出满汉席，它是由清宫廷的满汉全席衍化而来的，酒家提供可摆40桌的宴会场地，划分娱乐和御膳两区，依照清延宫女及侍卫打扮的服务员站立两旁，娱乐厅搭置亭台楼阁，备有金龙缠身的黄袍，客人还可穿戴龙袍扮皇帝，席间还有乐队演奏，"宫廷舞女"翩翩起舞，民间艺人献艺，文人骚客弄墨，真是好不热闹。光顾过的客人说：眼福多于口福，排场胜过佳肴。豪门大贾们纷纷光临，不少人竟用10万港元之巨资吃一席皇帝饭。

餐饮市场定位的第三步是宣传媒介的选择。饭店的市场形象一经确定，就应通过宣传媒介向目标客源市场传递和宣传。宣传要注重简练、具体，强调特色和顾客所能获取的好处，与此同时，挑选合适的媒介也是十分必要的。在选择时既要注意媒介在饭店目标市场的影响力，又要注意节约广告开支。比如针对中青年女性，选择流行的时装杂志作为宣传媒介，就能收到较理想的效果。

餐饮市场定位的第四步是餐饮产品的设计。餐饮产品能否被顾客接受并使客人满意是检验饭店经营质量优劣的标准,也是进行市场定位需最终达到的目的。同时通过产品的魅力又可加深酒店在顾客心中的地位,巩固酒店所树立起的信誉。

资料链接

光彩女性

都说酒店要充满"官气"、"贵气"、"财气"方能财源茂盛,餐饮营销活动大都以男性顾客为营销对象,而这个案例中的酒店却是以女性为主体的独特客户群定位营销活动。这家酒店不大,坐落在苏州一个主干道的末梢,三层楼三百多个餐位,装修精致、格调清新,因为与投资人很熟,"库克船长"无疑被邀请去做开业策划。当提交整个营销方案时,有些出乎投资人意料,活动内容居然是"百年银饰——为姑苏光彩女性",也就是说这家酒店将核心客户人群定位为女性。

整个活动安排是:开业时将有三百件百年以上各式银饰展览,并在开业前通过各种渠道发布"银饰展"消息,引发媒介与市民的关注,在展览开幕当天发放"光彩女性卡",在为期一个月内,持卡女性消费者消费总额前十位可在银饰展品中按序任选一款作为赠品,因为银饰的品质很好,很多受邀女性都领取了消费记值卡,并暗自选中了一款银饰,这对客人已有心理期待,因为规则规定消费最高者先选,许多女性心中已有了中意的饰品,就怕被先选者选中,为了获得优选权增加消费额,就把记值卡的内容告诉亲朋好友,希望他们都来消费以增加累积的额值,一时很多平常消费频繁的人士都能接到相同内容的求助电话,无疑此时,酒店已开发了一批新客户。其中,有位电视台"单亲"女主持人,为儿子挑了一件"长命锁",又苦于自己经常外出采访,无法以消费累积消费额,打电话与酒店商量能否先付钱作为累积额,以后再消费,最后她充值了一万元,这可能已是这把"长命锁"几十倍市值。每次去这家酒店,粗略观察客人总有超过六成的女性客人,这件事后也让大家领会了"美丽"与"财富"很近。此次营销活动的成功在于让女性成为"说客",从中也看到了女性不顾一切的钟爱。最后,"库克船长"总结了重要的一条,因为这家酒店的四人座的卡包特别多,适合小群体,应该邀请更多女士的参与,这可能也就是以女性为核心人群的重要理由。

二、品牌策略

(一) 餐饮企业的商标设计

餐饮企业商标是代表餐饮企业形象的特定符号,主要由图形或图形化的文字构成。它通过造型简单、意义明确的统一而标准的视觉符号,将餐饮企业的企业文化、经营理念、经营内容、经营规模、服务特色等要素,传递给广大消费者。好的餐饮企业商标具有良好的亲和力,不仅可以给顾客留下长久、美好和清晰的印象,还能有效地清除阻碍消费者走向产品的心理障碍,引起人的情感共鸣,从而打动人、感染人,并引起亲近的心情,达到树立餐馆形象,增加经济效益的目的。比如提起麦当劳,人们立刻就会想到金黄色的M形拱门和小丑打扮的麦当劳叔叔,鲜明的视觉形象、温馨的店堂气氛,还有麦当劳的质量和服务。国内餐饮企业商标存在的问题在很大程度上还是由于缺少主题定位或主题定位不准确造成的。所以,要设计出好的标志,必须首先确定好的主题。

对于餐饮企业标志的主题定位,应主要从以下几点进行考虑:首先,应与企业发展战略目标密切相关,一个餐饮企业未来的发展目标,决定了它的规模,同时决定了它未来的形象实力;其次,同企业从事的行业密切相关,同它的主导产品形象相关联,由此决定企业形象的行业特征及个性特征;最后,应同该企业的经营理念、社会价值观相关联。如上海百乐门大酒店的标志,将繁体的"门"巧妙设计成中国传统拱门的基本图形,像一个眉长目秀、笑口常开的寿星,嘴形如酒杯,而眯眯的眼,永远微笑服务,隐含"进我店门,百事快乐"的企业文化。吉事客餐饮连锁是一家西式餐饮连锁店,其标志以"吉事客"的"吉"字和苹果的造型为设计元素,将图形和文字巧妙结合,欢快的笑脸体现出其活泼、调皮、阳光健康的形象,传达出"吉事客"的企业文化理念,为客户提供健康的食品和微笑的服务。

(二)餐饮企业的品牌文化建设

21世纪是品牌的时代,任何组织和行业在面对日趋激烈的市场竞争时,都无法把品牌二字置之度外。品牌对于企业来说是核心竞争力,是一种无形的且具有巨大价值的产品。餐饮企业品牌是企业文化的具体体现。对于餐饮企业来说,餐饮品牌的树立能够引发顾客的消费心理偏好,建立客户的友好感情,增强消费者的认同感和对品牌的忠诚度,从而达到营销目的。比如全聚德、东来顺等老字号餐饮业的品牌,兼有满足尝新、怀旧的双层职能,在社会影响、饮食文化和优化企业中有无可比拟的品牌优势。

企业的品牌是指企业产品(或服务)在消费者心目中区别于其他同类的个性风格,是企业独特性和不可替代性的基本标志。品牌的科学定位是能保持旺盛生命力的基础,企业品牌定位不准,直接导致产品形象的缺失,随之而来的就是影响企业的经济效益。世界营销大师阿尔·里斯曾说过:"国家实力增长并不完全依赖于制造产品,更多的在于品牌创造。世界上经济发展比较好的国家,基本上都不完全是依赖产品成功的,他们是依赖他们的品牌而走向世界的。有了可以称为品牌的产品,有了企业家支撑去生产,有了懂得品位的消费者,就可以形成强大的产品市场,从而形成强势品牌。"

品牌必须具有鲜明的个性以及独特的差异性优势。一个好的品牌定位,能很好地在第一时间占领消费者的心智资源,在消费者有限的心智资源中占领首要位置,并能在消费者有消费需求的时候第一时间考虑到该品牌产品。

企业的品牌建设对企业生存发展有重要意义:第一,品牌可以增加企业的凝聚力,不仅能使员工产生自豪感和归属感,并且能使员工愿意为企业发展而努力;第二,可以增强企业的吸引力与辐射力,有利于提高企业的美誉度和知名度,好的品牌可以吸引投资、人才等各种资源;第三,品牌是提高企业的知名度和强化竞争力的一种文化力,这种文化力是一种无形的巨大的企业发展的推动力量。有人说:"如果你想了解美国文化,那你只要抽一支万宝路香烟、吃一份麦当劳汉堡、喝一瓶可口可乐、穿一件李维斯足矣。"可见,品牌背后是文化。餐饮品牌文化是在清晰的餐饮品牌定位的基础上,利用各种内外部传播途径形成受众对品牌在精神上的高度认同,从而形成一种文化氛围,继而通过这种文化氛围强化客户的忠诚度。品牌文化建设作为一种更高级别的发展模式,在中国的餐饮业中发展的程度还远远滞后于像麦当劳、肯德基、必胜客等国外餐饮企业。据有关资料统计,一家麦当劳的分店一年的营业额在1800万左右,相当于很多国内餐饮企业全年的总营业额。其原因是具有品牌效应和不断创新的产品作为支撑,不断完善优势品牌的形象,不断吸引着消费者,而绝大多数中式餐饮企业缺少品牌支撑,导致经营困难,难以形成持续吸引顾客的新产品或优势品牌形象。

2011年,美国知名财经杂志《福布斯》推出了一个"全球最开心的品牌"榜单,细数那些最得人心的品牌产品,上榜的品牌涉及"衣食住行"。有人们喜爱的苹果产品,有服饰品牌,也有餐饮品牌如星巴克、可口可乐。欧洲工商管理学院的市场研究教授皮尔·查东表示,一个品牌能够创造一种"令人愉悦的情感"是一件罕见的事情,而创造这一感觉的"罕见产品"不仅能够提供"享乐主义",而且对使用者和消费者来说具有一定的"象征价值",也表示他们对一个品牌形象的认同。

餐饮企业的品牌定位要落实到整体性,最后达到内外统一、情理统一,消费者和企业引起共鸣、良性互动,产生效益双赢的结果。不管餐饮企业的性质、经营品种、服务对象如何,都要使消费者过目不忘,一见如故。如具有贵州苗家风情的"竹筒鸡",黑龙江边的"野生大鱼坊",浪漫现代的西式烧烤店,有清宫装饰格调的宫廷菜馆等,均是以直观生动的品牌形象营销的成功案例。

要强调的是,在商品逐渐同质化的市场环境下,产品之间的质量差异越来越小,消费者的注意力逐渐转移到产品的品牌传播、品牌特色、品牌形象以及品牌维护上来,并且以此作为自己消费的标准。IBM前CEO路易斯·郭士纳就曾说:"未来竞争的唯一利器,就是消费者怎么看你,即你的品牌形象。"这个也是营销效应。可见,树立品牌形象战略,才是餐饮业的出路所在。

三、产品策略

产品或服务是企业满足市场需求的载体,产品策略直接影响和决定着其他营销组合因素的管理。因此,每一个企业都应致力于产品质量的提高和产品组合结构的优化,以更好地满足市场需要,取得更好的经济利益。

(一)餐饮产品的概念

现代营销认为,产品是指由企业提供给市场,能引起人们注意、获得、使用或消费,从而满足某种欲望或需要的一切东西。餐饮产品是餐饮企业为市场提供的具有上述属性的东西。餐饮企业促销的经营活动都是围绕着产品进行的,但这里所讲的产品是一个整体产品的概念,它是由核心产品、形式产品和附加产品三个层次构成的综合体。

核心产品(核心利益)是餐饮产品最基本的层次,又称作核心利益,是餐饮产品给消费者带来的核心效用,如充饥、荣耀、快乐等。

形式产品(展现成分)是餐饮产品的第二个层次,又叫展现产品形式,是餐饮顾客核心利益赖以存在的载体,如菜品、建筑物、装饰、装修的有形物,也可以是地理位置、周围环境、餐厅气氛、服务形态、服务能力、听觉、嗅觉、触觉感应等无形成分,这一系列的因素都能展现餐饮产品的核心利益。实际上,一个餐饮产品的形式产品部分,就是上述这些负载核心利益的有形物和无形成分构成的综合体。

附加产品又称为附加利益,是指餐饮产品提供的满足消费者核心利益之外的附加效用。它是现代产品概念中加入的第三个层次,是产品概念演变的结果。如:餐饮企业为客人免费泊车、洗车、为预订客人送餐、为陌生顾客电话咨询、为等待聚餐的客人减少等候时间或改善等候状况以及保证菜品质量和数量、注重饮食营养搭配等。产品的附加层使得营销人员必须正视购买者的整体消费系统,正如美国学者西奥多·莱维特所说:"现代竞争并不在于各家公司在其工厂中生产什么,而在于它们能为其产品增加些什么内容,诸如包装、服务、广告、客户咨询、融资、送货、仓储及人们所重视的其他价值。"用这种附加产品策略的营销者会发现,提供附加产品增加了企业在有效竞争中的机会。

(二)餐饮产品的标准化策略

餐饮行业是典型的服务行业,餐饮产品是典型的服务产品,但无论是有形产品还是无形产品,质量永远是餐饮企业生存和发展的保证。一家餐饮企业的产品质量不够好,是很难在行业中得到长远发展的,更不可能形成品牌。消费者越趋成熟,对产品质量要求就越高,对产品质量的辨别和区分能力也就越强。餐饮企业为了增加收益而降低产品质量的做法,就如杀鸡取卵,最终不仅不能提高餐饮企业的收益,相反,将失去顾客的信任,即失去市场。餐饮产品的标准化主要涵盖以下三方面内容。

1. 生产流程的标准化

这里所说的生产流程的标准化与中式点菜生产方式并不矛盾,它具体表现在原材料加工标准化、产品定量标准化、制作工艺标准化、产品质量标准化等。通过这四方面的努力,来实现餐饮产品多样化和个性化的目标。

2. 服务过程的标准化

餐饮产品是无形服务与有形产品并重的"混合型"产品。因此,所提供的产品不论是在物质上还是在服务方式上都应该有标准。而不能因为服务人员性别、性格、受教育程度及职业培训程度不同,为宾客提供的服务也各不相同;另一方面同一服务员在不同的场合、不同的时间,情绪不同,其服务方式、服务态度也有一定差异。因此,必须制订一整套统一的标准,来提高服务质量,来提升餐饮产品的质量。

3. 环境装饰统一

一个品牌下的各个分店应该有统一的装修风格。统一的环境装饰给人以一种辨识和认同,在某种程度上是一种免费的广告宣传。对于老顾客来说,环境装饰的统一还会带给他们联想和归属感。

资料链接

麦当劳营销策略中的高度程式化

尽管世界各国的市场都无一例外地在不断变化,尽管不同国家的市场环境存在着极大的差别,但整个麦当劳无论是美国国内的连锁店还是遍布世界各地的连锁店,几乎都采取了一种高度程式化的相同的营销管理模式,采取一种无视市场差别与变化的以不变应万变的市场营销策略。麦当劳的这种高度程式化的营销策略集中表现在以下几个方面。

1. **产品的标准化。** 20世纪40年代麦克唐纳兄弟创建了麦当劳这家快餐连锁店,60年代克罗克以270万美元收购了这家快餐店的一切资产,历经70余年的发展,早已是全球最大的快餐企业。然而,在其整个的发展过程中,麦当劳向顾客提供的食品始终只是汉堡包、炸薯条、冰激凌和软饮料等。即便有变化也只是原有基础上的细微变化,例如,在汉堡包中增加点鸡肉。70年代末,麦当劳开始涉足跨国经营,其遍布世界各地的连锁店早已逾万家。尽管不同国家的消费者在饮食习惯、饮食文化等方面存在着很大的差别,但是麦当劳仍然淡化这种差别,向各国消费者提供着极其相似的产品。麦当劳对食品的标准化不仅有着定性的规定,而且有着定量的规定。例如,汉堡包的直径统一规定为25厘米,食品中的脂肪含量不得超过19%,炸薯条和咖啡的保存时间不得超过10分钟和30分钟,甚至对土豆的大小与外形等都有规定。这些规定在各地的连锁店中必须严格执行,并且每年会进行两次严格的检查。

2. 分销的标准化。无论是麦当劳自己经营的连锁店还是授权经营的连锁店,店址的选择都有着严格的规定。最初的店址规定是:5公里的半径范围内有5万以上的居民居住。后来这一规定被更改了,规定连锁店必须建于繁华的商业地段,诸如大型商场、超市、学校或政府机关旁边等。这一规定沿袭至今并且作为选择被授权人的重要条件之一。不仅如此,而且所有连锁店的店面装饰与店内布置必须按照相同的标准完成。

3. 促销的标准化。麦当劳在其整个经营过程中始终都坚持以儿童作为主要促销对象,其促销理念是吸引儿童消费就吸引了全家消费,为此,店内有供儿童娱乐的场所和玩具。其促销的方式主要是电视广告。为了使所制定的各项标准能够在世界各地的连锁店得到严格执行,麦当劳设立了汉堡包大学,以此来培养店长和管理人员。此外,麦当劳还编写了一本长达350页的员工操作手册,详细规定了各项工作的作业方法和步骤,以此来指导世界各地员工的工作。

(三)餐饮产品组合营销策略

1. 餐饮产品的优化组合

产品组合是一个餐饮企业经营的全部产品的总称。企业为了保证经营和管理达到最佳的效果,不仅要不断开发和设计新产品来吸引消费者,更为重要的是如何运用优化组合的原理来设计新产品。优化组合就是根据企业的经营情况和就餐人员的个人情况,利用各种原料的特性、特点、营养成分或食疗效果,有目的的设计或制作成一系列新的产品,来满足广大消费者或特定群体个性化的需求。优化组合的产品要求:营养合理、符合卫生、讲究食疗、风味独特、制作快捷和产品多样化。因此,"优化组合"这一概念,自然成为餐饮企业产品开发的首选,如饮食结构的优化组合,这个优化组合包括每人每天保证摄入多少蛋白质、糖、水、盐、蔬菜、水果、脂肪及各种微量元素,每日三餐该如何搭配食品种类,哪些食物配置能发挥最佳、最全面的营养效果,什么食物不宜混食等,从而在饮食的结构组合上和一日三餐的安排上达到人体营养的最佳效果,这就是饮食结构的优化组合。而餐饮产品的优化组合,就是运用各种原料固有的特性、特点,将餐饮产品的设计达到科学、合理、营养、卫生、多样化的要求,如宴席中冷菜、热菜、蔬菜、羹汤、饭点等所占的比重,各原料所占的比重,口味的比重,质感的比重,营养的比重和各种烹调方法所占的比重,这些比重是否都能达到优化组合的要求或所提供的餐饮产品或宴席菜单,是否对就餐者具有指导性的作用。此外,也要考虑到餐饮生产的优化组合,即在传统餐饮生产的基础上,运用优化组合的原理将传统生产工艺加以改良和完善,使其符合标准化生产和个性化生产的要求,以提高工作效率和产品质量。

2. 餐饮产品的创新设计

(1) 营造风格迥异的就餐环境和气氛。餐饮创新是一项日常性的经营工作,它不仅包括菜肴的创新,更是一个综合性、全方位的创新。营造风格迥异的就餐环境和气氛,也就是说要进行餐饮产品创新,环境创新是一个非常重要的内容。我们在就餐环境上做一些改变,也能够吸引客人,给客人一种新奇感。例如,很多酒店每年都会搞各种各样的食品促销活动或组织各种各样的美食节,向客人推荐介绍具有区域性差异的餐饮产品,在介绍这些产品的时候,如果就餐环境不发生变化,在环境的营造上不做调整,那么就无法营造一种特殊的氛围。

(2) 不断组织美食推广活动和文娱活动。美食推广也是推出新产品,吸引客人眼球的一种方法,而回头客越多,他们就会对产品提出越高的要求。同样是一份菜单,如果他经常来光顾,他必然会觉得没有变化。所以很多的餐饮企业通过组织各种各样的美食节及美食推广活动,给客人一种新鲜感。

(3) 员工服饰出新,给人耳目一新的感觉。无论强调饮食文化建设,还是强调就餐环境的营造,都不能忽视员工,不能忽视员工的服装。员工的服装在环境的营造当中能够起画龙点睛的作用;员工的服装是饮食文化的一个重要元素。所以,员工服饰的变化往往对环境氛围的烘托起到关键作用,也能给人耳目一新的感觉。现在很多的餐饮企业不太注重员工的服装设计。无论是款式,还是色彩的选择上都有很大的问题,都可能影响到整体的氛围。

(4) 菜单多样化、烹调灵活化。每个餐厅都有一份固定的菜单,除了这一份固定菜单以外,可以适当做一些变化,这种变化不在于菜单要增加多少,而是要能够吸引客人的眼球。现在很多的酒店不仅有固定的零点菜单,还有每日特选菜单、厨师长特选菜单、本店特选菜单、海鲜菜单等一大堆。只要客人坐下来,轰隆隆全部推到客人桌上,让客人眼花缭乱,不知道该吃哪个好。这其实不是一件好事情,反而增加了客人的负担。所以,菜单的多样化,其实强调的是菜肴产品要不断地变化、翻新。比如,有的酒店在餐厅里设立一个透明的点菜台,明档做得很漂亮,摆放着各种各样的菜肴成品或半成品,明档里的菜品叫什么名字不重要,客人去点的时候,看到这个好看,那个新奇,他马上就会跟服务员说:我们来一份这个。最后,可能客人吃完了,他也不一定能记住这个菜的名字。但这种多样化的点菜方式给客人带来更多的选择,而这种选择,又促进了产品的销售。另外,在推出新产品的时候,要更多地考虑到顾客的一些新的需求变化。因此,很多餐厅服务员会经常去询问客人:您希望这道菜怎么做?很多客人对某些菜有一些特殊的要求,这也是我们在进行产品组合的时候,要充分考虑的。例如,俏江南有道著名的菜肴"石烹豆腐花",将鲜豆浆倒进玻璃盅,食客能亲眼看到豆浆凝固成豆腐花,一切程序都在眼前,新奇有趣。再如餐厅在卖水产品的时候,都会问客人:要清蒸、红烧,还是椒盐,或用其他方式等。这就是通过烹调的灵活化,来增加客人的选择面,让客人有更多的选择。

3. 策划全新的宣传品和纪念品

餐饮企业在经营过程当中,要根据餐饮营销的需求来设计宣传品或纪念品。宣传品实际上是为了吸引客人的眼球,宣传品设计的好坏,往往会影响到客人对餐厅的评价。这种评价,既是对经营者的经营思路,对经营者自身的文化素养、艺术和鉴赏水平的评价,同时更多的是对整个酒店、对整个餐饮企业的整体实力的评价。所以,在策划和设计宣传品的时候,一定要能够体现企业自身的特色,体现企业的艺术和文化内涵。策划全新的纪念品,实际上就是要根据不同的宣传阶段来推出有针对性的、能够吸引客人的一些纪念产品,这样才真正能够给客人留下深刻的印象。也就是说,餐饮企业在设计宣传品或纪念品时,必须要和最近所举办的或要推出的餐饮促销活动结合起来,这样才能够吸引客人,给客人留下深刻的印象。

（四）餐饮产品与服务组合营销策略

1. 扩大或缩小经营范围

扩大经营范围的策略,指扩大产品与服务组合的广度,以便在更大的市场领域施展作用,增加经济效益和利润,并且分散投资危险。缩小经营范围的策略,指缩减产品和服务项目,取消低利产品和服务项目,从经营较少的产品和服务中获得较高的利润。至于采用扩大还是缩小经营范围的策略,往往取决于餐饮经理的经营思维。总之,企业利用自己的上风,提供既是市场需求,又是本企业所擅长的产品和服务,将是增强竞争力的策略。

2. "高档"或"低档"产品与服务组合策略

所谓"高档"产品与服务组合策略,就是在现有产品的基础上,增加高档高价的产品与服务。所谓"低档"产品与服务组合策略,就是在高价的产品与服务中增加廉价的产品与服务。这两种策略均有风险。"高档"不会轻易令消费者相信,"低档"可能会影响原有高档产品与服务的形象。治理者要切实分析企业的市场地位和市场变化情况及企业实力,以便有的放矢恰如其分地推行相应的策略。

3. 产品与服务与众差异化策略

产品与服务与众差异化的理论基础是,消费者的兴趣、愿望、心理流动、收入、地域位置等方面存在差别,因此产品与服务也必须有所差别。假如企业要在市场上获得生存和发展,就必须使自己的产品与竞争者的产品有所差别,向消费者提供更多利益和享受,并不断努力,保持和扩大这种差异,力求在竞争中立于不败之地。

4. 发展新产品策略

企业应根据市场需求的变化,跟着消费者的兴趣、市场技术、竞争等方面的变化而变化。向市场不断推陈出新,弃旧迎新,向市场提供新产品和新服务。这是企业制订最佳产品策略的重要途径之一,也是企业具有活力的重要表现。

资料链接

美国饭店业的服务营销组合

美国饭店业为了争夺日本游客,在许多方面对其服务规范进行了重新设计。从服务营销组合的观点看,美国饭店对服务规范的重新设计,实际上就是突出了服务营销组合中"人"和"过程"这两个要素。

美国饭店业对服务营销"人"要素的策划:(1) 安排专职对日服务人员。如美国的四季度假饭店安排日语流利、有丰富对日服务经验的专职经理,专门负责接待日本游客。(2)调整总台服务人员。如有的饭店在总台增加懂日语的服务人员。(3)安排提供特别服务人员。美国芝加哥四季饭店考虑到,日本客人生病或需要医务人员的护理和有些带孩子的游客要到城里去宵夜,需要找人看护孩子,就增加了懂日语的医生和照顾孩子的临时保姆。(4)让员工熟悉日本文化。日本客人有时对服务质量期望很高,觉得美国的服务较冷漠。这实际上是由文化差异造成的。美国许多饭店服务人员对日本人的礼节很不习惯。为了消除这种隔阂,美国许多饭店对员工进行培训,让他们对美日之间的文化差异有一定的了解。有的饭店还专门聘请日本礼仪专家做顾问。

美国饭店业对服务营销"过程"要素的策划:(1)提供适合日本游客的接待手续。日本商务团体常常有等级次序,这在入住排房、签名等问题上有所表现。美国饭店业在办入住手续时较好地处理了这个问题,如芝加哥四季饭店的总经理,在客人入住后,立即派人送上有其亲笔签名的欢迎卡。(2)制定针对日本游客的服务"政策"。如美国饭店与"日本语翻译服务系统"(JAN)联网、提供东京股市行情、欢迎日本客人使用SCB卡(日本信用卡),提供地道的日本料理、日语菜单、日本客人喜欢的拖鞋、和服、日式浴衣和浴室。(3)安装娱乐活动。日本人喜欢打高尔夫球,尤其喜欢参加著名高尔夫球俱乐部举办的培训,美国饭店尽量为他们安排。在天气不好时,还安排室内活动。(4)指导观光游览。如许多饭店备有日文版的当地城市游览指南和地图。有一家饭店还别出心裁,设计了一种"信息袋",里面盛有各种"游客须知",如支付小费的标准、娱乐及观光等注意事项。

四、价格策略

中国餐饮市场无论从数量,还是结构来看,都已能够满足旅游业目前及下一步发展的需要,这一市场也形成了竞争非常激烈的状态。价格是最基本的竞争手段,也是最主要、最原始的竞争手段。价格竞争中,最基本的一个要求就是质价相符、物有所值,并不是越便宜越好,有时候太便宜了反而卖不出去。因为消费者往往有一个思维定势,就是经常说的"便宜没好货",再一个思维定式是"买涨不买落"。所以,不是说价格越低越好,但这里也有好的一面,就是通过激烈的市场竞争向消费者让利。尤其在市场"价格战"竞争中,餐饮企业必须在实施产品策略之前,对竞争对手的价格体系和策略进行充分研究,实现知己知彼,最后决定自身服务(产品)的价格策略。具体说来,有以下六种常用的定价策略。

(一)高价位定价策略

这类定价策略适合知名度高的品牌企业,但是实行这种策略通常要具备两个条件:一是菜品的独特性,市场无竞争对手,容易在市场中占据主导地位;二是餐饮企业本身的品牌效应要强,信誉卓著,具有一定的高消费顾客群。

(二)渗透定价策略

渗透定价策略也称低价策略,是指餐饮企业将推出的餐饮产品以较低的价格投放市场的策略。为了促销新产品、出清存货或加快现金周转,餐饮业把菜单的某些价格定在比成本低或接近边际成本的价格,以扩大本类产品及相关产品的市场接受率,达到薄利多销的目的。餐饮企业采取渗透定价策略,最好具备下列条件:一是市场对价格的敏感度高时,采用渗透定价策略有助于拓展市场;二是要以增加销售量来降低餐饮企业产品的单位成本;三是餐饮企业要阻止其他的竞争者进入市场而采用低廉价格的策略,应具有一定的耐受力。但具体说来,低价策略不是一种可长期使用的有效的宣传攻略。餐饮企业利用减价来进行所谓的产品营销,很容易被顾客将其产品与廉价低质产品联系起来,最终将对品牌造成巨大的损害。

(三) 折扣定价策略

完全是利用消费者乐于享受各种优惠待遇的心理需求而制定。在实际操作中,折扣定价策略包含真实折扣和虚假折扣两种形式,真实折扣是经营者在原有菜品价格的基础上给消费者实在的优惠比例,使客人在购买此菜品时比原来便宜;而虚假的折扣是经营者用打折来吸引消费者,先提价再折扣,保持实际折扣的价格水平与原来核定的真实价格水平基本相当。由于消费者对此并不知情,所以无论真实折扣还是虚假折扣,都具有一定的吸引力。在实际工作中还可以采用回赠优惠券、免去餐费零头、发放实物礼品、赠送菜肴、免费享受特价菜等做法来吸引顾客。

(四) 时段定价策略

这一策略是根据客人就餐的不同季节、日期、时间等采取不同层次的优惠价格策略,主要有季节优惠、周末优惠、时间优惠等。餐饮企业要选择适合自身的价格策略,来达到以最小经营成本来获取最大销售利润的目的。

(五) 地点定价策略

这是一种目前流行的按地点定价的优惠策略,也叫分价消费,即把包厢和大厅的消费价格分开,店堂与外卖的消费价格分开。现在这种新兴的定价策略是店家考虑到顾客的消费能力及消费的环境而采取的手段。

(六) 心理定价策略

心理定价是最常使用的一种定价策略,利用得好可以满足顾客的消费心理。一般常用的方法有尾数定价策略、首数定价策略、固定数定价策略等。根据心理学的分析和市场调查的统计数据显示,在消费者的心目中,4.9元与5元、9.9元与10元、38元与40元的对比定价,在理性认识时,这些价格是一回事;但在实际中,消费者对这些价格的心理反应还是不一样,他们认为4.9元比5元、9.9元比10元、38元比40元便宜。因此,针对消费者不同的心理反应,餐饮产品的定价应遵循一定的要求,通常有奇数和偶数两种尾数定价法。

五、餐饮主题和事件营销策略

(一) 餐饮主题营销策略

餐饮主题营销策略是根据目标市场的消费需求和市场竞争需要,选择一个特定主题,并围绕这一主题来创造出一种特定环境和营销气氛,从而引起社会公众和目标市场消费群体的集中关注,使营销主题成为客人识别企业产品的标志和吸引顾客、扩大产品销售的刺激物。餐饮主题营销策略的实质是以特定主题为基础形成具有不同文化色彩的消费环境和餐厅气氛,它主要通过主题餐厅、主题营销活动两种形式表现出来。

餐饮主题营销活动的生命力源于科学定位,策划餐饮主题营销活动必须做到"人无我有,人有我精,人精我变"。一定要有与众不同的大胆创新,应力戒"抄袭风"、"模仿风",要通过产品创新、寻求特色等途径实现创新的目的。在创新过程中要善于借助外力,不仅仅是外部同行,要敢于向社会各界借力。餐饮主题营销活动的创新有以下几方面:一是原料创新,如开发新原料和新工艺的结合、地方时令原料和跨区域原料供给的结合、反季节原料与突破传统习惯规律原料的结合等;二是餐饮文化提炼创新,如当地餐饮文化个性的研究与文化差异性的研究、异域文化的引进等;三是创意的创新,如推广理念的突破,透过参照物体现出载体的尝试、仿古策划等;四是绿色、健康、营养餐饮理论的运用。

任何形态或方式的市场营销策略,均应以争取顾客为主要诉求,主题营销策略也不例外。根据主题餐厅营销重点,可将营销活动划分为以下三种类型。

1. 主题产品营销

主题产品是指餐厅围绕既定主题设计并提供的、能满足人们需要的实物产品和无形服务的总称,它包括三个层次,即核心部分(实物产品与服务)、外形部分(风格、特色、质量及声誉)及延伸部分(优惠条件、推销方式、付款条件等)。主题产品营销的重点就是以实现主题产品差异化为中心,通过对原有主题产品的改进、新主题产品的开发或主题产品价值延伸等营销手段,尽可能把更多的产品销售出去,以获取更高的销售额或利润。因此,实现产品差异化至关重要。

2. 主题品牌营销

主题品牌营销的重点是以主题产品为载体的餐饮品牌,它不再仅看重产品的销售,而是注重对主题品牌的建立和发展。主题品牌的塑造有助于建立顾客偏好,提高企业的市场控制力和新产品的市场渗透力。一个深入人心的品牌不仅意味着固定持续的购买,还意味着较高的售价和利润。从竞争层次上讲,主题品牌营销已经上升到品牌的竞争,这是一种更高层次的竞争,它表明对顾客利益的进一步拓展和维护。在这个阶段,主题餐厅应进行主题品牌形象规划。

3. 主题文化营销

主题文化是指导消费者购买行为深层次的东西,它自觉或不自觉地影响着人们在餐厅中的消费行为和内容。主题文化以主题产品为载体,并通过礼仪、制度、行为方式、消费程序、由颜色和声音形成的文化氛围等其他方式表现出来。因此,主题文化是一个复杂的多层次的综合体。作为更高层次的主题营销方式,主题文化营销的重点不再是具体的产品或某一个品牌,而是主题中所包含的文化,其根本目的是在了解某种文化对顾客消费行为的影响的基础上,通过精心设计的主题产品和适当的主题促销活动去满足人们内心的愿望和需要,使顾客与餐厅经营者达到一种心灵的共鸣,顾客在消费过程中获得的不仅是一种物质利益的获取,更是一种文化的交流和精神的愉悦。

(二) 餐饮事件营销策略

1. 事件营销的概念

事件营销(Event Marketing),国内有人直译为"事件营销"或者"活动营销"。事件营销是企业通过策划、组织和利用具有名人效应、新闻价值以及社会影响的人物或事件,引起媒体、社会团体和消费者的兴趣与关注,以提高企业或产品的知名度、美誉度,树立良好品牌形象,并最终促成产品或服务的销售目的的手段和方式。事件营销与媒体密不可分,但有其自身突出的利用特点,突出特征是吸引眼球,能在瞬间引起公众的广泛关注和高度参与,是建立与扩大品牌知名度的有力措施。成功的餐饮事件营销,社会公众关注度高,能在较短时间内可以使传播信息最大化,因而也是餐饮企业形象宣传或危机公关常用的方法。但这种"事件"必须是真实的、不损害公众利益的,这种可以是社会热点、新闻事件、也可以借助名人效应,也可以是企业自行或联合第三方所组织的重大活动;精心策划、组织的事件营销可以有效提高企业或品牌的知名度、美誉度,树立良好品牌形象,并促进销售提升。

2. 事件营销的类型

事件营销常用的策略主要有借势和造势两种。所谓借势(事),是指企业及时抓住广受社会关注的新闻、事件以及明星人物的即时轰动效应,结合企业或产品在传播上欲达到的目的而展开一系列相关活动,比如重大体育赛事、活动、会议或者事件,这种本身就广受关注的事件便正是事件营销的最好机遇。所谓"造势营销",就是举办活动,或制造事件,再通过大众传播媒介的报道,引起社会大众或特定对象的注意,造成对自己有利的声势,达到企业扬名的目的,进而提高品牌的知名度,在公众中建立良好的企业形象,以及改变那些对企业不友善的态度或者不利于企业的看法。归纳起来,餐饮事件营销主要有以下三种类型。

(1) 利用既定事件进行营销。一般来说,既定事件应是具有较大影响力的事件,如奥运会、世界杯等重大体育赛事、世博会等重大活动。此类事件为社会公众所关注,利用这种关注度进行旅游营销宣传可以有效扩大宣传覆盖面和提升影响力。

(2) 利用突发事件进行营销。突发事件尤其是重大突发事件是媒体与公众即时关注点,是餐饮企业形象宣传的绝好机会,应及时有效地加以利用。利用突发事件进行餐饮形象宣传,需要有强烈而敏锐的营销意识,要善于抓住机遇,及时策划运作,借助媒体,扩大影响。例如发生在2006年的"福寿螺案",使北京"蜀国演义"酒楼一夜成名,企业遭遇重大的危机,对患者的高额赔偿和经营的急剧下滑,让企业损失超过2000万元。然而该酒楼不逃避责任,主动承担错误,积极支付赔款,并邀请病愈的客户到后厨参观,请媒体现场报道,表明了整改的诚意,缓解了公众压力,给酒店带来了生机。凭借知错能改、肯负责任的态度,以及一系列强化食品安全的具体举措,"蜀国演义"重新赢得尊重,并逐渐摆脱阴影。如今,"蜀国演义"的生意已经全面恢复甚至超过了危机前的状态。老顾客重新回来了,新顾客也慕名而至,昔日顾客排队候座的火爆情景再现,直营门店也从当年事件发生时的两家增至如今的七家。以北京劲松店为例,如今企业的营业额比"福寿螺"事件前增长超过30%。有意思的是,食客们在"蜀国演义"依然可以吃到那道惹祸的"香香嘴螺肉",只不过"此螺非彼螺",原来的食材"福寿螺"已经被深海中的"角螺"所代替。从好的方面看,"福寿螺"事件毕竟让"蜀国演义"品牌家喻户晓,企业要做的就是通过自己的努力,把知名度转化成美誉度,化危机为机遇。

资料链接

王老吉品牌事件营销实践

  北京时间2008年5月12日14时28分,四川省汶川县发生里氏8.0级地震。5月18日20时,《爱的奉献》2008抗震救灾大型募捐活动在中央电视台一号演播厅举行,此次募捐活动共募集15.1429亿元人民币,创下了募捐活动的最高纪录。正是在这个活动中,中国饮料业巨子"罐装王老吉"加多宝集团以1亿元人民币的国内单笔最高捐款,诠释了这个时代最值得树立的民族企业精神,并迅速成为了中国人民追捧的焦点。人们都在怀疑一个小小的饮料企业,需要卖出多少罐饮料才能挣回1亿元?那些促销员辛苦站一天又能卖出去多少罐饮料?而据王老吉公布的财务报表显示,2007年王老吉在凉茶业务方面的总利润也就是一亿元左右,这就意味着,这次王老吉把去年企业的全部利润都捐了出去。这种社会公益活动产生的口碑效应立即在网络上蔓延,接下来的几天里,王老吉的贴吧里一下子活跃了起来,褒奖之声不绝于耳。一篇名为"让王老吉从中国的货架上消失!封杀它!"的帖子:"王老吉,你够狠!捐一个亿,胆敢是王石的200倍!为了整治这个嚣张的企业,买光超市的王老吉!上一罐买一罐!不买的就不要顶这个帖子啦!"这个正话反说的"封杀王老吉"倡议一经发出就获得了极高的点击率,而后又被网友们疯狂转载,仅仅是天涯社区论坛的转载就超过3000多条。惊人的转载量、回复量和点击量让这个帖子登上了各大论坛的首页,也引起了传统媒体的关注。当时网络上盛行一句话叫:"要捐就捐一个亿,要喝就喝王老吉。"许多网友第一时间搜索其生产商加多宝的相关信息,结果造成加多宝网站随机被刷爆。借助这次捐款门所产生的效应,王老吉在产品上市的推广上做足了工夫,"怕上火,喝王老吉"一时间成为时下最流行的广告词。最后,王老吉不但赢得了品牌推广,还赢得了2008年的销售额120亿元,比2007年的销售额整整超了30个亿。

  (资料来源:沈洁云.企业事件营销策略研究——以王老吉为例[J].现代工贸企业,2011(14):96.)

  (3)策划事件进行营销。即有意识地策划一些重要事件(活动),以吸引媒体与公众的关注,达到形象宣传的效果。由于既定事件利用的有限性及突发事件利用的不可预知性,餐饮事件营销更多的是策划性的事件营销。这种策划可以说是"无中生有",策划得好,可以取得很大成功。例如,茅台酒摔瓶子就是事件营销较早的一个经典案例。1915年,在国际巴拿马博览会上,各国送展的产品可谓琳琅满目,美不胜收,可是中国送展的茅台酒却被挤在一个角落,久久无人问津。中国工作人员心里很不服气,他眉头一皱,计上心来,便提着一瓶茅台酒,走到展览大厅最热闹的地方,故作不慎把这瓶茅台酒摔在地上,酒瓶落地,浓香四溢,招来不少看客,人们被茅台酒的奇香吸引住了。从此,那些只饮"香槟"、"白兰地"的外国人,才知道中国茅台酒的魅力。这一摔,茅台酒出了名,被评为世界名酒之一,并得了奖。此外,蒙牛集团和"超级女声"合作策划事件营销的案例也比较成功,仅仅是2005年"超级女声"的总决赛,湖南卫视就取得31.38%的收视率,也就是说,全国约有4亿的观众在收看该节目,蒙牛效应可见一斑。

资料链接

蒙牛酸酸乳：超级女声背后的超级营销策划

2005年10月，古城西安，蒙牛以"蒙牛酸酸乳超级女声"的营销创意再次斩获广告界的"中国艾菲（EFFIE）奖金奖"。12月，首都北京，蒙牛以绝对多数票当选了《法人》杂志评选的"2005最佳营销之星"。这个结果并不意外，因为今年的蒙牛确实成功利用营销手段成就了一个不小的销售奇迹，与湖南卫视联手打造的"2005蒙牛酸酸乳超级女声"，使蒙牛在酸酸乳领域的销售量从2004年的7亿元人民币飙升至30亿人民币。也许当初蒙牛成立之时，谁都无法想象这个企业能够以平均每一天超越一个乳品企业的速度，用三年时间从行业的第1119位上升到第5位，再到如今行业第2位。

和以往的营销思路一样，蒙牛酸酸乳的营销之路不是单纯的广告投放。蒙牛希望借助代表性事件，创造故事让人们记住这个产品。当时，距离"湖南卫视2004超级女声"播出已经有7个月。作为一档大众参与的娱乐节目，超级女声在2004年首次举办之时，就已经取得了比较好的社会反响。根据一份统计表明，2004超级女声的收视率直逼中央五套的节目收视率。超级女声体现的想唱就唱，自我主张的时尚精神与蒙牛一直力图打造的时尚乳饮料的形象不谋而合。正是这种内在元素的契合促使蒙牛选择"2005超级女声"作为合作伙伴，以此为平台推广蒙牛酸酸乳。2004年11月初，蒙牛副总裁杨文俊带着蒙牛完整的合作方案，飞往长沙商谈合作一事。最终，蒙牛的全方位合作方案赢得了湖南卫视的青睐。蒙牛除了投入1400万元人民币作为冠名费外，又投入了将近8000万元的费用进行其他形式的推广。首先，在歌曲营销方面，蒙牛找到了上一届超级女声的季军张含韵作为产品的形象代言人，制作了广告歌曲《酸酸甜甜就是我》。并且将其MV广告片和形象广告投放在电视、广播以及一、二线城市的灯箱和路牌上。《酸酸甜甜就是我》更借超级女声之势，成为各大音乐排行榜热门单曲。其次，在主市场促销方面，蒙牛也是精心策划一番。对于超级女生分赛场的选择，蒙牛挑选了郑州、杭州、长沙、成都、广州五个赛区。事实上，这五个赛区对于蒙牛酸酸乳的销售都有举足轻重的作用。另外，蒙牛在产品包装上也下了一番工夫，不但增加四种新口味而且在20多亿包蒙牛酸酸乳外包装上都印上了"超级女声"的字样，背景颜色也选择了蓝色、黄色、紫色等明亮色调吸引消费者的眼球。另外，蒙牛设计开通了超级女声的网站，设计邀请超级女声参赛选手通过互联网与观众互动的环节。通过多方位诠释，一个立体的超级女声呈现在世人面前。

功夫不负有心人，AC尼尔森调查结果表明，2005年6月蒙牛酸酸乳在北京、广州、上海、成都四城市的销量超过100百万公升，是去年同期的5倍。最让人瞩目的是，蒙牛乳业8月23日在香港发布了其2005年上半年的财务报告，公司上半年营业额由去年同期的34.73亿元上升至47.54亿元。央视索福瑞对主要品牌乳酸饮料的调查报告显示，2005年5月蒙牛酸酸乳的品牌第一提及率跃升为18.3%，反超竞争对手伊利优酸乳3.8个百分点，无论是品牌力还是从市场占有率，蒙牛酸酸乳都已经成为乳饮料行业的第一品牌。

（资料来源：王婧.蒙牛：超女背后的超级营销策划[J].法人，2005(12)：96.）

所以,如何利用事件来因势利导,借力发力,将自己的品牌置于社会舆论热点中,虽然不能靠"一个支点就撬动整个地球",但"四两拨千斤"之效却不是很难实现的。有的事件是可遇不可求的,看你会不会把握机会;有的事件是有轰动效应的,但其传播成本是你接受不了的;有的事件是需要你"无中生有"去制造的。如此这些,关键看你是不是会利用机会、把握机会及制造机会,将自己的品牌信息与事件一起,置身于高曝光频率的热点事件中,这需要足够的经验和技巧。但事件营销本身也是一把"双刃剑",它虽然可以以短、平、快的方式为企业带来巨大的关注度,但也可能起到相反的作用,就是企业或产品的知名度扩大了,但却不是美誉度而是负面的评价,甚至也有弄巧成拙的案例。

3. 事件营销的要素

新闻能否被着重处理则要取决于其价值的大小,新闻价值的大小是由构成这条新闻的客观事实适应社会的某种需要的素质所决定的。一则成功的事件营销必须包含下列四个要素之中的一个,这些要素包含的越多,事件营销成功的几率越大。

(1) 重要性。指事件内容的重要程度。判断内容重要与否的标准主要看其对社会产生影响的程度。一般来说,对越多的人产生越大的影响,新闻价值越大。比如在北京奥运会刘翔退赛、国人扼腕的时候,耐克迅速做出的新版不怕挫折的广告,就是切中刘翔退赛这个热点事件,与公众心理以及企业诉求点完美结合。

(2) 接近性。越是心理上、利益上和地理上与受众接近和相关的事实,新闻价值越大。心理接近包含职业、年龄、性别诸因素。一般人对自己的出生地、居住地和曾经给自己留下过美好记忆的地方总怀有一种特殊的依恋情感。所以在策划事件营销时必须关注到你的受众的接近性的特点。通常来说,事件关联的点越集中,就越能引起人们的注意。2008年,世界各地的大厂商就把中国定为他们2008年的广告主场,其中既有奥运赞助商、合作伙伴、供应商们的奥运营销,也有未入围的企业剑走偏锋,打起了擦边球。非奥运赞助商的肯德基就借此东风,从消费者情感出发,创造性地开展"胜利之翼"活动,也搭上奥运班车,实现有效推广目的。这款新产品结合代表胜利的Win,创造性地将鸡翅表现为"W"状,并通过新浪博客等渠道传播开来,活动中虽然没有说奥运,但却与奥运挂上了关系,这样的方式有效建立了肯德基奥运时期的良好形象。

(3) 显著性。新闻中的人物、地点和事件的知名程度越是著名,新闻价值也越大。国家元首、政府要人、知名人士、历史名城、古迹胜地往往都是出新闻的地方。上海某家素食馆,借着大S来上海宣传之际,利用大S的名人效应在上海掀起了一阵有机蔬菜的美食论,乘势推出各种有机蔬菜的烹饪方式,并推荐很多名人来自己餐厅评论素食进餐的好处,着实在上海掀起一阵素食风波。

(4) 趣味性。大多数受众对新奇、反常、变态、有人情味的东西比较感兴趣。有人认为,人类本身就有天生的好奇心或者称之为新闻欲本能。一件事件或事实只要具备一个要素就具备新闻价值了,如果同时具备的要素越多、越全,新闻价值自然越大。当一件新闻同时具备所有要素时,肯定会具有巨大新闻价值,成为所有新闻媒介竞相追逐的对象。富亚涂料通过经理喝涂料而成名的事件,无疑是近年来影响很大的事件营销经典案例之一,这一事件被国内媒体普遍转载。为什么具有这么大的威力呢?就是因为它的新闻价值比较高,这一事件满足了人们对新闻趣味性的追求,整个事件发生过程,曲折有趣。

六、网络营销

(一) 网路营销概述

网络营销(On line Marketing 或 Cyber Marketing)全称是网络直复营销,是指企业以信息技术为基础,以计算机网络为媒介和手段而进行的各种营销活动(包括网络调研、网络新产品开发、网络促销、网络分销、网络服务等)的总称。餐饮企业网络营销策略是通过利用网络技巧,领导受众参与流传内容,对餐饮产品、品牌、运动产生懂得、认同和共鸣,以达到受传双方双向交换的创新思维过程。这种优势是其他营销手段所不具备的。随着互联网的不断普及与深入,我国网民数量激速增长,餐饮新营销模式的发展,在传统的各种营销方式和渠道之外,餐饮网络营销已经成为越来越多商家所熟悉并喜欢的营销方式。餐饮网络营销的一个主要功能就是"吸引注意力",宣传企业的知名度。美国经济学家曾提出"注意力经济"的概念,他们认为,在信息化社会中,信息已经是一种虚拟的经济资源,最稀缺的只是人们的注意力。可以说,在商业信息爆炸的网络经济环境中,餐饮网络营销的实质就是吸引消费者的注意力,如何创造条件实现购买欲望,抓住消费者就成为餐饮网络营销成功的关键。

(二) 餐饮网络营销策略的内容

具体来说,就是通过对网络营销的内容有计划地进行餐饮热点话题议程设置,创新的内容和形式使得网络营销能够迅速影响到数以千万的庞大网络用户群,在较短的时间内覆盖最大量用户,产生轰动效应。餐饮网络营销策略的运用可以利用门户网站的首要新闻进行链接、转载、推荐、参与、评论等公开、大规模的显性形式,也可以通过个人博客、MSN、朋友推荐、小网站挂出链接、提供下载等隐性形式,使餐饮网络营销的内容成为话题的中心,从而为广告增添轰动效应。

(三) 餐饮网络营销的优势

1. 互动性

餐饮网络营销与传统餐饮营销方式相比具有一定的优势,最突出的特点就是互动性强。所谓技术上的互动就是运用多媒体技术创建具有复杂视觉效果和交互功能的新型网络营销,网络媒体的根本意义就是在于它颠覆传统媒体传播者与受众之间的严格界限,变单向传播为个人化的双向交流,给予传播者与受众转换角色的自由。商家在营销中不再居于主体,产品不再由商家调研,然后制造,并进行定位定价,最后推销给消费者。明智的消费者占据了主动权,由他们发出自己的需求信息(包括产品设计,零件配置信息等),商家只是按单生产而已。研究表明,网站的互动性会影响受众的喜好度和心理吸引程度,还会影响到用户对网站的信任程度,网络营销的互动性更能增强消费者的好感度和参与度。

2. 时效性

餐饮网络营销有助于餐饮企业进行营销预算,节约餐饮营销费用。运用网络营销只需将餐饮产品的信息输入计算机系统并上网,顾客便可自行查询,无需花大量的资金用于产品的介绍等印刷,使餐饮企业的营销费用大大降低。网络营销还有助于节约时间,减少营销过程的步骤。餐饮企业可直接将这些餐食、服务环境等图片放到网上供顾客查询,且电子版本的说明书等随时可以更新。餐饮网络营销可以为顾客提供大量的直观信息,使餐饮企业与顾客的联系及相互影响得到加强。同时,餐饮营销过程没有时间限制,可以一直进行。餐饮企业的营销信息上网后,电子"信息服务员"可一直进行工作。消费者经由网上的信息做出购买餐饮产品的决策。

3. 替代选择性

网络营销工具的快速发展,顾客可以利用这些工具快速地获取有关餐饮产品或者服务的大批信息,搜索具有吸引力的替代产品所消费的时间和金钱将大大减少。也就是说,转换餐饮产品的成本中货币和时间的成本大大减少,替代选择性大大进步了。所以,餐饮企业必须在时间成本以及转换供给商的不确定性成本上做文章,从而降低总的转换成本。

(四) 餐饮企业网络营销的具体运用策略

餐饮企业网络营销可以通过门户网站的首页广告将信息推到受众面前,运用搜索引擎、广告、E-mail、MSN、博客等形式将网民拉到信息面前,同时也运用企业自身的网站,展开系列运动。在目标受众群体的论坛中进行参与和讨论,还可以通过在线聊天(MSN)、视频等工具进行现场网络互动。总之,就是要充分整合网络资源,运用所有能够运用的方法和手段进行餐饮企业网络营销,使得目标受众在网络中随时可以看见信息并参与互动。同时重视网络营销与传统媒体的相互整合。基于网络媒体流传领域广,不受地区、时间的限制,信息流传机动,制作成本相对较低的特点,越来越多的餐饮企业将传统广告与网络营销相联合,通过传统大众媒体进行信息发布,而在网络媒体上进行组织和参与。餐饮企业网络营销具体策略如下。

1. 双向沟通,供给增值服务,注意与客户的双向信息沟通

充分利用各种体验营销方法在网络上进行品牌流传,不但可以大领域地流传餐饮消费者所爱好的体验,吸引目标消费者,达到产品销售的目标,更能通过给予消费者人情化、感性化的体验,与餐饮消费者建立一条特别的情绪纽带与沟通渠道。因此,在进行网络营销创意时,必须基于食客的角度及心态展开思考,应考虑如何让消费者主动地在最快、最顺畅的环境里得到他们想要得到的信息,并且留下一次高兴的感官及心灵的经验。建立网络平台,餐饮企业设计与网友互动的网络行销专案"MSN 发烧友"邀请网友参加酒店MSN,以便及时向网友传递优惠信息,像在假日推出全新的促销方案,请网友上线,引起网友回应。这个效果比传统报纸广告效果好,网友更注意来自 MSN 线上好友的信息,因此,餐厅要创下单月销售佳绩,餐饮企业网络营销十分重要。

2. 在互联网上建立超级链接点,用博客、MSN 行销

即通过交互联结和网络环境等方法与其他热门网站进行链接,与相关的网站进行链接,建立内容共享的伙伴关系,在更多的网络用户面前展现食品,从而提高知名度。用博客、MSN 行销,则"出清存货"的效果特别明显。例如当餐厅经理得知在当日还有座位、服务员人力又足够时,只要打电话给网络行销员,请他把限时、限量的特惠专案内容改成新的 MSN 昵称,很快就能吸引到特别爱好打折货的网友。例如当餐厅某日生啤酒购买较多时,餐厅经理就可以打电话给网络行销员:"帮我销一批生啤酒吧。"网络行销员就把昵称改成"某某酒店生啤酒喝两杯送一杯"等信息,必定会有网友询问、登门享受限时特惠,结果餐厅经理生啤酒就销掉了,而且销售过程中他们不可能只点饮料,所以餐厅又赚了一笔用餐费。餐厅座位、饭店住房等商品,只要没有卖出去,就是闲置资源。因此,餐厅应当

天盘点订单,如果有过剩存货,就可以利用即时网络平台,帮餐厅招揽"最后一组客人"。如果透过电话询问客人,若是让他们等候10秒钟,他们都会不耐心的挂断电话,但网络平台的行销优势是在MSN上面,网友可以一边浏览网页、和其他朋友聊天,分散等候材料的注意力,无形中让我们多了找材料回复客人的缓冲时间。

3. 建立餐厅顾客群,及时反馈网友意见

直接在网友面前展现餐厅欢迎网友提意见,想要寻求优质服务品德的承诺。由于网友反响直接,网络销售员可以每周整理网友对餐厅服务的意见,呈报给各餐厅经理、主厨及董事长和总经理;而董事长在开会时,也常根据网友意见,随时抽问相关部门主管,是否已经改良该项目。从网络上搜集意见的工作甚至可以延伸到各个餐饮的关系部门。

4. 餐厅与网友保持互动,及时上线

网友把餐厅的婚礼、餐厅美食节、网友在餐厅的厨艺展现活动等及时在网络中推出,如果获得极高的点击率,就是酒店收到的广告效益。

5. 企业网络营销人员必须进行良好的培训

过去服务人员面对客户的时间比较短。因此,服务行动、态度可以不需要深度,在心理学上称为"Service acting(服务饰演)"。若是长时间的服务,就必须把行动转换成"Deep acting(深度饰演)",需要有更深入的关心,更深入的介入客户的情绪。因此,服务人员的态度、行动应当再接受训练,不但要重新调整服务心态,也必须对餐饮的服务内容更明确,甚至餐饮业组织也必须赋予他们更多的裁量权,让他们面对客户的时候能够更快承诺更多服务内容。

第三节 美食节的策划与组织

一、美食节的概念与特点

(一)美食节的概念

美食节又称食品节,它是一些具有实力的餐饮企业及有影响力的相关组织部门所举办的各种形式系列餐饮产品的宣传促销活动。

美食节是精美食品和与之相关联的上下游产品的展示会。美食节不同于其他营销手段,它给餐饮企业及相关单位提供一个全面展示自己实力的机会,同时也是宣传推广当地饮食文化的重要舞台。在商业营销策略中一直有句话叫"有节用节,无节造节",无论是东方人还是西方人,对节日都有着一种特殊的强烈的感情。俗话说:"人逢喜事精神爽。"过节也算是喜事,人的精神好,胃口就好,就有食欲。享用美食通常是人们庆贺节日一种方式,美食节就是利用人们这种对节日的情感,借美食节的机会进行美食促销的。美食节的存在形式多种多样,可以只有美食展销,如餐厅零点、各式宴会、自助餐、美食月、美食周、烧烤会、池边餐会等;也可同其他活动相结合,如啤酒节、庙会或者直接和节日一同举办,烘托气氛等。因为美食节开展过程中,汇聚的都是比较有特点的食品,且数量较多,所以会引起很多人的兴趣而前往参加。根据举办形式的不同,美食节的名称也有很多,如小吃节、小吃会、美食展销会、特色小吃节、小吃巡展、厨艺展等。美食节举办期间也可能会开展一些相关的活动,如演艺、游行、评比、展示等。

(二)美食节的经营特点

1. 目的性

美食节虽然是一项美食推广活动,但却有着很强的目的性和针对性,因为美食节不同于一般传统的节日,它是酒店自行创造或确定出来的节日,创造一个节日是需要许多财力、物力、精力和时间成本的。它同正常的经营活动一样有很强的投入产出性质,如果不产生明显的经济效果,就会形成盲目的投入。一般情况下,举办者都会根据举办的目的,选定一个或两个主要市场目标进行推广。同一个美食节的目标市场的选择不能够太多,目标太多就等于失去了目标,或者说没有目标了。例如,暑期可以选择儿童或学生为目标市场,举办适合青少年饮食口味的美食节。

2. 时间性

在全年的餐饮计划中,无论是大饭店每月举办的美食节活动,还是中小饭店一年几次美食节活动,其时间都是有限的,较长的美食节一般为1个月,大多数为1周、10天,最长的也有两个月,再长就不成为节日了,而且亦反映不出"节日"的效果。如果确实要想将美食节延长,也可以分段举行,或者在举办的过程中不断地增加新的内容。美食节时间长短的确定,一般要取决于美食节的类型,即效益型还是推广型。

3. 季节性

季节性有两个含义,一个是酒店的市场季节,例如酒店市场的淡季、平季或旺季。内地的许多酒店举办美食节时,大多数都是选在旅游旺季,这样可以扩大宣传,增加酒店餐饮的知名度。但是香港与内地相反,大多数时间会安排在酒店的淡季和平季,举办美食节的中心目的就是促销,通过美食推广使淡季不淡,平季不平,这样才能达到保证收益的目的。另外一个含义就是指气候的季节性和美食季节性了。在我国几乎每个月都有不同的节日,但有的节日比较适宜推广活动,有的节日不适宜推广活动。例如,每年4月属于清明节气,雨水较多,且祭奠亡灵的主题比较突出,就不适宜做美食节推广活动,而在3月或5月,我国大部分地区属于春暖花开,万象更新,处处生机勃勃,新的菜品原料鲜嫩应市,此时人们的心情比较轻松愉快,在这种季节举办美食节恰似锦上添花,能收到很好的效果。

4. 灵活多样性

美食节本身就是一个灵活的推广活动,又是人为创造出来的节日,只要在法律允许的范围内,能够被市场所接受,达到举办人的预期目的,就可以充分发挥想象,以人们喜闻乐见的形式来表现。其活动内容、活动方式大多是根据客观市场环境的机遇和市场竞争需求来确定的,活动地点可以在各种餐厅、宴会厅,其形式可以是餐厅零点、套餐,也可以是宴会和自助餐,菜点品种和就餐环境布置则根据活动内容、活动方式、活动地点的客观条件等来确定。

5. 特色性

所谓美食节的特色,即某一类食品的个性化特征。美食节的目的是要吸引顾客,通过品尝和消费美食佳肴来展现本企业的餐饮特色,宣传企业形象。要想吸引顾客,则必须具有很强的特色,如味道特色、造型特色、原料特色、文化特色等,没有特色,千篇一律,就没有卖点。如某酒店举行的"画廊美食周",中间摆放餐台,陈列食品,餐厅墙壁挂着名人字画,餐厅中间不设餐椅,墙边放置凳子,顾客手拿盘子,边吃边浏览,年轻的朋友还可以随着音乐而摆动身子,疲倦了可以到一边休息。由于创意十分独特,吸引了一大批慕名就餐的客人。

6. 计划性

美食节具有很强的计划性。要将美食节举办成功,必须要做充分的准备,要经过周密的计划。经常举办美食节的酒店,一般都会有一个设立美食节推广的主题框架。其步骤如下。

一个美食节从策划到完成通常大概需要半年时间,酒店一般都是在每年的10月或11月份期间就开始准备第二年3月以后的美食节。每个美食节之间的间隔时间一般在一个月以上,如果美食节的延续时间为一个月的话,那就是隔一个月后再进行另一个不同的美食节。美食节的计划可分两部分进行,一部分是项目的计划,包括年度计划、月度计划等;另一部分是运作进度计划,即美食节从策划到举办,每一个环节的时间表。

二、确定美食节的主题

美食节的主题至关重要,它决定了整个美食节活动对市场的吸引力,也是宣传促销的核心内容。美食节主题的确定,是通过市场调研以后,遵循以客人需求为核心,反映餐厅经营特色,以利于吸引客人、扩大销售的过程。美食节的主题可以千变万化,任何受顾客欢迎的主题都是很好的选择,例如以某一原料为主题、以中外节日为主题、以地方菜系或民族风味为主题、以与名人有关的菜点为主题、以仿制的古代菜点为主题、以本地区或本饭店菜点为主题、以某种技法和食品为主题、以某一类人群喜爱的食品为主题或者以外来菜品为主题等。选用何种主题主要取决于餐饮企业的经济承受力和所要达到的目标,同时还要遵循以下四个原则。

1. 根据餐饮企业规模,体现经营特色

美食节的主题有大有小,大到全国范围共同举办,小的也可以是酒店内的某一个餐厅举办。美食节主题的确定,要充分考虑本企业的餐厅、厨房现有规模状况,并不是说美食节规模越大越好。在计划安排中,在哪一餐厅举办,宣传的力度怎样,估计客人多少,要能把握得住。不能用小型餐厅,造成客人来了无座位就餐的情况,或者餐厅过大,客人很少,而缺少就餐气氛。在美食节菜单的设计上,也应体现餐厅的经营特色,如某一省市大规模的或高档饭店餐厅的美食节,宣传资料和菜单设计应该高雅庄重;中小型餐厅的宣传资料和菜单设计可简单明了些。此外,选择美食节主题,还要根据实力,量力而行,顺应社会的饮食消费潮流,真正达到扩大宣传和提高效益的双重目标。

2. 树立餐饮企业形象,刺激消费需求

美食节活动往往也是餐饮企业整体形象对外的一个展示,因此主题一定要与饭店和餐厅的形象一致,能体现和展示自己的企业文化和企业精神。一次成功的美食节是一个企业、一个部门的整体形象的塑造,它的成功与否,体现了一个企业的精神风貌和企业文化。

服务质量和菜品质量是美食节活动的两大支柱,它对美食节活动起着决定性的影响,立意新颖、特色分明的美食节活动,还可以刺激客人的消费。如2011年广州亚运美食文化节,仅仅是每小时进场的人流量就达到11700人次,每日的人流量更是超过10万人次。此外,美食节活动中的菜单价格水平一般应高、中、低档搭配,高档菜可掌握在25%左右,中档菜45%~50%左右,低档菜应在25%~30%左右。套餐菜单可根据客人需求,安排多种档次。这样,既可以满足客人的多种需求,又可以适应不同档次客人的消费。

3. 创造竞争优势,保证利润目标

美食节活动之前要充分做好市场调查,掌握客人需求变化,有利于开展市场竞争。因此,既要充分考虑客人的喜爱程度,也要考虑当前市场的超前性,要敢为人先。美食节活动不能老一套、老主题,要求新求变,使客人有新鲜感。价格制定在成本核算的基础上,要有利于竞争,突出时尚、新鲜,突出原材料、技术和资源等企业优势,把握利润尺度,符合并满足市场需求。利用美食节活动来吸引客人,争夺市场,这些客人包括老顾客、新顾客以及竞争对手的宾客。企业也可以向现有客人提供某些额外利益,如价格优惠、赠品、抽奖等,以争取回头客或使客人再消费其他产品和服务。把握时机、根据市场需求而推广的美食节活动也是通知、提醒、刺激可能的宾客,促使他们立即购买,实现潜在交换。另外,餐饮经营有淡季与旺季之分,旺季要把握契机。对于淡季,也不要无动于衷,应该主动出击,举办一些成功的、有个性、有特色的美食节,打破沉寂的市场,使淡季不淡。

4. 适应季节,尊重风俗和习惯

美食节的主题一定要适合人的生活习惯,这是一个非常重要也是最基本的原则。其中一个重要方面是适应季节的需要。在中国,许多菜式是没有季节性的,而有的地方菜系是有很强的季节性的,也有菜系在发源地是没有季节区别的,但是到了举办地就有了很强的季节性。例如,川菜在四川、重庆等地是没有季节性的,但是到了国内的南方地区就有了很强的季节性。南方居住的人尤其是广东人、香港人在夏季很怕火气,一般情况下避免吃麻辣的食品,而常将这些食品在冬季食用,所以川菜在广东的冬季尤其火爆。另外,新疆、内蒙古地区的牛羊肉一般热性和暖性较大,也比较适合在冬季吃,如果在广东、海南、福建等地,夏天举办以羊肉为主题的食品推广,一般很难收到较好的效果。另外,美食节的主题要符合当地风俗习惯,以及饮食潮流,随时注意饮食潮流的变化,如果美食节能够与这种潮流相呼应,就能收到事半功倍的经营效果。

三、美食节推广的主要方式

(一)媒体宣传推广

1. 利用媒体的美食专刊进行推广

在很多时尚杂志、旅游杂志以及其他以城市生活为主题的期刊中都有一些美食专栏,如全国发行的《携程自由行》、《旅游天地》等。据了解,《携程自由行》的月发行量为350000份,《旅游天地》的每期发行量为160000份。因此,首先一定要选择覆盖面大的媒体或报纸以及广告牌(中心地区),才能够使美食节的消息尽快地、最广泛地传播到广大消费者中间去。因为美食节举办的时间是有限的,如果不尽快让客人知晓,就会错失良机,等客人慢慢地通过其他途径知道的时候,举办的时间也已经过去了,所以一方面要快,另一方面要覆盖面大;其次要选择那些大型的、周期比较长的专业宣传媒体;再者可以在广告媒体上做一些优惠券,持优惠券可以享受一定的折扣优惠,客人看到广告后只要把优惠券剪下来,凭此券到酒店即可获得优惠。

2. 利用专栏作家进行推广

有一些比较著名的美食专栏作家在很多期刊上开有美食专栏,还有专写美食的博客,他们对引导顾客的消费习惯和行为有很大的影响,如沈宏非、殳俏、李伟斌、庄臣等,都是较为著名的美食专栏作家。庄臣还著有《庄臣食单》一书,以其书中的菜品做一次美食节也是一个不错的选择。餐饮企业可以与他们合作,将研究与销售结合起来,在专栏内发表,以引起社会广泛关注,促进饮食文化研究的发展。

3. 利用新闻发布会进行推广

在香港的美食节推广中,新闻发布会是一项最经济、最有效的推广活动,因为新闻发布会可以邀请到大部分的报纸和新闻媒体的记者及专栏作家。这种推广是以新闻的形式刊登在各大报刊上,新闻是免费的,而新闻的篇幅也很大,会起到非常好的推广效果。

4. 城市广告宣传推广

如果酒店的美食节是以街客为主要推广对象的话,在预算费用允许的情况下,可以在酒店附近的主要交通道路和重要的商务场所,以及机场、车站等地设置一些广告牌。广告要醒目、有特点,很容易看到和区分。广告投放时间应与美食节的举办时间相近。

(二)委托广告公司代理宣传

广告公司是做宣传推广工作的专业性公司,委托给广告公司承办美食节的推广宣传,可以加大其宣传力度,达到较为深刻的宣传效果。这种宣传方式可以更加广泛地获得社会各阶层消费者的关注,而且专业化的广告制作以及耳熟能详的宣传方式更能达到宣传效果,如环城路上的广告牌、公交站台、公交车外喷漆、公交车内电子广告屏幕、出租车上电台广播等。

(三)利用利益互换的方式进行推广

即若在报纸或杂志上做广告,其广告费用则以美食节的餐券作为交换。这样既可以起到宣传推广的作用,卖了广告,又不用现金支付;而利用餐券交换又增加了餐厅的销售量,起到了双重推广的目的。有时广告费未必能全部用作交换,也可以将一部分以现金支付,另一部分用作交换用途,交换的形式大部分是利用较小规模的报刊或大众式的报刊。另外,还有一种多层交换,即酒店以某种程度的折扣交换给报刊,由报刊以另外一种内容交换给客户,即采用在某份报纸或杂志上做美食广告,不出广告费,但可包销一定数量的报纸、杂志,然后将这些带有美食广告的宣传品免费派送给客人,可以收到一举两得的效果。

(四) 利用酒店内部设施进行推广

1. 利用贵宾卡进行推广

贵宾卡附赠美食节宣传卡,可以让宾客直接接触了解美食节相关信息,并产生兴趣。

2. 利用酒店公共场所进行推广

如电梯间、酒店主要出入口、主要消费场所、公共过道、大堂电子屏幕等,都可以直接对住店客人宣传美食节相关信息。

3. 利用酒店的客房设施进行推广

可以将美食节宣传小品如宣传卡、宣传册等,和酒店简介、意见反馈卡等一并放入资料盒中。宾客看到美食节相关信息的概率也很大,产生兴趣后有可能会询问服务员详细状况(这也就要求酒店内每一位员工对酒店内的大型活动有相当程度的了解)。

4. 利用酒店餐厅的菜品牌、菜单等进行推广

餐厅座位上的推荐菜品牌的一面可以用来放美食节的宣传单,客人入座后就可以看见;菜单的扉页可以临时贴上美食节相关信息等。

5. 利用酒店门外的滚动屏幕进行推广

酒店在大型活动期间会在酒店大门处的滚动屏幕上发布活动信息,美食节也可以利用。

6. 利用酒店门外的横幅进行推广

可以横幅的形式在酒店门外对美食节进行宣传,这样经过酒店的行人都可以看到,扩大了客源与宣传的广度。

(五) 利用美食节招牌菜进行推广

招牌菜是美食节的卖点,许多酒店将它们作为利润的增长点,但是也可以把这一部分利润让给消费者,将它转化为酒店的推广费用。因为招牌菜对客人最有吸引力,将这个吸引力加以利用,可以起到很好的推广作用。

(六) 利用网络宣传进行推广

现在很多餐饮企业都会有自己独立制作的网站来发布酒店相关信息,"美食节"的信息可以在上面发布。另外,还有一些专做旅行服务的网站如携程网、艺龙网等,也可以通过嵌入广告发布相关信息。或者通过一些购物网站进行推广,如利用"窝窝团"、"拉手团"等进行团购预订。

酒店"美食节"的宣传推广方式是多种多样的。在选择推广方式时要参考诸多因素,如"美食节"的目的、目标顾客群、广告宣传经费预算、投资收益比例等。可以选择其中一种进行宣传,也可以选择多种方式同时进行宣传,以达到更好的宣传效果。

【小结】

如今的餐饮营销不再仅是一些零碎的餐饮推销活动,而更是一个完整的过程,不仅是指单纯的餐饮推销、广告、宣传、公关等,它同时还包含有餐饮经营者为使宾客满意并为实现餐饮经营目标而展开的一系列有计划、有组织的广泛的餐饮产品以及服务活动。同时,餐饮营销是在一个不断发展着的营销环境中进行的,所以,为适应营销环境的变化,抓住时机,营销人员应该采取相应的营销策略。一家餐饮企业建立后,首先应明确你面向何方,你的目标市场在哪里,你的产品定位是什么,如何定价等,这就是市场定位策略。在对产品和价格以及目标客源准确定位之后,企业要培养自己的品牌形象,树立品牌战略。此外,企业在经营过程中,还要采用针对性的主题营销,或者对某一突发事件进行事件营销,并借助网络的力量,把主题和事件营销的影响扩大化。大型餐饮企业还可通过举办美食节来推广宣传以扩大企业的知名度。

【关键术语】

餐饮市场　营销管理　定位策略　产品策略　价格策略　品牌形象　主题营销　事件营销　网络营销　美食节

【习题】

一、简答题

1. 如何理解餐饮营销的概念?
2. 餐饮营销的特征有哪些?
3. 餐饮营销的六项要求是什么?
4. 应如何确定美食节的主题?

二、论述题

1. 试述餐饮营销中的定位策略,并举例说明其重要性。
2. 结合本章内容,试述餐饮企业应如何进行危机事件营销。
3. 美食节的推广方式主要有哪些?

第六章　餐饮服务管理

【教学要点】

知识要点	掌握程度	相关知识
餐饮服务的概念	了解	餐饮服务的定义、核心、构成及特点
餐饮服务的主要方式	熟悉	中、西餐常见的服务方式
餐饮服务的主要程序	掌握	中、西餐零点及宴会服务程序
餐饮服务的基本技能	掌握	托盘、摆台、餐巾折花、斟酒和上菜分菜等
餐饮服务质量的构成	了解	物质要素、精神要素、时效要素
餐饮服务质量的过程监控	熟悉	餐前预先控制、餐间现场控制、餐后反馈控制
餐饮服务礼仪	掌握	服务人员的仪容仪表、体态举止、动作礼节、礼貌服务用语等
宴会的组织管理	熟悉	宴会的预订管理、宴会设计、宴会服务管理、宴会售后管理及宴会突发事件的处理

【导入案例】

　　国庆节期间,张老师一家和几个外地的亲朋好友在游览过天安门广场后,慕名来到北京和平门"全聚德"烤鸭店用餐。刚到餐厅门前,他们便发现等候用餐的人很多,张老师看了一下手表,心想,才上午10点40分,怎么会有这么多人等候用餐呢?为了不使亲戚和朋友失望,他们耐心等待,终于在11点30分等到了一张餐桌。入座后,服务员马上斟满茶水,递上菜单,请他们点菜。虽然张老师一家住在北京多年,但他们从没到"全聚德"吃过烤鸭,因此恳请服务员帮助推荐。服务员耐心详细地向他们介绍了"北京烤鸭"的历史、种类、加工方法、挂炉烤鸭的特点和食用方法以及"全鸭席"的制作情况等内容。听了服务员的介绍,大家兴致倍增,非常满意地按服务员小姐推荐的菜谱点了一些高档菜肴,光烤鸭就要了3只,茅台酒1瓶,还要了若干啤酒和饮料。席间,服务员小姐积极热情的服务态度和娴熟周到的服务技能让张老师及其家人、朋友处处体会到了舒心惬意。虽然一顿饭下来花了2000多元,这对张老师一家来说可算是出了一回"大血",但大家都显得非常高兴,尤其是做东请客的张老师更是觉得这些钱花得很值,给足了东家面子。在服务员小姐礼貌地向他们道别时,张老师手里拿着打好包的饭盒,连声向服务员小姐表示感谢,并说有机会还要来这里吃烤鸭。

(资料来源:程新造编著,《星级饭店餐饮服务案例选析》,旅游教育出版社,2000年)

第一节 餐饮服务概述

随着生活水平的提高、工作节奏的加快以及消费观念的改变,人们外出就餐的频率也在不断地升高,消费客源对饮食和服务要求的不断提升使得餐饮企业的竞争状态已经由初期的价格竞争阶段过渡到服务竞争阶段。无论是饭店的餐饮部门还是餐馆、酒楼,都在努力提高餐饮服务与管理水平,以期能在竞争日渐激烈的餐饮市场中分得一杯羹。

一、餐饮服务的概念

什么是服务呢?简单地说,服务就是用自己的劳动为他人提供各种便利的行为的总和。对于服务的理解有狭义和广义之分,广义的服务是指无偿地为他人提供便利的行为,或者是诚心诚意地、有偿或无偿地帮助他人或不确定性的人群的行为,如为人民服务;狭义的服务是指在为他人提供便利的有组织的或个人性质的劳动时,同时还获得相应的报酬。餐饮业中的服务概念显然属于后者。服务作为一个语汇,比帮助、帮忙、效劳来得更为正式、更为谦和,它突出了服务者对被服务者的一种尊敬、亲切的态度。

餐饮服务是指通过即时制作加工、商业销售和服务性劳动等,向消费者提供食品和消费场所及设施的服务活动。餐饮服务是餐饮企业与顾客进行交换,使双方取得双赢的重要中介:一方面,餐饮企业通过生产、销售餐饮服务产品获得利润,同时实现自己的社会价值;另一方面,顾客通过购买和享受餐饮服务,满足自己的基本生活需求,同时也因餐饮企业的优质服务而获得超常的精神上的满足。

西方人曾经将"服务"的英文写法"SERVICE"拆解开来,使每个字母都具有其相应的含义,如今我们可以套用其解释为"餐饮服务"的概念赋予新的内涵。

S(Smile):微笑,即从事餐饮业的每一位员工在服务工作中都应面带真诚的微笑。

E(Excellent):出色,即要求从事餐饮业的每一位员工在专业上必须精通与出色。

R(Ready):有所准备,即在为顾客服务之前就要做好物质、心理、技能等各方面的准备,以便随时能满足顾客的要求,娴熟地为顾客提供周到的服务。

V(Viewing):看待,即餐饮企业员工应当将每一位顾客视为贵宾,重视顾客所提出的每一个要求,竭诚予以满足。

I(Inviting):邀请,即在每一位顾客接受了一次完整的服务后,餐饮企业员工都应当礼貌地向顾客发出欢迎再次光顾的邀请,或者主动推介,邀请顾客享受更多的服务项目。

C(Creating):创造,即在为顾客服务的过程中,餐饮企业员工除了提供标准化服务以外,还应当发挥自己的主观能动性,针对顾客的特点和顾客的需求,创造性地满足顾客,为顾客营造一个舒适愉快的氛围。

E(Eye)：目光，即在餐饮服务过程中，服务人员要随时用目光关注顾客，用眼神表达对顾客的关心和重视。

套用西方人对于服务一词的解释使得"餐饮服务"的涵义变得生动丰富，易于记忆。如上所述，对于餐饮企业来说，单讲服务还是远远不够的，要想在激烈的市场竞争中立于不败之地，就必须强调服务的高品质。

二、餐饮服务的核心

餐饮服务的核心是"以顾客为中心"，即"顾客就是上帝"，建立顾客至上的经营观念和运行机制是提高服务质量的关键。餐饮企业无论是菜品口味的改进，还是餐厅桌椅的摆放，以及服务原则的确定，都要以顾客满意为原则。顾客满意的重要标准是再次光临。麦当劳成功的原因之一，就是它始终重视顾客，它的整体经营观念是建立在质量、服务、卫生和价值的基础之上的。正因如此，麦当劳才能迅速将自己的业务范围扩大到全球各个角落。

顾客的满意度是顾客所体验的高兴程度。要做到"以顾客为中心"，就需要注意服务的每个细节，切实贯彻以下原则。

（一）以满足顾客需求为原则

我们建立餐饮企业的目的之一是满足顾客需求，根据顾客的年龄、职业、性别、个人爱好、宗教习俗等提供相应的服务，利用餐厅精美的食品、高雅的环境和周到的服务来满足人们的物质、精神享受。

（二）以协助顾客为原则

积极主动地告诉顾客，我们可以做什么，顾客可以享用什么，从而提高顾客参与的积极性。近些年来，随着餐饮业的蓬勃发展，餐饮企业内部岗位的划分也越来越细化，并出现了一些针对进餐过程中的某一环节专门协助客人的岗位，如职业点菜师等。

资料链接

"秀色"点餐——职业点菜师悄然兴起

目前在杭州、成都、武汉、长沙、徐州、石家庄等城市的一些中高档酒楼，职业点菜师已初露头角。点菜师以靓丽的形象，高雅的气质，特有的专业，细腻、周到的服务，形成美食城的一道悦目的风景线，也成为餐饮业一道新"食尚"。

面对酒店服务员奉上的精品菜单，看着上面那密密麻麻的各式菜肴名单，如何点菜便成为人们心头一个不大不小的困扰。好不容易在服务员的帮助下选好菜品，又容易出现主菜不突出、色彩过于单调、营养搭配不合理等现象，影响宴请的质量。尤其高档商务宴请就更费神费力了。精明的商家发现了"上帝"的困扰，于是一种点菜师的新兴职业应运而生。点菜师，顾名思义就是专门为顾客设置菜单的人。专职点菜师根据客人的性别、年龄、口味、身份、喜好、就餐的目的"量身定制"多款菜单供您选择，满足您不同宴请和聚会的需要，并从营养学的角度进行营养的合理搭配、菜肴的荤素搭配与色彩搭配等，客人也不用为宴请的菜单发愁了。这项新兴服务措施一经推出,就受到就餐宾客的欢迎。每到点菜高峰时期,点菜师们就成了大忙人。在点菜高峰时间专职点菜师还成了众多宾客"争夺"的对象。

作为一名优秀的点菜师,需要知识全面、头脑灵活、服务快速。点菜师接受的专业培训,其内容涉及菜品知识、食品营养搭配、语言技巧、心理素质等,使点菜师多方面、全方位了解菜品和宾客。他们不仅要把厚厚的菜谱背得滚瓜烂熟,还要了解每道菜的特色、味道、做法特别是对于招牌菜、名菜要做到熟知。有的甚至还要说出所用原料的产地和作用。同时要学会归纳,比如豆腐有几种做法;青菜怎样做营养不流失口感又好等。还需了解邻近城市的一些名菜,多留意目前人们在吃什么、爱吃什么,有什么时新蔬菜,并把信息及时反馈给厨房,加强前后场的衔接和协调,把工作做活、做细、做精。客人进餐了,点菜师的工作并没有结束,跟踪收集宾客的意见是其工作的另一部分。待客人品尝了菜肴后再次征询客人对菜品的意见和建议。

职业点菜师已经成为一种收入不菲的时髦职业。她们大多为女性,年轻漂亮,气质高雅,有极强的亲和力和沟通力,对菜品也颇有研究。一名合格的点菜师,需要长达一年的培训才能"出师"。每周至少一次定时培训,每道新菜品问世都要集中培训。此外要对菜品有相当研究。一盘普通的回锅肉,不但要搞清楚主料、辅料,甚至连调料用的豆瓣,都要能辨别出是哪里生产的。每当有新菜品问世,最先品尝的便是点菜师们,这时他们便摇身成了"美食家"。不过此时的"吃"已不是普通的吃饭,而是成了一道有相当难度的"作业"。眼睛要看,鼻子要闻,嘴巴要品,味道好在哪里,特色妙在何处,点菜师必须一一亲口"试吃",并认真总结。

专职点菜师搭建了与宾客交流的平台,成为人们的"消费参谋"和"营养顾问",是专业化和个性化服务的延伸,是成熟的餐饮企业今后发展的方向。有关人士预测:职业点菜师很有可能成为餐饮界的"朝阳职业"。

(资料来源:http://www.shimennews.cn,2009-09-28,有删改)

(三)以消除顾客忧虑不安为原则

要以热情诚恳的态度和熟练的技能,为顾客提供无忧虑服务,让顾客感受到亲切与温馨,消除其不安情绪。

三、餐饮服务的构成要素

餐饮服务绝非几个要素的简单相加,而是一个有机联系的整体,其中任何一个环节出现差错,都会摧毁整个服务链条,从而影响到服务质量和服务效果。概括起来,餐饮服务的构成要素包括以下四个方面。

(一)餐饮食品质量

对于多数消费者来说,光临饭店购买餐饮食品就是就餐宾客最直接、最明确的购买内容,也是宾客购买的最基本的目的。因此,食品质量是餐饮服务的基础。要做到严选料、细加工、准配料、精心烹制以及严把出品关,确保宾客的就餐要求,为餐饮服务打好坚实的基础。

（二）餐饮设施

餐饮设施分为生产性设施和客用性设施两大类。生产性的餐饮设施是提供餐饮产品的手段和物质基础，反映餐饮服务的能力和品位，影响服务质量和服务效率；客用性餐饮设施发挥着服务的功能，作为满足顾客心理、生理需要的手段，成为顾客餐饮消费中享受的内容。无论是哪一类设施都要进行定期保养和维修，保证设施的完好，使顾客得到方便、舒适的享受。

（三）餐饮服务环境

餐饮服务环境包括餐饮卫生和环境氛围两方面。服务操作过程中清洁卫生是人们外出就餐时最为关心的问题，包括菜肴卫生、操作卫生、个人卫生和环境卫生等。另外，作为高品质的餐饮服务，良好的环境氛围也是必不可少的。因此，餐饮企业要积极创造适合顾客用餐的良好环境，满足进餐过程中宾客心理、情感等方面的需要。

（四）餐饮人工服务

在餐饮人工服务过程中，服务人员要有主动热情诚恳的服务态度；要有端庄的礼仪礼貌修养，举止文雅，其能够反映出员工的文化素质和业务修养，是吸引顾客的重要方面；要有耐心、周到、殷勤的服务意识，娴熟的服务技能，规范化的操作程序，还要有向顾客介绍菜品知识、服务内容、费用标准、解决顾客提出的问题的良好交流能力。

资料链接

餐饮服务人员卫生小贴士

"四勤"是指：勤洗手，剪指甲，不涂指甲油；勤理发洗澡；勤换衣服被褥；勤换工作服。

"两注意"是指：上班前不饮酒；上班前不吃强烈气味食品。

四、餐饮服务的特点

（一）无形性

餐饮服务不同于一般的实物产品如电视机、沙发等，仅从其色彩、性能、式样等方面就可初步判断其质量的高低，餐饮服务只能在就餐宾客购买并享用后凭生理和心理满足程度来评估其质量的优劣。

餐饮服务的无形性给餐饮部带来销售上的困难，而且餐饮服务质量的提高是无止境的，所以要想提高服务质量，增加餐饮部的销售额，关键在于餐饮部工作人员，特别是厨师和餐厅服务人员的服务技能和服务态度。

（二）一次性

餐饮服务的一次性是指餐饮服务只能当次使用，当场享用，过时则不能再享用。这恰似饭店的客房、飞机的座位一样，如果当晚不出租、当班不满座，那么饭店或航空公司失去的是无法弥补的收入。因此，餐饮部要注意接待好每一位宾客，给他们留下良好的印象，并通过各种销售渠道推销餐饮产品，从而使宾客再次光顾，巩固原有客源市场，并不断开拓新的客源市场。

（三）同步性

同步性，也即直接性。一般的实物产品，如电视机，在商品经济社会中，由生产到消费不是直接的，而必须通过流通领域。这也就是说，产品生产出来以后，要通过商业这个中间环节才能到达消费者手中。而餐饮部的大部分饮食产品的生产、销售、消费是同步进行的，餐饮产品的生产服务过程也是宾客的消费过程，即现生产、现销售。同步性决定了餐饮产品不可能储存也不可能外运，所以饭店餐饮部除了必须考虑到餐饮产品的生产环境外，还必须考虑其销售环境，并注意充分利用当场推销的机会，既为宾客提供热情周到的服务，又为餐饮部推销更多的产品。

（四）差异性

一方面，餐饮服务是由餐饮部工作人员通过手工劳动来完成的，而每位工作人员由于年龄、性别、性格、所受教育程度及其职业培训等方面的不同，他们为宾客提供的餐饮服务也不尽相同；另一方面，同一服务员在不同的场合，不同的情绪，不同的时间，其服务方式、服务态度等也会有一定的差异，因为人毕竟不是机器设备，这就是餐饮服务的差异性。针对这一特点，餐饮部一定要制定餐饮服务质量标准。虽然要求每位员工达到完全一致的质量标准有一定的困难，但通过经常性地对员工进行职业道德教育，就能逐步端正服务态度，树立牢固的专业思想，不断地通过业务培训，掌握丰富的服务知识和熟练的服务技能，这样就可以基本上做到餐饮服务的规范化、质量的标准化、管理的制度化。

资料链接

优质服务

何谓优质服务，并没有统一的答案。在20世纪80年代，我们曾把标准化服务作为优质服务的标志，到20世纪90年代，我们又把"标准化＋个性化"作为优质服务的典范，而进入21世纪，我们的要求更高，要求优质服务在规范服务的基础上有更多超乎常规的表现。比如，人性化服务，客人在服务中扮演的并非职业人，而是追求享受的自由人，他们往往以自我为中心，思维和行为大都具有情绪化的特征，对餐饮服务的评价往往带有很大的主观性，即以自己的感觉加以判断。为此，优质服务首先必须做到充满人性化，要充分读懂客人的心态。

1. 给客人一份亲情

情感是中华民族服务之魂。于细微处见精神，于善小处见人情，从业人员必须做到用心服务，细心观察客人的举动，耐心倾听客人的要求，提供真诚的服务，注意服务过程中的感情交流，并创造轻松自然的氛围，使客人感到服务人员的每一个微笑，每一次问候，每一次服务都是发自肺腑的，真正体现一种独特的关注。

2. 给客人一份理解

由于客人的特殊心态和餐厅的特定环境，客人往往会有一些自以为是、唯我独尊等行为和犯一些大惊小怪、无理指责等错误。对此，从业人员应该给予充分理解与包容。

3. 给客人一份自豪

"给足面子，挣足票子"，这可谓是餐饮企业的生财之道。只有让客人感到有面子，他才会听从你的"安排";只有让客人感到愉悦,他才会常到餐厅消费。因此,作为餐饮部门的员工,必须懂得欣赏客人的"表演",让客人找到自我的感觉和当"领导"的快乐。

(资料来源:程新造编著,《星级饭店餐饮服务案例选析》,旅游教育出版社,2000年)

第二节　餐饮服务程序

服务是餐饮管理的重要内容之一,它直接影响到客人对餐饮产品质量的评价效果,所以,作为一名合格的餐饮从业人员,不仅要具备扎实的餐饮知识、良好的服务意识,更要熟悉不同餐饮类型的服务程序和规范操作,为提供优质服务以及对餐厅实施有效管理提供基本的保障。

一、中餐服务

(一)中餐主要服务形式(表 6-1)

表 6-1　中餐服务形式一览表

服务形式		适用场合	服务要求
共餐式		2~6人左右的中餐零点服务	传统的共餐式服务,如今作了较大改进,就餐时附加公匙、公筷、公勺
转盘式		多人用餐、旅游团队、会议团体、中餐宴会	在大的圆桌面上安放转盘,将菜肴等放置在转盘上,供就餐者夹取的就餐服务方式
分餐式	边桌式	官方的、较正式的、高档的宴会	在宴会餐桌旁设固定的或可手推的流动服务边桌,在边桌上进行分菜服务
	派菜式		菜肴上桌,为客人换上干净骨盘,依照主宾、主人,然后按顺时针方向绕桌为客人分菜

(二)中餐零点服务程序

中餐零点服务是餐厅接待中最普遍、最经常的一项服务工作,它是指服务人员接待零星而来的、根据菜单自由点菜的客人时所提供的一种服务。零点餐厅的服务工作是非常细致而又具体的,它具有不可预见性,所以相比较其他服务方式来说有一定的难度。它广泛接触社会各种不同层次的消费对象,社会影响很大。因此,做好此项工作无论是对企业还是对社会都有着十分重要的意义。服务程序如下。

1. 餐前准备工作

(1)召开餐前例会。坚持每天召开餐前例会,由各餐饮部主管或领班负责,其内容包括:点名并检查服务员仪容仪表;任务分工;通报当日客情、VIP接待注意事项;介绍当日特别推荐菜肴和短缺菜品种;对上一餐的工作进行总结,指明存在的问题、表扬服务好的服务员;抽查员工对菜单的掌握情况。

(2)摆台。摆台是为客人就餐摆放餐桌,确定席位,提供必要的就餐用具,包括摆放餐桌、铺台布、安排座椅、准备餐具、摆放餐具、美化席面等。餐厅服务人员要在开餐前1小时内摆好台。

技能链接1——托盘的使用

托盘服务是餐饮服务员在餐厅中用托盘送食物、饮料、餐具等的服务过程。在餐饮服务中，服务员常用左手托盘，右手为客人服务。长方形托盘一般用于托运菜点和盘碟等较重物品。圆形托盘直径大的主要用于对客服务，如斟酒、分菜和托运饮品等；直径小的金属圆托盘主要用于递送账单和信件等。

托盘方法按其重量分为轻托和重托两种。

轻托，又称胸前托，餐厅一般多用，适合较轻物品。动作要领：左臂的上臂和下臂弯曲成90°，上臂自然下垂。伸左手，掌心向上，张开五指，手掌心虚托于盘底，即掌心不与盘底接触，重心置于胸前，行走时保持托盘平稳（如图6-1）。

图6-1 轻托

重托，又称肩托，传菜时常用。动作要领：托物时需借助肩部的力量，左手五指自然分开，小臂与身体平行，重心掌握好后，用右手协助，慢慢转动左手腕，将托盘平举，缓缓托于肩外上方，做到盘底不搁肩、盘前不靠嘴、盘后不靠发，右手自然摆动或扶托盘的前内角，行走时身体要保持正直、平稳。

使用时的注意事项：服务员根据所托物品选择合适的托盘进行理盘。在使用前要将托盘洗净擦干，可用干净餐巾垫衬金属类等较光滑的托盘。在装盘时，先上桌的物品在上、在前，后上桌的物品在下、在后，高的、重的靠近胸前一侧，矮的、轻的放外侧；从总体上保持托盘内物品重量分布的均衡，重托时托盘重心略靠近身体；装盘时不要一次装太多的物品，保证安全。

技能链接2——餐巾折花

餐巾，又称"口布"，是客人用餐时的保洁方巾，其绚丽的色彩、逼真的造型有美化席面、烘托气氛的作用。台面花形的选择应视宾客的宗教信仰和风俗习惯、季节、宴会的规模和主题等情况而定，如接待信仰佛教的客人勿叠动物花形，对于日本客人忌用荷花造型，宴会台面的花形要求既多样又协调，只有避免"千台一面"，才能令宾主感到舒心与亲切。在摆放餐饮花时，主宾、主人席位上的主花要选择美观醒目的花形，以示突出；注意调整摆放角度，要将餐巾花最适宜观赏的一面朝向宾客；还要注意不同花型同在一个台面时错开并对称摆放。

餐巾折花的基本手法有叠、推折、卷、穿、翻、拉、捏、掰等（如图6-2）。

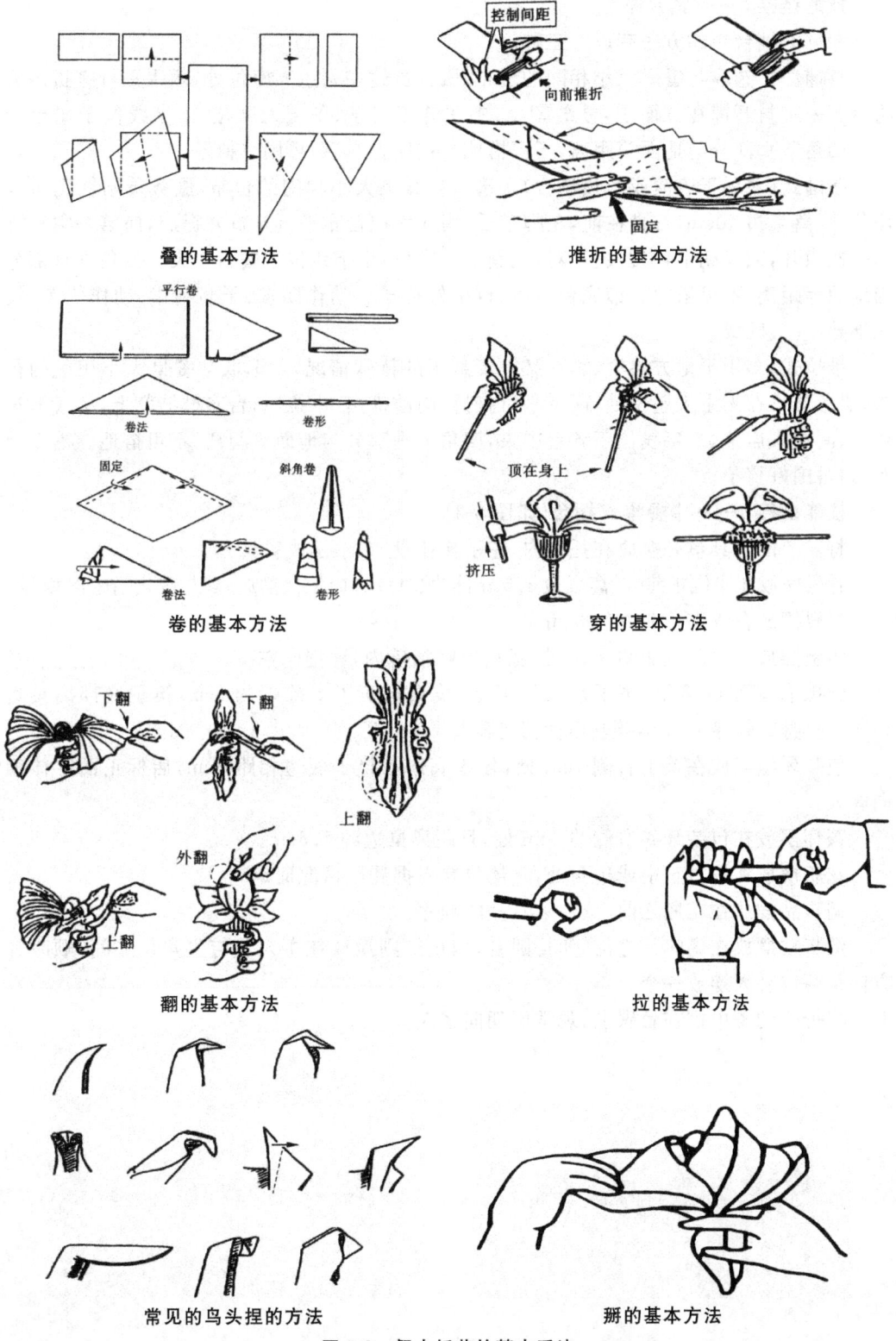

图 6-2　餐巾折花的基本手法

技能链接 3——铺台布

常见的铺台布的方法有以下三种。

抖铺法。选取与餐桌大小相配的台布,服务员站在副主人座位处,两手平行打折用力将台布一次抖开铺在桌面上,鼓缝朝上,中线缝正对正、副主人席位,十字线位于餐台中央。四角下垂部分与地面等距离,不可搭地。铺完台布后,再围好椅子。

撒网式(多用于表演或考核场合)。选取与餐桌大小相配的台布,服务员站在副主人座位处,离桌边 40cm,右脚在前,左脚在后,用双手把台布平行打折并提起,向第一主宾方向一次撒开,鼓缝朝上,中线缝正对正、副主人席位,十字线位于餐台中央。四角下垂部分与地面等距离,不可搭地。铺完台布后,再围好椅子。动作要求:干脆利索、动作优美、技艺娴熟、一气呵成。

推拉式(多用于地方狭窄、宾客又等着急用的特殊情况)。选取与餐桌大小相配的台布,服务员站在副主人座位处,两手平行打折,向前推出,再拉回,台布鼓缝朝上,中线缝正对正、副主人席位,十字线位于餐台中央,四角下垂部分与地面等距离,不可搭地。铺完台布后,再围好椅子。

技能链接 4——中餐零点摆台(如图 6-3)

将需要的餐具整齐摆放在托盘内,左手托托盘,右手摆放餐具。

骨碟摆放在座位正前方,离桌边 1.5cm,按顺时针方向依次摆放,碟与碟之间距离相等。

料碟摆放在骨碟正前方约 3cm 处。

汤碗摆放在料碟左侧约 3cm 处,汤匙放在汤碗内,匙把向左。

骨碟右侧摆放筷架,筷子摆在筷架上,筷架至筷子最前端约 5cm,筷子底部离桌边 1.5cm,筷身距骨碟 1.5cm,筷套店标朝向客人。

包装牙签竖放在筷子右侧 1cm 处,牙签底边与筷子底边相距 3cm,店标正面字体朝向客人。

茶杯摆放在包装牙签右侧约 3cm 处,且距离桌边约 1.5cm。

花瓶摆放在餐台正中或边角处,具体位置根据餐厅情况而定。

调味品摆放在花瓶之前,依左椒右盐的顺序。

烟灰缸摆放在调味品之前,如是圆台,烟灰缸则摆放在主人位与主宾位之间,顺时针方向每两位客人摆放一个。

将折好的餐巾摆在骨碟上,观赏面朝向客人。

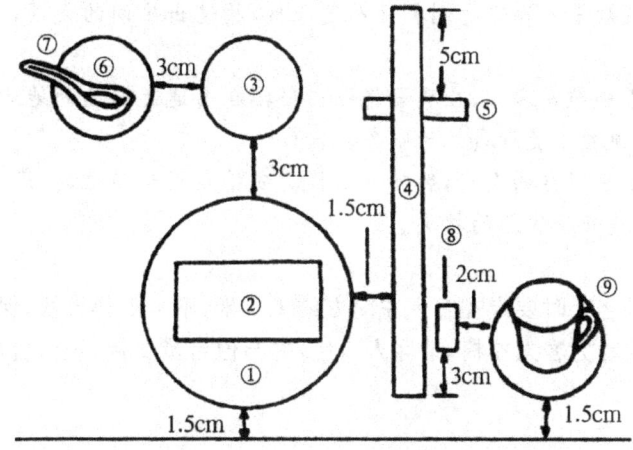

①骨碟　②口布　③料碟　④筷子　⑤筷架
⑥汤碗　⑦调羹　⑧牙签　⑨茶杯

图 6-3　中餐零点摆台

2．开餐服务

(1) 招呼客人。迎宾员往往是客人第一个见到的服务员,因此迎宾员的服饰要高雅、端庄、清洁、适度,并体现餐饮单位的服务特色,如中餐厅穿旗袍,韩餐厅穿朝鲜族服饰,西餐厅穿晚礼服等,这便于给客人留下良好的初始印象,是礼节礼貌的体现。

迎宾员要随时等候在餐厅门前,接听电话,接待来宾,以热情真诚的态度迎接客人,用规范礼貌的语言向客人打招呼。

(2) 引客入座。引位是顾客进入餐厅后接受服务的开始,规范优质的引位服务能使顾客对餐厅留下良好的第一印象,并影响到顾客对餐厅后序服务的质量评价。其工作内容包括以下几个方面。

① 面带微笑,询问客人是否有预定,有预定则查预定记录,若没有预定则要掌握一定的原则和技巧。

技巧小贴士

引位技巧

引位技能恰到好处的运用,可以使酒店餐厅的空间得到很好的利用,方便餐厅员工的服务,衬托出餐厅环境不同一般的感观印象。合适的空间、地点安排能够契合顾客的心理,增加顾客的满意度。

引位的具体技巧包括以下几个方面。

(1) 根据顾客的人数安排相应的地方,使顾客就餐人数与桌面容纳能力相对应。这样可以充分利用餐厅的服务能力。

(2) 酒店的引座应当表现出向顾客诚意的推荐,在具体的引座、推荐过程中应当尊重顾客的选择,使双方的意见能很好地结合起来。

(3) 第一批客人到餐厅就餐时,可以将他们安排在比较靠近窗口,或距离窗户比较近的地方,使后来的顾客感到餐厅人气旺盛,构造出热闹的氛围,避免给顾客留下门庭冷落之嫌。

(4)对于带小孩的客人,应尽量将他们安排在离通道较远的地方,以保证小孩的安全,同时,也便利于餐厅员工的服务。

(5)对于着装鲜艳的女宾,餐厅可以将其安排在较为显眼的,满足客人自尊心的同时也无形中提升了餐厅的档次。

② 迎宾员引导客人时要走在客人左前方约1.5米,不可走得太快,保持与客人联系。
③ 到餐桌前主动为客人拉椅,请客人入座,并与值台员交接,把值台员介绍给客人。

技巧小贴士

拉椅入座技巧

双手扶住椅背两侧,右膝轻抵椅背下方,缓慢平稳地将椅子拉出,待宾客两膝略弯,即将坐下时,双手扶住椅背,右膝抵住椅背下方,手脚配合,轻轻向前推进座椅。

(3)上茶递巾。
① 值台服务员应主动上前向客人问候,双手拉椅,待客人坐下的过程中把椅子往前挪一点。
② 及时接过客人手中的行李物品,接挂衣物或提醒客人可以将包放在旁边的凳子上(如包内有大量现金或贵重物品,可寄存于吧台)。
③ 当客人落座后,开始点茶水。
④ 值台员从右侧斟餐前茶。斟茶时,应站在主宾右侧,顺时针绕台依次进行。
(4)递送菜单,接受点菜。为顾客点菜是餐饮服务的一个重要内容,从中能体现出餐厅员工的语言能力,高超的推销能力,打动客人的巧妙说服力,领会客人用餐需求、为顾客着想的能力以及餐厅员工对饮食知识了解的丰富程度。
① 茶加满后,服务员到吧台开香巾、湿巾,顺便拿菜谱;
② 迅速打开湿巾,从客人左侧递送;
③ 站在点菜客人的身后右侧接受点菜;
④ 点凉菜。点菜前为客人介绍特色菜品和新的风味品种。点完凉菜,复述一遍,报清后,请一个信得过的、可靠的人帮忙递单,然后接着点热菜。
⑤ 点热菜。热菜点完后,值台人员要复述一遍,以防漏点、重复点或写错菜名。
⑥ 点酒水。点完酒水离台前,为每位客人再次加满茶,以最快的速度报送热菜菜单。
(5)盯台服务(餐间服务)。
① 送热菜菜单回来,值台服务员要撤掉多余餐具,打开布折花放在每位客人的左侧或将其一角叠压于骨碟下面,把湿巾用镊子夹起,用托盘收走。
② 斟倒酒水服务,值台服务员要检查酒水质量,开启时瓶口不要对着客人。

技能链接 5——斟酒

斟酒是餐厅服务工作的重要内容之一。斟酒操作动作的正确、迅速、优美、规范,往往会给顾客留下美好印象。

姿势:斟酒时,服务员左手背后,右手持瓶,右手叉开拇指,并拢四指,握住酒瓶下部,食指指尖指向瓶口,掌心贴于瓶身中部、酒瓶商标的另一方,握稳酒瓶。斟酒完毕,将瓶口稍稍抬高,顺时针 45°旋转,提瓶,以免瓶口滴酒。

方式:斟酒的基本方式有桌斟和捧斟两种。桌斟指顾客的酒杯放在餐桌上,服务员站在客人右侧持瓶向杯中斟酒,斟酒完毕,提瓶,再用左手的餐巾将残留在瓶口的酒液拭去;捧斟是指斟酒服务时,服务员站立于客人右侧身后,右手握瓶,左手将酒杯捧在手中,向杯中斟满酒后,绕向顾客的左侧将装有酒液的酒杯放回原来的杯位,捧斟方式一般适用于非冰镇酒品。

斟倒酒量:中餐斟酒以八九分满为宜;西餐中,白葡萄酒斟倒 2/3,红葡萄酒斟倒 1/2 或 1/3,香槟酒先倒 1/3,待气泡平息后再加 1/3,白兰地斟倒 1/5;啤酒,慢慢沿杯壁下倒,泡沫留 1 cm,不溢出为佳。

③ 按序上菜。客人用餐过程中,值台员坚守岗位,及时添加香巾、餐巾纸,撤换用具;随时为客人提供斟倒酒水、分菜、分汤等服务,客人另有要求的,尽力满足。热菜上齐后,立即征求客人是否加菜或需要主食,并介绍多种主食以供客人选择,倒完茶水、饮料、酒、点完烟后,开主食单。客人吃完主食后,询问客人是否需要加其他东西。在客人用餐即将结束时,再为客人添一次茶,送一次香巾,并询问是否需要打包,餐后赠送水果拼盘。

技能链接 6——上菜

上菜顺序:中餐上菜一般顺序是先冷菜后热菜,先咸菜后甜菜,先荤菜后素菜,先干菜后汤菜,先菜肴后点心、水果。宴会上菜应严格按照席面菜单顺序进行。

上菜位置:零点餐厅服务员应注意观察,选择较宽敞的位置上菜,上菜时以不打扰客人为宜。严禁从主人和主宾之间上菜,也不要在儿童或老人身边上菜。宴会上菜一般选择在主人左侧第二、第三客人之间,即陪同和翻译之间进行。

菜肴的摆放:菜肴的摆放原则是位置适中、间距适当、荤素颜色搭配开。一个菜放中间;两个菜摆成一字形;三个菜成三角形;四个菜成正方形;五个菜摆圆形;五道菜以上的组合均以头菜或汤为圆心,摆成规则的圆形。

上菜时间:零点冷菜应尽快上,在客人点菜 10 分钟内上桌,20 分钟内上热菜,一般在 30 分钟内全部菜品上齐,或根据客人要求灵活掌握。宴会前 5~10 分钟上冷盘,冷盘吃到一半时,开始上热菜。服务员应注意观察客人进餐情况,控制上菜、出菜的速度和节奏,避免形成菜肴堆积,或空台现象。

其他注意事项:上菜前要注意核对台号、品名,避免上错菜。上菜前,应巡视台面情况,对于上菜位置、顺序及数量应做到心中有数,整理台面,留出空间。如有新菜需上而无空间时:菜点剩的较少时可征询客人的意见是否换小盘;同类菜品征询客人的意见是否合盘;已所剩无几的菜可征询客人的意见是否可以撤掉。上菜时应用右手操作,并用"对不起,打扰一下"提醒客人注意,菜盘切不可从客人肩上、头顶越过。将菜放到转台上并顺时针转动转台,新上的菜应转至主宾面前,退后一步,报菜名并伸手示意,特色菜品要做简单地介绍。上菜的过程中要不推、不拉、不摞、不压盘子，随时撤去空菜盘，保持餐桌清洁、美观。如果菜肴是按份上，应从主宾开始按顺时针方向依次服务。菜上齐后应礼貌告知客人"您的菜已经上齐了，请慢用"。

技能链接 7——分菜

西餐分菜时将匙与叉共同握在手上，叉柄的底部与勺柄相接，大拇指放在叉柄上，食指夹放在两柄之间，中指放在匙柄下方协助支撑服务勺，小指与中指放在同一侧。较之西餐，中餐分菜的方法较为简单，工具并不太复杂。为客人分炒菜时，只要用一副筷子或两把服务勺即可，汤、羹则用一把汤勺，鱼、禽类食品通常用一把刀和一把叉或一把勺配合进行。

叉勺分菜法：操作前需要先更换骨碟。双手将菜肴端至餐桌上，示菜并报菜名；具体分菜时，餐厅员工应将下垫口布的菜盘用左手托住，先向客人介绍一下菜肴的名称和特色，而后将左脚略略向前伸到桌下位置，上身微微斜倾，方便右手夹菜，再一一将菜送到每位客人面前的接菜盘内。从主宾左侧开始，按顺时针方向分菜。此方法适用于分热炒菜和点心。

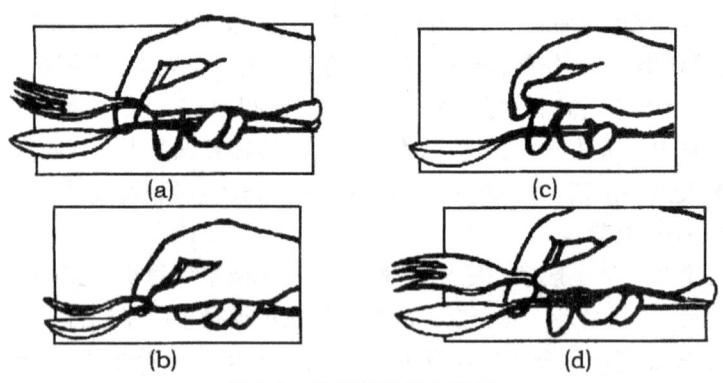

图 6-4　分(派)菜操作手势

注意事项：要做到一勺准，不允许将一勺菜或汤分给两位客人，也不允许在一个位置上同时为两位客人分菜。分菜数量要均匀，把菜肴的优质部位分给位次较高的人。盘内的菜不能一次分光，最后可以将菜剩余 1/10 左右装小盘放桌上以示富余，同时也方便客人自行添加。

旁桌分菜法：在餐桌旁放置服务车或服务台，准备好干净餐盘和分菜工具。双手将菜端上餐桌，示菜，报菜名；将菜取下放在服务车或服务台上分菜。菜分好后，从主宾右侧开始按顺时针方向将餐盘送上。此方法适用于分整形菜品及一些难分派的菜。

注意事项：在服务台上分菜时应面向客人，以便客人观赏。

转台分菜法：双手将菜端上，示菜并报菜名。然后用长柄勺、叉、勺直接在转台边站在客人右侧为客人分菜；全部分完后，将分菜用具放在空菜盘里。撤身取托盘，将空菜盘撤走。此方法适用于分冷菜和汤。

技巧小贴士

特殊菜肴的分让方法

1. 清汤鱼翅

服务员分清汤鱼翅时,要先分翅后分汤,方法是左手拿勺,右手拿筷,把翅夹进勺里再倒入客人的小碗里,然后一勺一勺加汤。

2. 鸽吞燕

服务员分鸽吞燕时,要先分汤后分鸽,也就是先将炖盅内的汤分进各位客人的小碗里,然后再用叉子压住鸽子,用刀从中间分开,切成块和燕窝一起再分给客人。

3. 分整鱼

服务员分鱼时,先将鱼翅用分菜刀叉取下,放在旁边的小盘上,然后用分菜叉轻压鱼身,持分菜刀在鱼头和鱼尾各切一刀(目的在于把主骨断开),再从鱼身中间将鱼切开露出鱼骨,将鱼身的肉分向两边把鱼骨剔出放于小盘上,最后将分向两边的鱼肉向中间合拢,浇上汤汁。分鱼时动作要轻,尽量保持鱼原有的形状。

技能链接 8——撤换餐具

席间服务时盯台要"眼观六路、耳听八方",撤换餐具的次数要视具体情况而定。

撤换时机:带壳、带骨的菜肴用后,当客人的骨碟中盛放物超过 1/3 时,要及时为客人更换干净骨碟;带糖醋、浓味汁的菜肴需更换骨碟;上名贵菜肴前应更换餐具;菜肴口味差异较大时应更换餐具;上甜品、水果前要更换餐具。

撤换方法:从主宾开始顺时针方向绕台进行,在客人右边进行服务,左手托盘,右手先撤下用过的骨碟,然后送上干净的骨碟;个别客人没有用完的骨碟,可先送上一只干净的,再根据客人意见撤下前一只;不能当着客人的面刮擦脏盘,防止将汤水及菜汁等溅在客人身上。

技能链接 9——为客点烟

当客人准备抽烟时,应立即上前为其点烟。点烟时火柴划向自己,当火苗稳定后,再给客人点烟,一根火柴最多为两位客人点烟。火柴梗摇灭后,放回火柴盒内。用打火机替客点烟应注意调节火苗的大小,点着后招呼客人,一次最多为两位客人点烟,如果需要可以熄灭后再次打着。

技能链接 10——撤换烟灰缸

普通烟缸有三个夹烟口,在摆放时应将其中两个夹烟口分别对准两位客人。服务时,发现烟灰缸里有烟蒂或杂物,应立即撤换烟灰缸。常见的有以一换一和以二换一两种方法。

以一换一法:拿一只干净的烟灰缸,倒扣在小托盘里;把干净的烟灰缸倒扣在用过的烟灰缸上;将两只烟灰缸一起放进托盘里,避免烟灰飞扬;再将上面的干净烟灰缸摆回餐桌上。

以二换一法:托盘里放两只干净的烟灰缸,先将一只干净的烟灰缸放在脏烟灰缸边;

拿另外一只干净的烟灰缸倒扣在脏烟灰缸上一同取下,避免烟灰飞扬;再将先放的干净烟灰缸复位即可。

3. 餐后工作

餐后工作包括以下几点。

(1) 打意见卡。服务员面带微笑,主动询问:"××,不知您今天吃好了没有。您看这是我们酒店的'贵宾意见卡',希望您能多提宝贵建议,帮助我们不断改善和进步。"

(2) 结账收银。服务员弯腰、微笑,用托盘或收款夹双手呈上账单,现金一定要当面点清,或者回吧台结账,找回的零钱和发票都应唱收唱付。

(3) 拉椅送客。此环节值台员应提醒客人带好自己的东西,及时拉椅,为客人拿行李物品,并使用礼貌用语送别客人。

(4) 整理餐桌,重新摆台。宾客用餐结束,全部走出餐厅后,服务员开始收拾台面。收餐具的顺序:先收瓷器,如餐碟、汤碗、汤勺;然后收银器、刀叉、筷子等;最后按小方巾、餐巾、玻璃酒具的顺序逐项撤台。

技能链接 11——更换台布

当餐厅中就餐宾客较多,或当宾客离开餐桌,收完餐具后,需要进行"翻台",即更换台布。

更换台布的方法是:将台面上所有用品移到半面台布上,然后把另半面脏台布掀起,露出半张餐桌;把台面上的用品从台布上移到露出的半面餐桌上,将台布朝上卷起,注意将面包碎屑等包卷起来,避免其撒在座位或地面上;在空出的半张餐桌上铺上干净台布,台布中间折缝与餐桌中线重合,将对折台布的上半面折起,然后把原来留在餐桌上的用品逐件移到已铺开的半面台布上;把折起的上半面台布完全打开铺平,按规定位置摆好胡椒盅、盐盅、烟灰缸等用具。

(三) 中餐宴会服务程序

1. 宴会准备工作

(1) 宴会前的组织准备。餐饮部及其他相关部门的服务员在接到宴会通知后,应根据各项具体要求,在宴会开始前进行一系列相应的准备工作。宴会前的组织准备工作主要包括掌握情况、人员分工、场地布置、物品准备与摆台、冷盘摆放、开餐前的检查和召开餐前例会等工作。

① 掌握情况。接到宴会通知后,餐厅服务员要做到"八知、三了解"。八知:知道宴会规模、知道宴会标准、知道开餐时间、知道菜单内容、知道宾主情况、知道收费办法、知道宴会主题、知道主办地点;三了解:了解宾客风俗习惯、了解宾客进餐方式、了解宾客特殊需要和爱好。

② 人员的分工与宴会的类别、宾主的身份、规格及服务人员的工作特长有着密切的关系。大型宴会可将宴会桌次和人员分工情况用图形表示。进行人员分工时,要根据个人特长进行工作安排;注意男女服务人员的比例;参与服务人员的宴会操作技能和临场应变能力;各区域负责人要有丰富的工作经验,要有处理突发事件的能力。为了方便服务人员明确自己的职责,重大宴请活动之前需进行服务预演。

③ 场地布置。宴会场地的布置应根据宴会的设计方案进行,既要反映宴会的特点,

又要使宾客进入宴会厅后感到舒适、美观。桌椅排列要整齐,留有足够的宾客行走通道和服务人员的服务通道。宴会厅的温度应保持稳定,且与室外气温相适应,一般冬季保持在20~24℃,夏天保持在22~26℃之间。

④ 物品的准备与摆台。根据宴会的人数、菜肴的数量准备餐具、摆台(如图6-5、6-6)。一般来说备用餐具不低于20%。

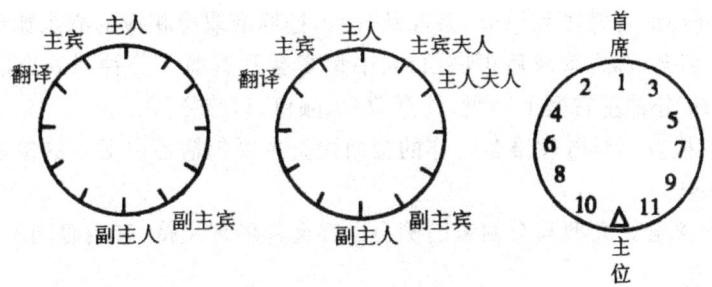

图 6-5　中餐宴会位次安排

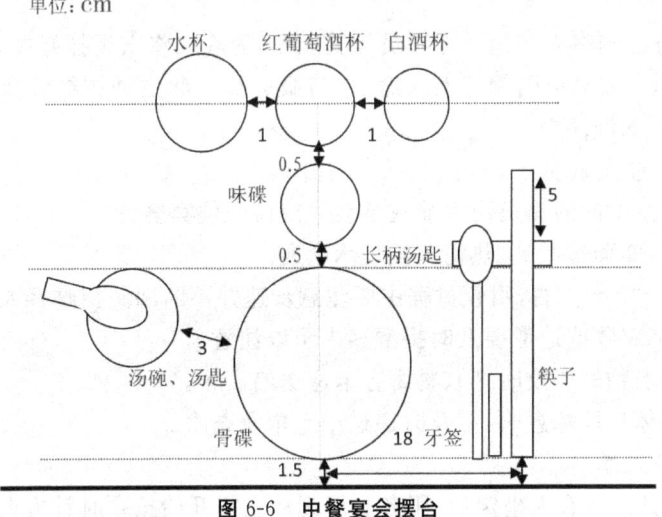

图 6-6　中餐宴会摆台

餐具摆放次序是(从主人位开始顺时针方向进行):

骨碟距桌边1.5cm,距离相等,店徽朝向正前方。

骨碟右侧摆放筷架,筷子摆放在筷架上,筷架距离筷子前端约5cm,,筷子底部离桌边1.5cm,筷套店标朝向客人。

汤碗在骨碟左上方,距餐盘3cm,羹匙匙把向左。

先将红酒杯放在骨碟的正前方,饮品杯在左,烈性酒杯在右,间距从左至右都为1cm,三杯成一线,餐巾花放入水杯中。

摆放两套公用餐具,放在正副主人的正前方,筷子一双、不锈钢长把勺一把,勺把及筷子手持的一端向右。

摆袋装牙签时,在筷子左侧;摆牙签筒时,在公用骨碟的右边,距餐盘0.5cm。

烟灰缸从主人的酒具的右侧开始摆,每隔两人摆一个,与酒具平行。

香烟火柴摆在正副主人右侧,正面向上,紧挨烟灰缸。

摆放两张菜单,在正副主人筷子的旁边,下端距桌边1cm。

席次牌在主人右手第三位客人的餐具旁,牌号朝宴会厅的入口处。

花摆在桌的中间位置。

将椅子放齐,仔细检查,发现问题及时纠正。

宴会前30分钟准备好可用茶壶、茶叶及开水,按标准取出相应的酒水饮料,开启所有灯光,小型、单桌宴会,客人就座后再斟酒;大中型宴会开餐前5分钟斟好白酒和葡萄酒。宴会开始前5~10分钟左右摆上冷盘,注意荤素、颜色、口味搭配开。

⑤ 开餐前的检查。对餐厅准备工作的全面检查主要包括各项卫生的检查、设备的检查以及安全的检查。

⑥ 召开餐前例会。大型宴会的餐前例会由宴会部经理主持,其内容同零点内容。

(2) 迎宾服务

① 提前迎候。根据宴会入场时间,由迎宾员在宴会厅门口迎候客人,大型宴会根据席位安排引领入座,或者先引导客人到客厅休息,待主客稍事交谈后,经征得同意请客人入席。

② 衣帽服务。当客人到达后迎宾员微笑问候,为客人将衣帽挂好并妥善保管。

③ 拉椅入座。迎宾员引领客人入席后,与服务员一起主动拉椅让座。拉椅时,按女士优先,先宾后主的顺序进行。

④ 迎宾工作注意事项:

根据宴会开始时间迎宾员应提前在宴会厅门口迎候宾客。

宾客到达时,要面带微笑、热情问候表示欢迎。

走在客人前方1m左右,引领过程中要注意步速并不断回头招呼客人。

如遇台阶、障碍物或地滑要及时提醒客人予以注意。

为宾客保存衣物时应及时把衣物寄存卡递送给宾客。

引领宾客到休息厅休息时,应及时递送小毛巾及茶水。

2. 就餐服务工作

(1) 入席服务。待客人坐定后,服务员即刻从主宾开始按顺时针方向送上香巾;根据客人需要提供茶水服务;然后帮客人落餐巾、松筷套、撤走席位卡和花瓶。

(2) 酒水服务。从主宾开始顺时针方向绕台逐位斟倒酒水。通常先斟葡萄酒,再斟烈性酒,最后斟饮料。及时撤走客人不用的酒杯。

(3) 上菜、分菜服务。当冷盘用去2/3时上第一道热菜。传菜员将菜肴传到餐桌旁,服务员应双手将菜捧上餐桌,规格较高的宴会,每道菜均需分派给客人,具体方法见零点服务中"上菜分菜"技能链接。

(4) 甜品、水果服务。菜品上齐后及时告知客人。收撤酒杯,留饮料杯,更换骨碟,上甜品餐具或水果叉,服务甜品或水果。用完水果后,应及时清理台面,撤去相关餐具,保持台面清洁。最后更换茶水,上新茶。

(5) 巡台服务。它分为以下几个方面。

① 小毛巾服务。提供小毛巾服务时,服务员应事先将准备好的毛巾放入毛巾篮中,

用托盘托送、服务。同时要注意小毛巾的温度,冬季上热巾,夏季上凉巾。

② 更换骨碟。高档宴会要求每吃一道菜后都应更换骨碟。现在大部分饭店为了体现优质服务,骨碟更换一般都不少于三次。

③ 更换烟缸。当烟缸内超过两个烟头时要进行更换。

④ 其他服务。宴会服务中,服务员要做到说话轻、走路轻、动作轻;眼勤、手勤、腿勤、嘴勤。上了需用手剥的菜肴时要上洗手盅,同时上香巾;及时主动为宾客添加酒水、清理台面,将空的菜盘及时撤走,转台脏了也要及时清理。

3. 结账服务工作

结账服务是宴会收尾的重要工作之一。宾客用餐结束,示意结账时,服务员应迅速将核对好的账单用账单夹或收银盘送至客人面前,注意要将账单正面递给客人。如若客人对账单表示质疑,服务员应及时核对,宾客付账后,应礼貌致谢。当然结账的方式也多种多样,包括信用卡、现金、挂账、支票等。

4. 送客服务工作

在宴会结束后,应积极地征求主办方书面或口头上的意见。对于用餐过程中的一些不愉快,应主动向宾客道歉,求得宾客的谅解。客人欲将多余菜点带走时,服务员应主动提供打包服务。在客人离开时,服务员应及时拉椅送客并提醒客人带好自己的物品,最后对客人用餐表示感谢,并将客人送出宴会厅。

5. 宴会结束后工作

送走客人回到宴会厅,首先要迅速检查四周,看是否有客人遗留的物品,争取第一时间送还;其次将大灯关闭,以节能降耗;最后按照"一布草、二金银餐具、三玻璃器皿、四瓷器"的顺序收台;清理卫生,重新摆台。还应对宴会服务情况进行总结,以提高服务质量和服务水平。

二、西餐服务

(一)西餐主要服务形式

西餐服务起源于欧洲的贵族家庭,由于西方各国不同的文化背景又形成了多种不同的服务方式,如表6-2所示。

表6-2 西餐服务形式一览表

服务形式	适用场合	特点	服务要求
英式服务(家庭式服务)	通常用于家庭用餐餐馆	与英美家庭用餐相似,服务简单	把烹制好的菜肴放在大食盘里,由服务员端至客人面前,客人从餐盘中自取食物,然后逐一往下传递,取到菜后自行进餐
法式服务(推车服务)	主要用于高档的西餐零点用餐	讲礼节、求奢华;人工成本高;服务速度慢,要求餐厅面积大餐位少	餐厅每个服务台需要一名服务员和一名助手两个人共同完成服务,每道菜的最后一道熟制加工工序都是当着客人的面在餐桌边完成的

续 表

服务形式	适用场合	特点	服务要求
俄式服务(国际式服务)	主要用于高档的西餐宴会用餐	服务周到又相对简单,国际上较流行	菜肴均在厨房中烹制出成品,盛装在银盘中,由服务员用大托盘托入餐厅,放置在工作台上,顺时针为客人分餐盘,逆时针为客人派菜;派完菜后,将剩菜送回厨房
美式服务(盘子服务)	主要适用于中低档次的零点及宴会	服务简单,速度快,人工成本低	所有菜肴都在厨房加工烹制好,盛在经预热的餐盘中,主菜要加盖保温,由服务员送至餐厅;直接从客人左边上菜
大陆式服务(综合式服务)	当前西餐服务中普遍采用的服务方式	融合法、俄、美式综合服务方式,以方便客人和服务为原则	不同的餐厅或不同的餐次选用的服务方式组合也不同,通常用美式服务上开胃品和色拉,用俄式服务上汤和全菜,用法式服务上主菜或甜点

(二)零点服务程序

1. 餐前准备工作

(1) 摆台用具如下:

金属用具(主菜刀叉、其余刀叉、开胃品刀叉、甜品叉、黄油刀、汤勺、点心勺、咖啡勺、调味品瓶)

瓷器(汤盘、主菜盘、面包盘、蛋盅、海鲜盅、烟灰缸)

玻璃用具(酒杯)

台布(选料厚重、结实,颜色与整个餐厅颜色协调,垂下部分不长过椅面)

餐巾(厚实、耐洗、摆放整齐)

插花(鲜花摆台,用花瓶或花座)

烛台(多烛和单烛,渲染气氛以示欢迎)

(2) 摆台要求如下(如图6-7):

座位正前方距桌边2cm处摆放垫纸或垫布,餐盘摆在垫纸或垫布上方,盘内摆放折好的餐巾。

餐盘的左侧摆放主餐叉,叉尖朝上,餐盘的右侧摆放主餐刀,刃刃朝盘,刀柄距餐盘1.5cm,主餐刀的右侧摆放汤匙。叉底、餐盘边沿、刀底、匙底在一直线上并相距1cm。

餐盘左侧4cm处摆放面包盘,盘上靠右侧1/3处摆放面包刀。

主餐刀正上方3cm处摆放水杯。

烟灰缸和调味品摆放在餐盘的正前方。

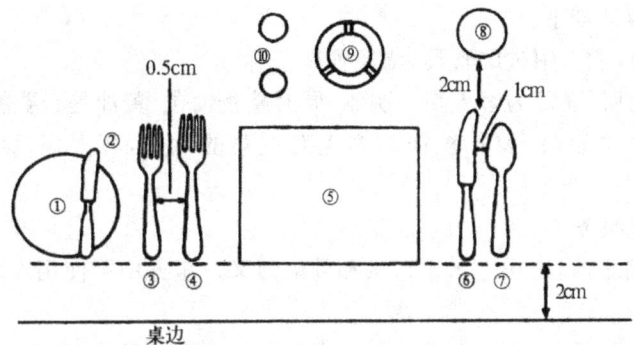

①面包盘 ②黄油刀 ③沙拉叉 ④主餐叉 ⑤口布
⑥主餐刀 ⑦清汤匙 ⑧水杯 ⑨烟灰缸 ⑩盐、胡椒盅
图 6-7 西餐零点摆台

2. 迎宾入座

在迎宾入座环节要注意：首先要询问客人有无预订；要优先安排女宾，如可以将其优先安排在视野开阔的位置；待客人入座后，点燃蜡烛，以示欢迎。

3. 鸡尾酒、餐前小吃服务

需要注意以下两个方面。

（1）高级西餐厅在此服务前往往先供应一份清汤或冰水，同时将面包、黄油送至客人左侧。

（2）请客人点鸡尾酒，复述后礼貌退离，由酒吧直接为客人送鸡尾酒。

4. 递送菜单、接受点菜

（注意：有的西餐厅是入座后递送菜单，有的西餐厅是在鸡尾酒服务后递送菜单。）

（1）递单顺序：按女士、老幼、男士的顺序，每人一份；

（2）要认真记录每位客人点的菜（包括火候、咸淡、配菜、上菜时间等的要求），为防止错漏，服务员可以按照餐桌、餐位编号记录。

5. 接受点酒

服务员展示酒单，按餐桌、餐位编号记录每位客人所点的酒和上酒时间。要求所点酒的味道不能压住菜的味道，菜的味道不能破坏酒的味道。

6. 开胃菜服务

此时应将客人所需的餐具配齐，并用干净餐巾包裹。开胃菜是第一道菜，必须注意其品质和服务质量。在上开胃菜之前，接受点酒的服务员先为客人斟酒。

7. 汤类服务

汤是第二道菜，多盛在容积较小的汤碗中，上汤时与垫碟一同上。

8. 色拉服务

色拉分主菜色拉与伴菜色拉。对应的各自服务如下。

主菜色拉：许多客人喜欢用色拉来代替主菜，摆在客人面前的餐盘中。

伴菜色拉：色拉与主菜同时用，摆到客人的左侧外。

9. 主菜服务

主菜是西餐中的主要部分，服务中要求服务员将主菜予以炫耀来唤起客人对主菜的兴趣。主菜服务具体如下。

(1) 上主菜前,撤下用过的餐具,调整餐具。

(2) 主菜上完后,立即为客人斟一次酒,同时检查面包、黄油是否要补充。

(3) 客人用完主菜后,要礼貌征询客人对主菜的意见,客人表示满意后方可礼貌退离。

10. 水果乳酪服务

在上水果乳酪之前,先送上水果刀叉和乳酪刀叉。服务中可使用水果乳酪车。

11. 甜点服务

甜点是西餐中最后一道菜,精美的甜点会使客人产生满足感,甜点还是西餐厅盈利较高的食品之一,可使用甜点单或甜品陈列车进行促销。

上甜点前,应对餐桌进行全面整理:撤下用过的餐具、盐瓶、胡椒粉瓶、面包和黄油盘等,抹去桌上的面包屑和菜点屑等。

12. 餐后饮料服务

餐后饮料一般为咖啡、茶和餐后酒。

13. 结账送客

服务员结账要准确、迅速且彬彬有礼。客人离席时,应替客拉椅,致谢送别。

(三) 西餐宴会服务程序

1. 宴会准备工作

西餐宴会前的组织准备工作可参考中餐宴会,不再赘述。这里主要讲西餐宴会摆台(如图6-8和图6-9)。

(1) 确定席位。如是长台,餐台一侧居中位置为主人位,另一侧居中位置为女主人或副主人位,主人右侧为主宾,左侧为第三主宾,副主人右侧为第二主宾,左侧为第四主宾,其余宾客交错类推。如是圆桌,席位与中餐宴会席位相同。

(2) 根据菜单要求准备餐具。西餐宴会需要根据宴会菜单摆台,每上一道菜就要换一副刀叉,通常不超过七件,包括三刀、三叉和一匙,摆放时按照上菜顺序由外到内放置。西餐餐具摆放按照"餐盘正中,左叉右刀,刀尖朝上,刀刃朝盘,先外后里"的顺序摆放。

(3) 酒具的摆放。水杯摆放在主餐刀正前方3cm处,杯底中心在主餐刀的中心线上,杯底距主餐刀尖2cm,红葡萄酒杯摆在水杯的右下方,杯底中心与水杯杯底中心的连线与餐台边成45°角,杯壁间距0.5cm,白葡萄酒杯摆在红葡萄酒杯的右下方,其他标准同上。

(4) 蜡烛台和胡椒瓶、盐瓶的摆放。西餐宴会如是长台一般摆两个蜡烛台,蜡烛台摆在台布的鼓缝线上、餐台两端适当的位置上,调味品(左椒右盐)、牙签筒,按四人一套的标准摆放在餐台鼓缝线位置上,并等距离摆放数个花瓶,鲜花不要高过客人眼睛位置。如是圆台,台心位置摆放蜡烛台,胡椒瓶、盐瓶在台布鼓缝线上按左胡椒右盐的要求对称摆放,瓶壁相距0.5cm,瓶底与蜡烛台台底相距2cm。

(5) 烟灰缸、火柴的摆放。从主人位和主宾位之间摆放烟灰缸,顺时针方向每两位客人之间摆放一个,烟灰缸的上端与酒具平行。火柴平架在烟灰缸上端,店标向上。

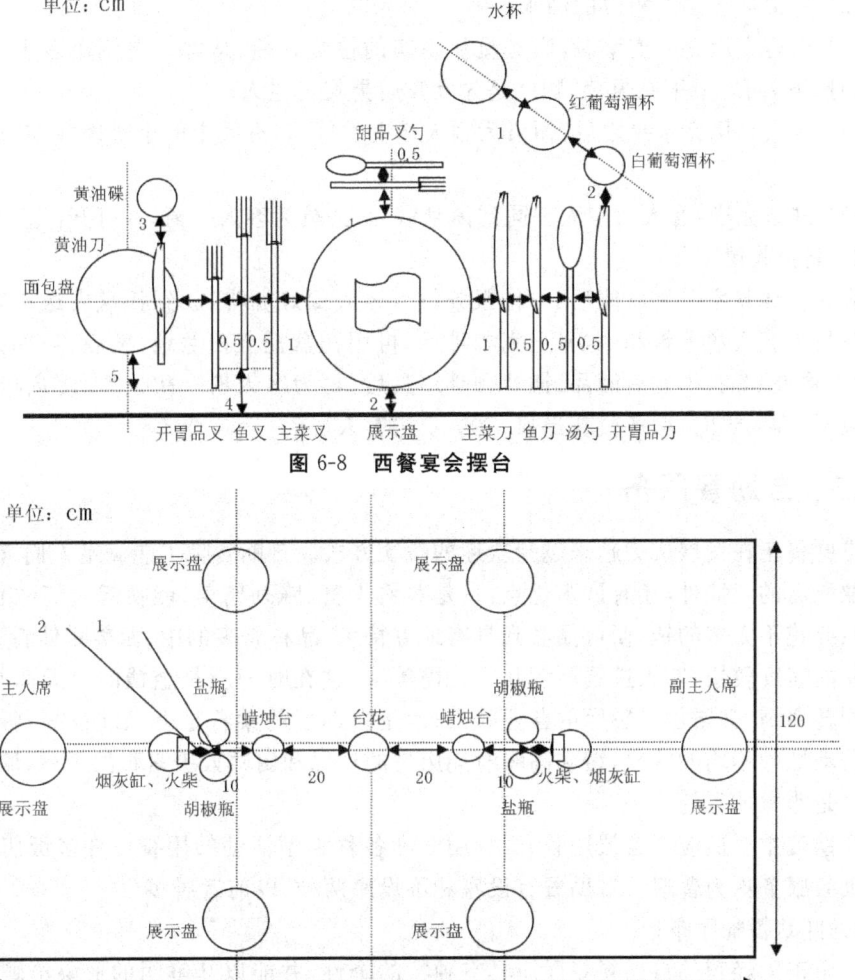

图 6-8　西餐宴会摆台

图 6-9　宴会附加品摆放平面

（6）开胃品的摆放在宴会开餐前 10 分钟将开胃品摆在桌上，可每人一碟，也可集中摆放，由宾客自取或由服务员分派。摆放时应考虑荤素、颜色、口味上的搭配。接着为客人斟上经过冰镇的水或矿泉水。

（7）西餐厅服务员应检查各自的仪容仪表，特别是在操作时应戴白手套。

2. 迎宾接待

礼貌热情地接待来宾，同时引领宾客到休息室休息，并为宾客送上餐前饮料及餐前酒。当宾客到齐后，主人表示可以入席时，服务员要立即打开通往宴会厅的门，引领宾客入席。入席时，为宾客拉椅让座，顺序为女士、重要宾客、行动不便的宾客和一般宾客。

3. 席面服务

菜肴顺序参见西餐零点服务，不再赘述。在西餐宴会的席面服务过程中还要注意以下几个方面：

（1）客人入座后，服务员为客人打开餐巾，为客人斟上所选定的饮料。

(2) 每道菜要斟上相应的酒水。

(3) 当客人用完一道菜时,服务员从主宾的位置开始,从客人右侧用右手将餐盘、餐具一同撤下,而后上下一道菜,顺序是先女宾后男宾再主人。

(4) 客人食用完水果之后,便可为客人送上香巾,装有香巾的小垫碟放在每位客人的左侧。

(5) 进餐完毕,客人与主人一同到休息室,服务员为客人拉椅,并打开休息室的门。

4. 宴会收尾工作

客人在休息室分别就座后,一位服务员为客人倒好咖啡,放到托盘内送给客人,另一位服务员为客人送上糖和牛奶;上完咖啡后,再用托盘托上白兰地、蜜酒、巧克力糖、雪茄烟(女士除外)等各类餐后酒品;撤掉咖啡用具后,再为客人斟一次饮料,便意味着宴会就此结束了;客人走时,服务员在出口一侧,欢送客人。

三、自助餐服务

自助餐正在发展成为越来越受欢迎的餐饮方式。自助餐除了能满足人们喜爱自己动手各取所需的习惯外,还有许多优点:一是菜肴丰富、陈列精美,能唤起人们的食欲;二是人们只要花不太多的钱,便可品尝到具有地方特色、品种繁多的中、西美味佳肴;三是自助餐就餐的速度较快,客人进餐厅后几乎无需等待,这在时间就是金钱的今天非常适宜,餐座的周转率高,又增加了餐厅的营业收入;四是自助餐的菜肴是事先准备的,所以可调剂厨师劳动忙闲不均的状况,缓和高峰时期厨房的忙碌和厨师人手紧张的矛盾,服务人员的配备也是非常节省的。

自助餐主要适应于会议用餐、团队用餐和各种大型活动的用餐。许多饭店对早餐提供自助餐服务更为普遍。自助餐有设座和不设座两种,以前者居多。

1. 自助餐餐厅布置

一个正常经营的自助餐餐厅应具有独特的个性,并能以其鲜明的形象给顾客留下深刻的印象,同时也与其精美的菜肴交相辉映。根据特别活动而设的自助餐应按其主题进行布置,并将该主题作为指导思想贯穿于餐厅装潢、背景布置、餐台装饰和食品的推销中去。

2. 餐(菜)台安排

大型自助餐一般设一个中心食品陈列桌和几个分散的食品陈列桌,以便分区域疏散客人。在食品陈列桌旁应该留有宽敞的空间使客人在取菜时不必排长队和造成拥挤的现象,并根据客流方向安排空间使用。除了用完整的自助餐台外,也可以将一些特色菜分离出来。在餐台上铺上台布,然后围上桌裙,这样会显得更加华丽、整洁,也更受客人的欢迎。在自助餐陈列台的后面应留有空间进行布置、渲染气氛,放置其特色菜。自助餐台的中央一般布置成大的花篮,用雕塑、烛台、鲜花、水果、冰雕等饰物点缀。

3. 菜肴的陈列

自助餐台的食品陈列应该按事先安排好的计划摆放,总的来说是根据西餐菜单上的顺序以及客人取食习惯来排列。客人的餐盘摆在自助餐台的最前端,整齐地放置在一起。热蔬菜、烤炙肉以及其他热的主菜,通常用暖锅保温,摆放整齐。与上述菜肴搭配的汤汁、调料和装饰物应与这些菜肴摆放在一起。甜食和水果可以单独设台，也可以用分格子大盘盛装。

4. 自助餐服务的要求

（1）根据计划和要求布置餐厅，设座式自助餐要摆好台，要求和正餐相似，保持餐厅内清洁、整齐。

（2）高级的自助餐，常在客人去自助餐前，就把开胃品和汤送到客人的桌上。饮料、面包、黄油也是由服务员送到餐桌上，服务的规格与正餐一样。

（3）对需保热食品的暖锅和电热炉要留意照顾，经常检查添加燃料；要使食物保冷必须备有冰块，盛冰块的碗要时常更换。在自助餐台后，应设一厨师穿上洁白的服装来照顾餐台。一个陈列菜盘里如 1/3 已空时，就应补充或换上一盘满的，否则很不雅观且有损食物丰富的形象。应当保持有足够数量的冷热菜盘以及其他各种服务用具、餐具和餐巾等。

（4）在餐厅发生意外如客人打翻盘子时，服务员要迅速帮助处理。管理人员应时常检查现场的服务运转情况，协调厨房与餐厅的服务工作的配合，及时处理各种突发事故，使自助餐顺利进行。

资料链接

不可小觑的自助餐餐前准备工作

王先生是我国南方某城市一家饭店的餐厅经理，他在检查客人的投诉意见时发现了如下的一段话"自助餐餐具不够，海鲜和肉类供应不足，烤肉串和有些食品的加工时间太长，让人等得不耐烦。鸳鸯火锅的调料不齐全，不太够味儿。烧烤的锅子不干净，容易粘锅。服务生的清理速度太慢，餐桌缺少饰物"。这家饭店的餐厅最近刚开展自助餐业务，试营业已有一周，效果不太理想。针对出现的问题和客人的意见，王经理召集所有员工讨论，强调了餐前准备的重要性。他们还对餐具的质量和数量、菜肴与食品的供应和加工、水果与酒水的品种、餐饮的供应时间、摆台与撤台、餐桌装饰和餐厅环境布置等方面的服务做了改进。在此期间，王经理每天都细致地观察餐厅的营业情况，询问和了解宾客的需求与建议。经过大家的努力，餐厅的面貌改变了，生意越来越红火，得到的表扬也越来越多。

第三节　餐饮服务质量管理

一、餐饮服务质量的构成要素

（一）物质要素

餐饮产品的物质内容是影响服务质量的第一要素，人们对服务质量方面的要求是第一位的。首先，食品如菜肴、面点、饮料等的质量是满足消费者需要的主要物质要素，它们的品质——色、香、味、数量和营养是否符合顾客的需要,是餐饮服务质量高低的决定因素。其次,餐饮企业为顾客提供的设备设施、餐具以及用餐环境能否使顾客满意,也直接影响服务质量。最后,餐饮服务过程包括服务程序也是服务质量的物质内容,服务程序不合理,也会引起顾客的不满。因此,餐饮服务质量管理要重视产品的物质内容。

（二）精神要素

物质内容在一定程度上影响着顾客的心理,如光顾高级餐厅使有的人感受到地位高贵而得到心理满足。但在市场经济条件下,人们更重视在人际交往中自己是否受到尊重与礼遇。在餐饮经营过程中由于生产者与消费者是同处于一个生产过程并在相互交往中完成的,生产者与消费者之间愉快而又和谐的交往就非常重要。而服务人员能否与顾客保持良好的交往关系,取决于服务人员的服务态度、礼仪礼貌、服务技能、交流能力。

（三）时效要素

高质量的餐饮服务要求服务人员准确、迅速、有效地为顾客提供服务。首先,保证餐饮服务产品享用的有效时间。餐饮产品要求提供即时服务,如时间过长、热菜变凉、凉菜变温都会影响餐饮产品的服务质量。无形服务产品也有使用的有效时间。消费者应在规定时间内得到有效服务,如顾客预订的时间应予保证。其次,消费者要求准确地按时提供服务。顾客购买服务、消费服务都有一定的时间要求。随着市场经济的完善,人们面临的是社会化的大生产,要求高效率、快节奏,时间观念大大加强。缺乏时间观念的服务是不能适应市场需要的。最后,消费者要求缩短取得服务的时间,如寻找时间、等候时间、服务时间、结账时间等,在这方面耗费的时间应越短越好。麦当劳规定顾客等候的时间不超过30秒。一些中餐厅规定顾客等候时间不超过15分钟等。

构成服务质量的物质、精神、时效三要素是彼此联系、互为条件的。服务产品的物质内容不佳,其他方面做得再好,也不能令客人满意。相反,如果高档餐厅的物质内容一流,但有"店大欺客"的习惯,服务人员态度差,服务等候时间长,时效性差,也难以有好的服务质量。因此,服务质量的三要素不能顾此失彼,要三者兼顾,才能创造出优质服务。

二、餐饮服务质量的控制管理

质量控制实际上是对控制对象的管理过程,是对影响质量的因素所采取的具体作业技术和实施措施的活动。对控制对象所采取的作业技术和实施措施的活动,应能够有效地控制每位员工、每一服务岗位、服务过程或环节,才有可能使服务质量得到保障。

（一）餐饮服务质量问题分析

在实施服务质量管理措施之前,管理者必须搞清楚餐饮服务过程中出现的质量问题的类型及原因,才能对症下药,有效控制。

餐饮服务质量问题可以划分为管理可控差错和服务员可控差错。管理可控差错是指管理人员未给餐厅服务员准备好自我控制的条件,而使服务员发生质量差错,或管理人员自身出现的工作质量差错,这类质量差错的责任在管理者。服务员可控差错是指服务员在具备自我控制的条件下所造成的质量差错,这类质量差错的责任在服务员。

上面所说的自我控制状态,它是指服务员必须同时具备以下五个条件:明白为什么应该做;明白自己应该做什么;明白自己如何做;明白自己正在做的工作成果怎样;当出现不符合标准要求时,知道如何去纠正。管理者的责任就是为服务员提供上述五个条件,使服务员处于自我控制状态。

实践中,有些差错难以确定究竟是属于管理可控差错,还是服务员可控差错。但是,大量统计证明,管理可控差错所占比例较大。可控差错一般可以分为三种类型。

1. 无意差错

这种差错是由于员工心理和生理的原因造成的。例如,由于疲劳的原因,服务员对客人表现出冷漠的态度。无意差错的特点是随机性强,无规律性。

2. 技术差错

这种差错是由于员工业务水平不高,缺乏某些防止差错的知识和技能而造成的。例如,服务员不会使用服务设备或操作技术不熟练引起的差错。开展技术培训,提高员工业务水平,能够有效地预防技术差错。

3. 有意差错

出现这种差错是由员工有意造成的。有意差错的特点是明知故犯。有意差错有时与技术差错、无意差错混在一起,难以区分。加强质量意识教育,健全质量责任制,完善激励和约束机制,能够减少有意差错的出现。

(二) 餐饮服务质量的规章制度保障

首先,要制订服务标准。标准是员工必须遵守的准则。服务标准应涵盖餐厅服务质量内容的各个方面,诸如着装仪容标准、服务态度标准、礼节礼貌标准、语言行为标准、时间质量标准、卫生安全标准、各岗位操作标准及标准操作规范等。餐间服务标准和标准操作规范包括迎宾入座、接受点菜、走菜、值台服务、酒水服务、结账送客等。员工用标准规范自己对客人的服务,管理者用标准督导员工的服务。

其次,要健全质量责任制度。质量责任制度是以提高服务质量为目的,以岗位责任制为基础,实行责、权、利紧密结合的质量管理制度,质量责任制度明确规定了饭店、部门、员工间在服务质量方面的责、权、利的关系,是责权一致原则和物质利益原则的具体体现。完善的质量责任制度,能够充分发挥员工的积极性和主动性,提高员工的责任感,使其各负其责,各尽其职,努力做好本职工作,从而能够保证餐饮的服务质量。

最后,还要制定质量信息收集制度。评价餐厅的服务质量,要求掌握大量的质量信息,质量信息包括:统计表、客人意见簿、客人投诉、部门反馈、定期或不定期的质量评定等资料,并形成收集制度加以规范。将收集到的饭店内部和外部质量信息进行整理和分析,得到正确的认识,以便为改进服务、提高服务质量采取有针对性的措施。

(三) 餐饮服务质量的教育培训保障

第一是质量教育培训。树立和强化人们的质量意识是质量教育的首要目的。质量意识是人们对质量的看法和认识,对质量的认识程度和重视程度。管理人员只有具备高度的质量意识,才能够为员工创造良好的自我控制状态,从而减少服务员的可控差错;员工只有具备高度的质量意识,才能忠于职守,努力提高服务技能,主动热情为客人提供满意的服务。第二是服务技能培训。餐厅的服务效果,固然在很大程度上取决于质量意识,但服务技能是不容忽视的。娴熟的服务技能,是提供优质服务的技术保证。只有将提高员工的质量意识教育和技能培训结合在一起,训练有素的员工才能把"质量第一"的意识真正落到实处。

(四) 餐饮服务质量的过程监控

按照餐饮服务的时间顺序可以将餐饮服务质量的过程监控分为餐前预先控制、餐间现场控制和餐后反馈控制。

1. 餐前预先控制

所谓预先控制,就是为使服务结果达到预定的目标,在开餐前所做的一切管理上的努力。预先控制的目的是防止开餐服务中所使用的各种资源在数量和质量上产生偏差。预先控制的主要内容包括人力资源、物质资源、卫生质量与事故等方面的控制。

(1) 人力资源的预先控制。餐厅应根据自身的特点灵活安排人员班次,保证开餐时有足够的人力资源。那种"闲时无事干,忙时疲劳战",或开餐中顾客与服务员在人数上大比例失调等都属于人力资源使用不当的现象。

(2) 物质资源的预先控制。开餐前,必须按规格摆好餐台,准备好餐车、托盘、菜单、点菜单、预定单、开瓶工具及工作车小物件等。另外,还必须备足相当数量的"翻台"用品,如桌布、餐巾、餐纸、刀叉、调料、火柴、牙签、烟灰缸等物品。

(3) 卫生质量的预先控制。开餐前半小时,对餐厅的环境卫生从地面、墙面、柱面、天花板、灯具、通风口到餐具、餐台、台布、餐椅、餐台摆设等都要做一遍仔细检查。发现不符合要求的地方,要安排迅速返工。

(4) 事故的预先控制。开餐前,餐厅主管必须与厨师长联系,核对前后台所接到的客情预报或宴会通知单是否一致,以免因信息的传递失误而引起事故。另外,还要了解当日的菜肴供应情况,如个别菜肴缺货,应让全体服务员知道。这样,一旦宾客点到该菜,服务员就可及时地向宾客道歉,避免事后引起宾客不满和投诉。

2. 餐间现场控制

所谓现场控制,是指监督现场正在进行的餐饮服务,使其程序化、规范化,并迅速妥善地处理意外事件。这是餐厅主管的主要职责之一。餐饮部经理也应将现场控制作为管理工作的重要内容。现场控制的主要内容包括服务程序的控制、上菜时机的控制、意外事件的控制及人力控制。

(1) 服务程序的控制。开餐期间,餐厅主管应始终站在第一线,亲身观察、判断、监督、指挥服务员按标准程序服务,发现偏差,及时纠正。

(2) 上菜时机的控制。掌握好上菜时机要根据宾客用餐的速度、菜肴的烹制时间等,做到恰到好处,既不要让宾客等候太久,又不能将所有菜肴一下全上。餐厅主管要时常注意并提醒服务员掌握上菜时间,尤其是大型宴会,上菜时间应由餐厅主管掌握。

(3) 意外事件的控制。餐饮服务是与宾客面对面直接服务,容易引起宾客的投诉。一旦引发投诉,主管一定要迅速采取弥补措施,以防止事态扩大,影响其他宾客的用餐情绪。如果是由服务态度引起的投诉,主管除向宾客道歉外,还可在菜肴饮品上给予一定的补偿。发现有醉酒或将要醉酒的宾客,应告诫服务员停止添加酒精性饮料;对已经醉酒的宾客,要设法让其早点离开,以保护餐厅的气氛不受破坏。

(4) 人力控制。一般餐厅在工作时实行服务员分区看台负责制,服务员在固定区域服务(可按照每个服务员每小时能接待20名散客的工作量来安排服务区域)。但是,主管应根据客情变化,对服务员在班中进行第二次分工、第三次分工……如果某一个区域的宾客突然来得太多,应该从其他服务区域抽调人力来支援,等情况正常后再将其调回原服务区域。若用餐高潮已经过去,则应让一部分员工先休息一下,留下一部分员工继续工作,到了一定的时间再进行交换,以提高员工的工作效率。这种方法对于营业时间长的餐厅如咖啡厅等特别有效。

3. 餐后反馈控制

所谓反馈控制,就是通过质量信息的反馈,找出服务工作在准备阶段和执行阶段的不足,采取措施加强预先控制和现场控制,提高服务质量,使宾客更加满意。

质量信息反馈由内部系统和外部系统构成,在每餐结束后,应召开简短的总结会,以不断改进服务水平、提高服务质量。信息反馈的外部系统,是指来自就餐宾客的信息。为了及时获取宾客的意见,餐桌上可放置宾客意见表,也可在宾客用餐后主动征求宾客意见。宾客通过大堂、旅行社、新闻媒介等反馈回来的投诉,属于强反馈,应予以高度重视,切实保证以后不再发生类似的服务质量问题。建立和健全两个信息反馈系统,餐厅服务质量才能不断提高,更好地满足宾客的需求。

三、餐饮服务质量管理中的投诉处理

"智者千虑,必有一失",无论我们在餐饮服务质量控制上做了多么充分的准备,还是会有一些漏洞,可能引起部分宾客的不满,投诉现象就不可避免地产生了。

投诉是指宾客对餐饮企业的设备、服务等产生不满时,以书面或口头方式向餐饮企业提出的意见或建议。掌握接待投诉客人的要领和处理客人投诉的方法和技巧,正确处理宾客投诉,不仅会使工作变得轻松、愉快,而且对于提高餐饮企业的服务质量和管理水平,赢得回头客,具有重要意义。

(一)正确对待宾客投诉

每一位餐饮从业者都应充分认识到:客人投诉是正常现象。形象地说,投诉的顾客就像一位"医生",在免费为餐饮企业提供诊断,以使管理者能够对症下药,改进服务和设施,吸引更多的客人前来消费。因此,管理阶层对于客人的投诉必须给予足够的重视。

具体而言,客人投诉的意义表现在以下几个方面。

(1)可以帮助餐饮企业管理者发现服务与管理中的问题和不足。企业的问题是客观存在的,但管理者不一定能发现。原因有三:其一,因为有些问题潜藏得很深,实在不容易被发现。其二,因为"居芷兰之室,久而不闻其香;入鲍鱼之肆,久而不闻其臭"的道理,企业的领导及员工长期在自己的岗位上工作,一切已习以为常,往往发现不了自身所存在的问题。而客人则大不相同,他们支付了一定的金钱,就是希望物有所值,能得到相应的服务。他们对企业有一定的预期。因此,他们对餐饮设备及餐饮服务方面所存在的问题是非常敏感的,往往能一眼看穿,及时发现。其三,企业虽然对其员工进行了严格的培训,要求员工"管理者在和不在一个样",但并非所有员工都能做到,他们可能是领导在场的情况下约束自己,做得比较好,一旦领导离开,就会放松对自己的要求,行为上出现一些不足之处,而这些行为,管理者也是发现不了的,只有客人作为餐饮服务的直接消费者,才能够及时地发现和指出。

(2) 为餐饮企业提供了一个改善宾客关系的机会,使其能够将"不满意"的客人转变为"满意"的客人,从而有利于企业的市场营销。研究表明,使一位客人满意,就可招揽 8 位顾客上门,如因产品质量不好,只要一名顾客对企业不满意,就可能导致 326 人的不满意。因此,餐饮企业要力求使每一位客人满意。客人有投诉,说明客人不满意,如果这位客人不投诉或投诉没有得到妥善解决,客人将不再光临该餐饮企业,同时也将可能失去 326 位潜在客人。无疑,这对餐饮企业是个巨大的损失。通过客人的投诉,了解到客人的"不满意",从而为餐饮企业提供了一次极好的机会,使其能够将"不满意"的客人转变为"满意"的客人,消除客人对企业的不良印象,减少负面宣传。

(3) 有利于餐饮企业改善服务质量,提高管理水平。餐饮企业可通过宾客的投诉不断地发现问题、解决问题,进而改善服务质量,提高管理水平。

总之,正确认识宾客的投诉,是使投诉得到妥善处理,为企业挽回声誉,使宾客满意而归的基础。所以,餐饮企业对宾客的投诉要采取积极的态度,无论客人出于何种原因进行投诉,餐厅方面都要理解客人的心理,绝不能与其争辩或不理不睬;要充分重视、设身处地为客人着想,及时调查,弄清事实,纠正错误,改善关系,真诚地帮助客人,尽可能地令其满意,只有这样才可能消除客人的怨恨与不满,重新赢得好感及信任,改善客人对企业的不良印象。

(二) 投诉原因分析

容易被宾客投诉的原因和环节是多方面的,既有来自餐饮企业的原因,又有宾客方面的原因。

1. 企业方面的原因造成的投诉

(1) 有关设备、设施的投诉。由于餐饮企业的消费环境、消费场所、设备设施未能满足宾客的要求而引起的投诉,如空调、音响系统使用不正常、不配套,水、电、气供应不到位,电梯控制失灵等。

(2) 有关服务与管理的投诉。此类投诉指的是管理人员督导不力,部门间缺乏沟通和协作精神而出现的违约现象;员工专业水平低、业务不熟练、一问三不知、工作不负责,会议服务不按要求配备所需设备、岗位责任混乱、服务效率低以及宾客账目合计错误等。

(3) 有关服务态度的投诉。此类投诉主要是指餐饮服务人员服务态度不佳,如冷冰冰的面孔、无礼粗暴的语言、嘲笑戏弄的行为、过分的热情或不负责任的答复等。

(4) 对餐饮产品质量的投诉。此类投诉包括包房有异味或蚊、蝇、蚂蚁,寝具、食具、食品不洁,食品变质、口味不佳等。服务员服务方式欠妥或行为不检,有违反有关规定的现象(如向宾客索要小费、不按操作规程工作等)。

其他特殊原因造成的投诉。

2. 宾客方面的原因造成的投诉

(1) 对企业的期望值过高。当宾客感到餐饮企业的相关服务或服务设施、项目未达到相应标准,不能体现出"物有所值",与期望值相差太远时,便会产生失望感,进而引发投诉。

(2) 对规定的理解与餐饮企业相悖。宾客的需求及价值观念不同,对事物的看法及衡量标准也不一致。部分宾客对相关规定的理解与企业有分歧,产生不同的看法、感受,甚至误解,因而导致投诉。

（3）希望通过投诉满足苛求。少数宾客投诉经验非常丰富,熟知企业的弱点及相关的法律规定,利用餐饮管理与服务中存在的不足和餐饮企业不愿把不良影响扩大的顾忌,力图通过投诉迫使企业给予他们较大的折扣,答应他们比较苛刻的条件。

（4）心绪不佳、借题宣泄。因非餐饮企业原因产生不满,借题宣泄或借题发挥,故意寻衅滋事,导致对服务的投诉。

（三）处理投诉的程序与技巧

接待投诉客人,是一个充满挑战性的工作。要想使接待投诉客人的工作不再那么困难,工作变得轻松,同时又使客人满意,就必须掌握处理客人投诉的程序、方法和艺术。

1. 处理投诉前做好各项心理准备

正确、轻松地处理客人投诉的前提就是必须做好接待投诉客人的心理准备。

首先,牢记"顾客满意"理论,树立"客人总是对的"的信念。客人来投诉,说明我们的服务和管理有问题,而且,不到万不得已或忍无可忍,客人是不愿前来当面投诉的。因此,首先要替客人着想,树立"客人总是对的"的理念,换一个角色想一想:如果你是这位客人,遇到这种情况,你是什么感觉？更何况,在餐饮企业,乃至整个服务业,我们提倡在很多情况下,"即使客人错了,也要把'对'让给客人"。只有这样,才能减少与客人的对抗情绪。这是处理好客人投诉的第一步。

其次,要准确把握客人投诉时的心态。客人的投诉心态通常有三种,即求发泄、求尊重、求补偿。一是求发泄,客人在就餐过程中遇到令人气愤的事,怨气回肠,不吐不快,于是前来投诉;二是求尊重,无论是软件服务,还是硬件设施,出现问题,在某种意义上都是对客人不尊重的表现,客人前来投诉就是为了挽回面子,求得尊重(有时即使企业方面没有过错,客人由于心情不好,或是为了显示自己的身份或与众不同或在同事面前"表现表现",也会投诉);三是求补偿,有些客人无论餐饮企业有无过错,或问题是大是小,都可能前来投诉,其真正的目的并不在于事实本身,不在于求发泄或求尊重,而在于求补偿,尽管他可能一再强调"并不是钱的问题"。因此,在接待投诉客人时,要正确理解客人、尊重客人,给客人发泄的机会,不要与客人进行无谓的争辩。假如客人投诉的真正目的在于求补偿,你要看看自己有无权力这样做,如果没有这样的授权,那么就要请上一级管理人员出面接待投诉客人。

2. 想方设法让客人平息怒气

接待投诉客人时,首先要保持冷静、理智,因为投诉的最终解决只有在"心平气和"的状态下才能进行,同时要设法消除客人的怒气。比如,可请客人坐下慢慢谈,或者换一个幽雅安静的地方,同时为客人送上一杯茶水。此时,以下几点要特别注意,否则,不但不能消除客人的怒气,还可能使客人"气"上加"气",出现火上浇油的效果。

（1）客人在讲述事情经过时,先让客人把话说完,切勿胡乱解释或随便打断客人的讲述。

（2）客人讲话时(或大声吵嚷时),要表现出足够的耐心,绝不能随着客人情绪的波动而波动,不得失态。即使是遇到一些故意挑剔、无理取闹者,也不应与之大声争辩,或仗"理"欺人,而要耐心听取其意见,以柔克刚,使事态不致扩大或影响他人。

(3) 讲话时要注意"说"的技巧。比如,要格外注意控制语音、语调、语气及音量大小。

(4) 要慎用"微笑",否则会使客人产生"出了问题,你还'幸灾乐祸'"的错觉。

3. 认真倾听,做好记录

一方面,对客人的投诉要认真听取,勿随意打断客人的讲述或做胡乱解释。另一方面,要注意做好记录,包括客人投诉的内容、客人的姓名、房号及投诉时间等,以示对客人投诉的重视,同时也是处理客人投诉的原始依据。更重要的是,客人为了把事情的经过讲清楚会有意配合服务人员的记录速度,这样一来就会不知不觉地放慢讲话速度,而语速的减缓又会使投诉者的心情较快地平静下来,有利于下一步投诉的解决。

4. 同情理解,表达歉意

在听完客人的投诉后,要对客人的遭遇表示抱歉(即使客人反映的不完全是事实,或餐饮企业并没有过错,但至少客人感觉不舒服、不愉快),同时,对客人的不幸遭遇表示同情和理解。这样会使客人感觉自己受到尊重,自己来投诉并非无理取闹,同时也会使客人感到你和他站在一起,而不是站在他的对立面与他讲话,从而可以减少对抗情绪。

5. 立即着手,处理问题

客人投诉最终是为了解决问题,因此,对于客人的投诉应立即着手处理,必要时要请上级管理人员亲自出面解决。着手处理时,要注意以下几点。

(1) 切忌在客人面前"踢皮球"。在接待和处理客人投诉时,一些员工自觉或不自觉地推卸责任,殊不知,这样给客人的印象更糟,使客人更加气愤,结果,旧的投诉未解决,又引发了客人新的更为激烈的投诉,出现投诉的"连环套"。

毫无疑问,客人认为每一个服务员都是企业的代表,都应在第一时间帮客人解决问题。服务员应该牢记,客人投诉时,他所关心的是尽快解决问题,他只知道这是餐饮企业的问题,而并不关心这是谁的或哪个部门的问题。所以,接待投诉客人,首要的是先解决客人所反映的问题,而不是追究责任,更不能当着客人的面"踢皮球"。

(2) 强行提出一种解决方法不如给客人多种选择方案。在解决客人投诉中所反映的问题时,往往有多种方案,为了表示对客人的尊重,应征求客人的意见,请客人选择,这也是处理客人投诉的艺术之一。

(3) 尽量给客人肯定的答复。一些餐饮企业管理人员认为,为了避免在处理客人投诉时,使自己陷入被动,一定要给自己留有余地,不能把话说死。比如,不应说"十分钟可解决",而应说"我尽快帮您办"或"我尽最大努力帮您办好"。殊不知多数客人很反感的就是不把话说死,什么事情都没有个明确的时间概念。因此,处理客人投诉时,要尽可能明确告诉客人多长时间内解决问题,尽量少用"尽快"、"一会儿"、"等等再说"等时间概念模糊的字眼。即使确实有困难,也要向客人解释清楚,求得客人的谅解。

6. 随时关注投诉处理结果

接待投诉客人的人,并不一定是实际解决问题的人,因此客人的投诉是否最终得到解决,仍然是个问号。事实上,很多客人的投诉并未得到解决。因此,必须对投诉的处理过程进行跟进,对处理结果予以关注。

7. 既要善始,又要善终

在客人投诉的问题解决之后,再次与客人进行交流,询问客人对投诉的处理结果是否满意,对企业经营有何好建议等,同时感谢客人,表达希望客人再次光临的愿望。

当然,评判一件投诉处理结果的好坏,站在不同的角度,其标准是不同的。往往是客人对其结果满意而企业却承受了重大损失;反之亦然。因此,处理投诉的结果理想与不理想,主要视双方的满意程度而定。应该说投诉的处理没有固定的模式和方法,而应根据不同对象、不同时间、不同地点、不同内容、不满的程度等采取恰如其分的措施和解决方法,力争达到双方都能接受的完美程度。

在服务行业有一种约定俗成的说法,即顾客总是对的。这是服务观念的一种较高境界,但是,在具体处理宾客的投诉时,不应机械地、教条地去理解执行,还需认真分析,判别是非。一方面要为客人排忧解难,为客人的利益着想;另一方面又不可在未弄清事实之前或不是餐饮企业过错的情况下,盲目承认客人对具体事实的陈述,讨好客人,轻易表态,给企业造成声誉上和经济上的损失。特别是当面对那些故意找碴儿的客人时,服务人员的头脑要时刻保持清醒。员工在与客人的冲突中,始终是处于"不利"的地位,或者说是"不占优势"的地位的。那些故意来"找碴儿"的客人,对这一点了解得非常清楚。他们知道,无论他们自己说了什么,或做了什么,只要服务员稍稍有一点"出格"的言行,他们就可以去向经理投诉,而且那些被投诉的服务员肯定是要挨批、受罚的。这些客人知道,哪怕是他们先骂了服务员十句,只要服务员回了一句,他们也可以把自己说成"受害者",而大闹一场。对于这种"不平等",那些"找碴儿"的客人知道得很清楚,而有些服务员却往往由于一时的冲动,把它"忽略"了。一些服务员之所以在客人面前"吃亏",就是因为他们忽略了自己与客人之间的这种"不平等"。作为服务人员,要进行自我保护,就必须面对现实,承认在与客人的冲突中,自己始终是处在不利的、不占优势的地位的。在客人故意投诉找茬时,绝不能有"你厉害,我比你还厉害"的想法。只有不让冲突发生,即便发生了,也绝不让它"升级",才是最佳的选择。面对那些带有挑衅性的、故意来"找碴儿"的客人,服务员只有用正确的想法,来控制自己的情绪和言行,才能使自己立于"不败之地"。

资料链接

立于不败之地的法则

法则一:你是客人,我是服务员。此时此地,我是不可能与你平起平坐的。如果你骂我一句,我也骂你一句,虽然是"一比一",到头来,吃亏的还是我。这个道理,我是不会忘记的。

法则二:我知道你是故意来找碴儿的。你的办法是激怒我,等待我的还击,你就有了大闹一场的借口,就能赢得"观众"的同情。我要让你的如意算盘落空,所以我绝不还击!

法则三:你无理而又无礼,这是你的问题,不是我的问题。我犯不着因为你的问题而生气。不管你是谁,只要你还是客人,我就仍然把你当做客人来接待。能把礼貌待客坚持到底,我就立于不败之地!

(四)处理投诉结束后的工作

投诉处理完以后,有关人员,尤其是管理人员,还应对该投诉的产生及其处理过程进行反思,分析一下该投诉的产生是偶然的,还是必然的。应该采取哪些措施,制定哪些制度,才能防止它再次出现。另外,对这次投诉的处理是否得当,有没有其他更好的处理方法。只有这样,才能不断改进服务质量,提高管理水平,并真正掌握处理客人投诉的方法和艺术。

第四节 餐饮服务礼仪

一、礼仪与餐饮服务礼仪

礼仪是在人际交往中,以一定的、约定俗成的程序方式来表现的律己敬人的礼节和仪式,涉及穿着、交往、沟通、情商等内容。从个人修养的角度来看,礼仪可以说是一个人内在修养和素质的外在表现。从交际的角度来看,礼仪可以说是人际交往中使用的一种艺术、一种交际方式或交际方法,是人际交往中约定俗成的示人以尊重、友好的习惯做法。从传播的角度来看,礼仪可以说是在人际交往中进行相互沟通的技巧。

餐饮服务礼仪是餐饮行业从业人员必备的素质和基本条件。出于对就餐客人的尊重与友好,餐饮服务人员在服务中要注重仪表、仪容、仪态和语言、操作规范等,以发自内心的热忱向客人提供主动、周到的服务,表现出良好的风度与素养。

二、仪表仪容

(一)仪表仪容的含义

仪表即人的外表,一般来说,它包括人的容貌、服饰、个人卫生和姿态等方面。仪容主要是指人的容貌,是仪表的重要组成部分。仪表仪容是一个人的精神面貌、内在素质的外在表现。

在餐饮服务过程中,服务人员的仪表美能够给宾客留下良好的第一印象,是其自尊自爱的体现,是尊重宾客的需要,是餐饮企业管理水平和服务水平的反映。

(二)对餐饮服务人员仪表美的基本要求

1. 头发

餐饮服务人员要常洗常梳理头发,不准染异色头发,发型要大方。女性从业者要求不留奇异、新潮发型,不留披肩发,发不遮脸,前刘海不过眉毛,长发要扎起,要用深颜色的发饰;男性从业者要求前不过眉、侧不过耳、后不及领,不留长发,不得烫发。

2. 面部

要注意清洁与适当的修饰,保持容光焕发。在岗位上不能戴有色眼镜,女性服务人员可适当化妆,但应以淡妆为宜,不能浓妆艳抹,并避免使用气味浓烈的化妆品,也不当众化妆或补妆。男性服务人员应修短鼻毛,不蓄须。另外,餐饮服务人员的牙齿应保持洁净,无异味、无异物。

3. 手部

要经常修剪与洗刷指甲,保持指甲的清洁,不得留长指甲,也不要涂有色的指甲油。

4. 服装

做到整齐、清洁、挺括、大方、美观、得体。穿衬衫要束在长裤、裙里面,长袖衫袖口不能卷起,袖口的纽扣要扣好。注意内衣不能外露,不掉扣、漏扣、不挽袖卷裤;领带、领结、飘带与衬衫领口的吻合要紧凑且不系歪,工号牌要佩戴在左胸的正上方。

鞋袜要保持干净、光亮。不能穿破损袜子。工作鞋应以穿着舒适、方便工作为主要准则。不准穿凉鞋、运动鞋、雨鞋。穿着肉色丝袜搭配裙装时,不能露出袜口(穿着西裙、短裙时宜穿袜裤)应穿与裤子、鞋同类颜色或较深色的袜子。袜子的尺寸要适当。

5. 首饰

除手表外,一般不宜佩戴耳环、手镯、手链、项链、胸针、戒指等饰物。

三、仪态举止

(一) 仪态的含义

仪态是指人在行为中的姿势和风度。姿势是指身体呈现的各种形态(体态和身姿);风度是人的举止行为,待人接物时的一种外在表现方式,属于气质方面的表露。风度美是一种综合的美、完善的美,这种美应是身体各部分器官相互协调的整体表现,同时也包括一个人内在素质与仪态的和谐。

餐饮业的服务对象是人,在宾客面前,餐饮从业人员的一言一行、一举一动与整个餐饮企业的服务质量、管理水平、企业形象息息相关,餐饮产品的特殊性又表现在服务与消费的同步进行,产品质量合格与否由客人来检验,服务人员的不良举止所留给宾客的坏印象是无法弥补的。这对从事服务性行业的人来讲尤其应引起重视。在餐饮接待中,要求餐饮服务人员的仪态风度是端庄稳重、落落大方。端庄是服务人员的形象,大方是服务人员应有的风度,任何浓艳、轻浮、冷漠,都会引起宾客的反感;热情和蔼、大方得体地为宾客服务,才能赢得信任及更多的客人。

(二) 表情

1. 目光

在服务过程中,餐饮从业人员要想达到良好的服务效果,自信、热情、关注的目光是必不可少的。服务人员在运用目光时要注意以下几点:

(1) 做到"目中有人"。在进行普通的社交性谈话时,目光要注视讲话的人,表示对对方的关注。别人讲话时,眼睛东张西望、心不在焉、玩东西或老看手表都是不礼貌的。

(2) 目光的"许可空间"。在与人交谈时,应使目光局限于上至对方的额头、下至对方上身的第二粒纽扣以上(即胸以上)、左右以两肩为准的方框里,不要将目光聚焦于对方脸上的某个部位或身体其他部位,特别是初次相识,或一般关系及异性之间,更应该注意这一点,不要超越这个"许可空间"。

(3) 避免不当目光的运用。在对客服务过程中,长时间地直盯着对方是失礼行为,如若上下打量人则更是一种轻蔑和挑衅的表示,目光无神或不敢正视对方,是无能的表现;游离不定的目光向客人传递出的信息是服务员的心神不定。

2. 微笑

"你今天对客人微笑了没有？"这是美国希尔顿旅馆总公司的董事长康纳·希尔顿50多年里，不断地到他设在世界各国的希尔顿旅馆视察业务时经常问及各级人员的第一句话。他说："旅馆里第一流的设备重要，而第一流服务员的微笑更重要，如果缺少服务员的美好微笑，好比花园里失去了春日的太阳和春风。假如我是顾客，我宁愿住进那些虽然只有残旧地毯，却处处可见到微笑的旅馆，而不愿走进只有一流设备而不见微笑的饭店。"正是运用微笑的魅力，帮助他度过20世纪30年代美国空前的经济大萧条时期，从而获得世界性的大发展。泰国曼谷的东方饭店，曾数次摘取了"世界十佳饭店"的桂冠，其成功秘诀之一，就是把"笑容可掬"列入迎宾待客的规范。

微笑既是一门学问，又是一门艺术，微笑服务可使顾客的需求得到最大限度的满足。顾客除了物质上的需求，也要求得到精神上、心理上的满足。实践证明，诚招天下客，客从笑中来。

餐饮服务人员在使用微笑语言时要注意以下几点：

（1）微笑要发自内心。在餐饮服务过程中，服务人员要笑得亲切、甜美、大方、得体，只有发自内心对客人的尊敬和友善及对自己所从事的工作热爱，才能满面春风地接待每一位客人。

（2）微笑服务当始终如一。微笑服务应作为一个规范，贯穿到工作的全过程。餐饮企业的管理者要让服务人员懂得笑要自然，因为客人是"上帝"；笑要甜美，因为客人是"财神"；笑要亲切，因为客人是嘉宾的道理。餐饮服务人员要做到：只要一走上工作岗位，就把个人的一切烦恼和不安置于脑后，振作精神，微笑着为每一位宾客提供服务。

微笑给人一种亲切、和蔼、礼貌、热情的感觉，加上适当的敬语，会使客人感到亲切感、安全感、宾至如归之感。

3. 面部表情

餐饮服务过程中，服务人员脸上的表情木然，或没有真情实感甚至矫揉造作，或过于夸张都会引起客人的反感，也必然会影响服务效果。因此，餐饮服务人员要善于控制面部表情，做到灵敏、真诚、有分寸。

（三）形体礼仪

美的仪态是一种文明礼貌行为，我国素有"站有站相，坐有坐相"的说法，可见站、坐、走姿都有一定的规矩，对餐饮服务人员的要求尤其严格。

1. 站姿要求

站立服务是餐厅服务员的基本功之一。"站如松"是说人的站立姿势要像青松一样端庄挺拔，同时还需注意站姿的优美和典雅。站姿的基本要求是：站正，自然亲切，稳重。其具体要领为：上身正直，头正目平，面带微笑，微收下颌，肩平胸挺，直腰收腹，两臂自然下垂，两腿相靠直立，肌肉略有收缩感。站立时，切忌东倒西歪，耸肩勾背，懒洋洋地倚靠，这不仅给人以缺乏自信感，而且有失仪表的端重。

（1）标准工作站姿如下。

① 女性从业者站立时，双脚呈"V"字形或者看上去略像字母"T"，双膝和脚后跟要靠紧，脚尖张开的距离约为20～25cm（如图6-10），给人以"亭亭玉立"的印象。穿礼服或旗

袍时,不要双脚并列,要让两脚之间相距5cm,以一只脚为重心。

② 男性从业者站立时,双脚可稍分开,最多与肩同宽,上体保持正直,不可把脚叉开很大。站立时禁止歪脖、斜腰、挺腹、屈腿等(如图6-11)。

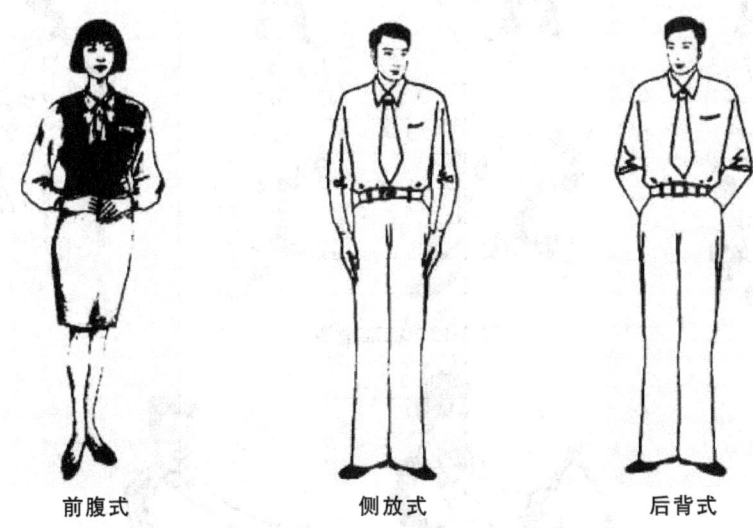

图 6-10　女性标准工作站姿　　　图 6-11　男性标准工作站姿

(2) 工作站姿应该注意的问题如下。

① 站着与宾客谈话时,要面向宾客,保持一定距离(交际场合的谈话距离约60cm左右),太远或过近都是不礼貌的。

② 姿势要端正,可以稍稍弯腰,但不能身斜体歪,两腿分开很大距离,或倚墙靠桌、手扶椅背、双腿交叉等站姿,都是不雅观和失礼的仪态。

③ 在正式场合或在服务岗位上站立时,不要下意识做小动作,如摆弄衣服、发辫、咬手指、玩弄打火机或香烟盒等,这样不仅显得拘谨,给人以缺乏自信和经验的感觉,而且有失仪态的庄重。

④ 站立时,不要用手抱肘,双臂交叉抱于胸前的姿势在世界各地都被人们普遍用来表示防御与消极的态度。手也不能插在腰间,这是含进犯意思的姿势;双手也不可插在衣袋中,这被认为是不礼貌的。

礼貌的站姿,给人以舒展俊美、积极向上的好印象。正确的站姿站功是餐厅服务员必备的专业素质。餐厅服务员上岗时,站姿一定要规范,特别是隆重、热烈、庄重的场合,更要一丝不苟地站立。

2. 坐姿要求

坐姿文雅,并非一项简易的技能,坐姿不正确,不但不美观,而且还会使人体畸形。对坐姿的基本要求是"坐如钟",即坐相要像钟那样端正。基本要领是:上体自然坐直,两腿自然弯曲,双脚平落地上,双膝应并拢,端坐时间过长,会使人感到疲劳,这时可变换为侧坐。侧坐分左侧和右侧两种,在保持坐姿的基本要领基础上,向左(右)摆45°,两脚、两膝靠拢。男士可稍稍分开,但女士的双膝、脚跟必须靠紧,两手半握拳放在膝上,或小臂平放在坐椅两侧的扶手上,注意由肩到臂,紧贴胸部,胸微挺,腰要直,目平视,嘴微闭,面带笑容,大方、自然(如图 6-12 和 6-13)。无论是哪一种坐法,都应以娴雅自如的姿态来表示对别人的尊重,给他人以美的印象。

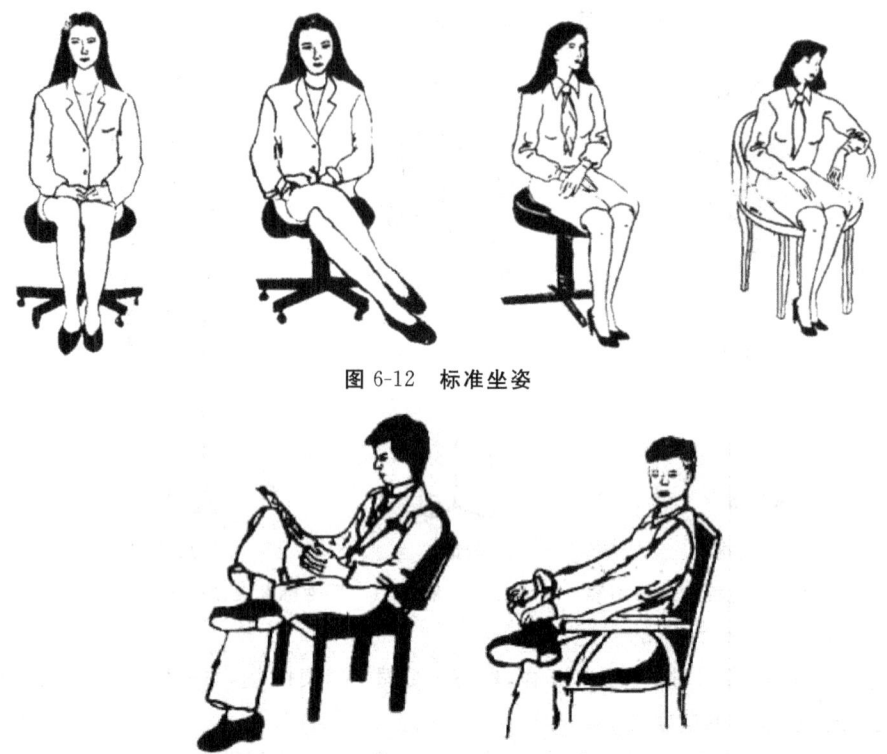

图 6-12　标准坐姿

图 6-13　不良坐姿

工作坐姿还应该注意以下几个问题:

(1) 入座时,从座位的左边入(右边出)要走到座位前面再转身,转身后右脚向后退一步,然后轻稳地落座,注意动作要轻盈舒缓,从容自如。落座的声音要轻,不要猛地墩坐,如同与别人抢座位。特别是忽地坐下,腾地站起,如同赌气,会造成紧张气氛。

(2) 落座时要保持上身平直,不要耷拉肩膀、含胸驼背、前俯后仰,给人以萎靡不振的印象。半躺半坐、跷二郎腿,给人以放肆、无教养的感觉。两手交叉放在胸前或推开放在桌上,将手里的东西不停地晃动,一会儿拉拉衣服、整整头发、抠抠鼻子、耳朵等,都会破坏坐姿。

(3) 腿的摆法也是不容忽略的。两腿笔直向前、两膝分得太开、抖动腿脚、两脚并拢而两膝外展,或两脚放在座椅下等,这些都是非"礼"的动作,也会给人传递错误的感觉,造成不必要的麻烦。

(4) 在人际交往中,坐姿的选择要与不同的场合相适应。坐宽大的椅子(沙发)时,要注意不要坐得太靠里面,可就座工作的服务员应坐椅子的 2/3,以便随时为宾客服务。如坐着与客人交谈,应目光注视对方,便于聆听。

(5) 女子入座时,要用手将裙子往前拢一下,坐下后整理一下衣裙,并注意两膝不能分开,双脚要并拢。如果跷腿坐,注意不要跷得过高,不要把衬裙露出来,还应注意将上面的小腿向后收,脚尖向下。不然会有损风度和美观。起立时,右脚先向后收半步,然后坐起。

(6)"4"字形的叠腿方式和用手把叠起的腿扣住的方式是绝对禁止的,叠腿且又晃动脚尖则更是显得目中无人的傲慢无礼的行为。

3. 走姿要求

对走姿的要求是"行如风",即走起路来要轻而稳,像春风一样轻盈,从容稳健。走姿的基本要求是:挺胸,抬头,两眼平视,重心稍向前倾,双肩平稳,双臂以肩关节为轴前后自然摆动,步度和步位要合乎标准。走路不要低头,后仰,切忌里八字或外八字。走路要用腰力,具有韵律感。男士行走,两脚跟交替前进,两脚尖稍外展。女子两脚都要踏在一条直线上,称"一字步",以显优美,因为踩两条平行线,臀部就会失去摆动,腰部会显得僵硬,失去步态的优美。步度是指跨步时两脚间的距离,标准的步度是本人的一脚之长,女士穿裙装或旗袍配高跟鞋时,步度可略小些(如图 6-14)。

图 6-14 标准走姿

餐饮从业人员行走时要注意以下问题:

① 迎客走在前,送客走在后,遇拐弯或台阶处应示意客人;

② 行走在走廊、通道、楼梯时应靠右行走,见到客人要主动问好;

③ 两人行走,不要拉手搭肩;多人行走,不要横排成行;与宾客同进出,要礼让宾客;

④ 通道比较狭窄,有客人从对面走来时,服务员应微笑点头致意,或主动让道,停下工作,侧身站立,用手示意,并说"您好!""您请!"等礼貌用语,请宾客通过,不得抢行;

⑤ 遇有急事或手提重物需超越行走前面的客人时,应先向客人致歉,在征得宾客同意后方可朝前走,并注意从客人的一侧通过,如有两位客人并列时,不能在其中间穿过;

⑥ 遇到十分紧迫的事,可加快步伐,但不可慌张奔跑;

⑦ 行走时,不得吸烟、吃东西、吹口哨、整理衣服等。

(四)动作礼节

(1)操作姿势。操作姿势是指餐厅服务员在工作中的具体动作表现,餐厅服务员在工作中要严格遵守以下操作规范。

① 拿大小餐盘,手指不能触及盘子里面,较重的餐盘要双手捧盘上桌。

② 拿小件餐具时,拿勺把、筷尾、叉柄、刀把要单件拿,不可一把抓。

③ 拿杯具时,拿茶杯柄、高脚杯杯柱、玻璃杯下部,不可用手抓或几个杯子套在一起拿,更不可用手触碰杯口部位。

④ 低处取物的操作:拿取低处物品或拾起落在地上的东西时,不要只弯上身,翘臀部(如图6-15)。要利用蹲和屈膝的动作,脚稍分开,腰伸直,站在要拿和捡的东西旁边,慢慢低下腰部拿取,以显文雅。在接待工作中,给客人送茶水、饮品时,如果是低矮的茶几,应使用优美典雅的蹲姿(如图6-16)。

图 6-15　不良蹲姿

图 6-16　标准蹲姿

⑤ 倒茶时右手持茶壶柄,左手以干净的口巾垫衬壶底。

⑥ 为客人引位时,应掌心向上,四指并拢,大拇指张开,前臂自然上抬伸直。指示方向时,应面带微笑,上体前倾,眼睛看着目标方向,同时兼顾客人以示诚恳、恭敬。

(2) 递物与接物。递物与接物是常用的一种动作,应当双手递物,双手接物(五指并拢)表现出恭敬与尊重的态度。注意两臂挟紧,自然地将两手伸出。

餐饮从业人员递接物品时要注意以下问题。

① 在接待工作中,所有东西、物品都要轻拿轻放,客人需要的东西要轻轻地用双手送上,不要随便扔过去,接物时应点头示意或道声谢谢。

② 递上剪刀、刀子或尖利的物品,应用手拿着尖头部位递给对方,让对方方便接取。同时,还要注意递笔时,笔尖不可以指向对方,递书、资料、文件、名片等,字体应正对接受者,要让对方容易马上看清楚。

(3) 鞠躬。行礼时要面对客人,取立正姿势,微笑,并拢双脚,身体上部向前倾斜,头自然下垂。女性行礼时,双手轻轻搭在身体前面,自然柔和;男性行礼时,双手放在身体两侧,五指并拢。切忌边走边看边行礼,这是十分不雅观的。

工作中,餐饮服务人员还要注意鞠躬的场合与要求,当遇到客人或表示感谢或回礼时,行15°鞠躬礼;遇到尊贵客人来访时,行30°鞠躬礼,只有掌握好分寸才能取得最佳的服务效果。

(4) 上下楼梯。上楼梯时,身体自然向上挺直,胸要微挺,头肩平正,臀部要收,膝要弯曲,整个身体的重心要一起移动;下楼时最好走到楼梯前先停一停,片刻扫视楼梯后,运用感觉来掌握行的快慢高低沿梯而下。

在接待工作中,引导客人上下楼梯时,扶手那边应让给客人行走。交际场合,上楼时,尊者、女士在前;下楼时则相反。

(5) 进出公共场所及电梯。在公共场所,如会议场所、电梯间、楼梯、门口等应先出后进,还应遵循下级礼让上级(或客人),男士礼让女士(女士优先),年轻人礼让年长者的原则,文明有序地进出公共场所。等电梯时,不要站在梯口的正面,进入后应靠边站立,不要在电梯里大声讲话、谈笑;眼睛不要东张西望,最好是不说话,眼光看着电梯的信号标志。乘自动扶梯,应左行右立,两人一起也应前后站立,左边空间应让给有急事的人上下。

在对客服务过程中,餐饮从业人员应严格遵守以上举止规范,还要注意避免以下不雅举止的发生。

① 在客人面前忌打喷嚏、打哈欠、伸懒腰、抠耳鼻、剔牙、修指甲、抹口红、照镜子、整理衣服等,这些都被认为是不礼貌的举止。咳嗽或打喷嚏,应用手帕遮住口鼻,脸转向一侧;不要随地吐痰、丢纸屑、果皮、烟头等。

② 工作时不准饮酒,不吃葱、蒜等异味食品。

③ 在接待服务工作中,严格执行"三轻"(说话轻、走路轻、操作轻)。不得串岗、喧哗,不要高声应答,如距离较远,可招手示意。

四、服务礼貌语言

(一) 礼貌语言的要素

礼貌语言的四要素为:以宾客为中心、热情诚恳的态度、精确通俗的内容、清晰柔和的表达。

(二) 礼貌语言的准则

得体准则做到:礼貌有声语言贴切;礼貌形体语言得当。

慷慨准则做到:注意"吝啬"的损失;重视"慷慨"的经验。

谦逊准则做到:淡对夸赞;不卑不亢;显示耐心;虚怀若谷;词语恰当。

赞誉准则做到:真心实意;实在具体;合乎时宜;因人而异;雪中送炭。

一致准则做到:存异求同;设身处地;迂回诱导。

同情准则做到:施以积极的情绪;以真情唤起真情;增强情感的可感性。

(三) 服务礼貌敬语

1. 说好敬语的前提

(1) 上班前不喝酒,不吃食后讲话传味的调味品(如葱、蒜等)。

(2) 着装整洁、规范、得体。

(3) 与客人说话,保持一米左右的距离。

(4) 说话时要面带笑容,表情开朗愉快,语调亲切轻柔,话音略低于客人的声调。
(5) 与客人说话,要专注,眼睛望着客人,不要死盯着客人。

2. 餐饮服务基本礼貌用语(如表6-3)

表6-3 餐饮服务基本礼貌用语

服务环节	常用礼貌用语
迎客	您好(上午好、晚上好……),欢迎光临!
	请问几位?
	您好,有预定吗?
拉椅请坐	先生/小姐(女士),请坐!
开位问茶	请问先生/小姐(女士)喜欢喝什么茶呢?我们这里有……
派餐巾	先生/小姐(女士),请用毛巾。
斟茶	先生/小姐(女士),请用茶。
问酒水	先生/小姐(女士),请问喜欢喝些什么酒水呢?我们这里有……
斟酒水	先生/小姐(女士),帮你斟上××酒水好吗?
收茶杯	先生/小姐(女士),帮您把茶杯收走好吗?
上汤	这是××汤,请慢用。
上菜	这是××菜,请各位慢用。
更换骨碟	先生/小姐,帮您换骨碟。
撤换茶碟	请问,这个茶碟可以收走吗?
上水果	这盘水果是我们餐厅×经理送的,是本餐厅的小小心意,请慢用。
饭后茶	请用热茶。
结账	您好,请问哪位买单?
	多谢,八折,一共消费××钱,请问需要发票吗?
	多谢,收到您××钱。
	这是找您的钱和发票,请您收好。
送客	多谢光临,欢迎下次再来,再见!

第五节 宴会的组织管理

宴会厅是餐饮部的重要组成部分,是宴会部经营活动的重要场所。宴会具有消费标准高、菜品丰富、气氛隆重热烈、讲究服务礼仪等特点,因此宴会服务从产品设计到席间服务均要求提供高规格的服务接待水平,同时能够体现中国饮食的丰富文化内涵。

一、宴会概述

宴会是人们为了一定的社会交往目的集饮食、社交、娱乐于一体而举行的高级宴饮聚会。《说文》曰:"宴:安也。"从字义上看,"宴"的本义是"安逸"、"安闲",引申为宴乐、宴享、宴会;"会"是许多人集合在一起的意思,久而久之,便衍化成了"众人参加的宴饮活动"。

（一）宴会类型

按饮食风格宴会可以分为中餐宴会和西餐宴会。

按规格可以分为国宴、正式宴会、便宴、家宴。确定宴会规格,通常视主人、客人、主要陪客的身份而定,同时还参考过去相互接待时的礼遇,以及现在相互间关系的密切程度等因素而定。

按时间可以分为早宴、午宴和晚宴。比较正式的宴会一般安排在晚上进行,早宴和午宴带有工作性质,如交谈、会谈。

按餐饮形式可以分为鸡尾酒会、冷餐酒会、茶话会、招待会。这类宴会便于广泛的接触、交友,不拘泥于形式;另一个目的就是发布消息,收集信息,是现代社会常用的一种宴会形式。

按目的可以分为礼宾礼仪宴、喜庆家庭宴、会友聚餐宴、酬谢答礼宴、商务谈判宴等。宴会有具体目的,宴会承办者的全部工作都应该围绕着宴会目的去做。

按季节可以分为迎春宴、中秋佳节宴、除夕宴、圣诞宴等。特定的季节、特定的环境、特定的文化氛围,是这类宴会的主、宾共同喜好与感兴趣的氛围。

按规模可以分为小型宴会、中型宴会、大型宴会。

按宴会的档次（出品标准、环境布置、接待礼仪和服务程序等）可以分为普通宴会、高级宴会、豪华级宴会。

（二）宴会的特征

1. 聚餐式

这是宴会形式的重要特征。聚饮会食是宴会最基本的特征。赴宴者通常由四种人组成,即主宾、随从、陪客与主人。主要宾客是宴会的中心人物,常安排在最显要的位置就座,宴饮中的一切活动都要围绕他而进行。大家在同一时间、同一地点、品尝同样的菜点,享受同样的服务,为了一个共同的主题而聚饮会食。

2. 规格化

这是宴会内容的重要特征。宴会讲究规格和气氛,气氛隆重,菜点丰盛,接待热情,礼仪规范。既然是盛宴,就必然要求礼仪程序井然,环境选择优美,菜点设计配套,烹饪制作精良,餐具精致整齐,整体布置恰当,席面设计考究,菜点组合协调,形成一定的格局和规程,这样才能情趣怡然,保持宴会祥和、欢快、轻松的旋律,给人以美的享受。

3. 社交性

这是宴会的目的特征。宴会是社交活动的重要形式。人们设宴皆有明显目的,如国际交往、国家庆典、亲朋聚会、红白喜事、饯行接风、疏通关系、酬谢恩情、乔迁置业、商业谈判以及欢度佳节等。总之,人们相聚在一起,品佳肴美味,谈心中之事,疏通关系,增进了解,加深情谊,从而实现社交目的。这正是宴会自产生以来几千年长盛不衰、普遍受欢迎的一个重要原因。

4. 礼仪性

"夫礼之初,始诸饮食。"宴会礼仪是赴宴者之间互相尊重的一种礼节仪式,也是人们出于交往目的而形成的为大家共同遵守的习俗。其内容广泛,如要求酒菜丰盛,仪典庄重,场面宏大,气氛热烈;讲究仪容的修饰、衣冠的整洁、表情的谦恭、谈吐的文雅、气氛的融洽、相处的真诚以及餐室布置、台面点缀、上菜程序、菜品命名、嘘寒问暖、尊老爱幼等。还要考虑因时配菜,因需配菜,尊重宾主的民族习惯、宗教信仰、身体素质和嗜好忌讳等。

(三) 宴会的作用

宴会是一种特殊的交际工具。人们在日常交际活动中,除了用电话、书信等常用工具进行交流之外,宴会也是重要的交际工具之一。人们在这种特殊的氛围里边品尝美味佳肴、香茗美酒,边畅叙友谊、洽谈事务。有时运用其他方式难以解决的问题,通过宴会却可迎刃而解。

在饭店日常经营的服务项目中,宴会更是最为常见的一种餐饮经营方式,由于它规格高、影响大、服务讲究、利润颇丰,历来受到饭店经营者的重视。其作用如下。

1. 宴会经营是饭店经济收入的重要来源

宴会部是一个在经营管理上占有重要地位的部门。宴会营业面积大,接待人数多,消费水平高,毛利率高,是饭店餐饮收入的重要来源之一。

2. 宴会营业是提高饭店知名度的重要形式

饭店宴会大多是伴随着商业、社交和特殊需要举行的,如公司推销产品、新闻发布、洽谈业务、签订合同、招待政府官员、举行会议及生日、结婚纪念活动等。有些宴会的宾客地位比较高,常常是新闻机构宣传报道的焦点,在进行新闻报道的同时,也宣传了饭店,扩大了饭店的影响,提高了饭店的声誉。

3. 宴会厅的业务对饭店整体经营影响非常大

当宴会属于大型餐时,对饭店来说营业额会大大增加,不仅给宴会部门带来丰厚的营业收入,而且有助于饭店内其他餐厅的广告宣传,吸引顾客前往餐厅消费,甚至为饭店客房带来商机。

因此,加强宴会管理,提高饭店宴会接待服务水平,对提高整个酒店的经济效益和社会效益都有着十分重要的意义。

二、宴会流程管理

宴会是餐饮企业或部门的重要命脉,为了确保宴会的质量,宴会部必须严格执行宴会的活动计划,认真进行宴会流程管理。从宴会的程序来看,可以分为三个阶段,即准备阶段、进行阶段和结束阶段,对于这三个阶段的管理又可细分为宴会预订管理、宴会设计、宴会服务管理、宴会售后管理四个环节。

(一) 宴会预订管理

1. 宴会预订的方式

宴会预订方式是指客人与宴会预订有关人员接洽联络、沟通宴会预订信息的过程。

根据不同的宴会消费对象的需要,采取的预订方式也有所不同。

(1) 电话预订。该方式是店方与客户联络的主要方式之一,主要用于客人询问宴会的有关事宜,如核实地点日期、确定细节等。同时,还可通过电话约定见面的时间。

(2) 面谈预订。该方式是进行宴会预订比较有效的方法。销售人员可以当面为客人进行介绍,有利于取得客人的信任和认可。当面讨论所有细节,解决客人的特殊要求,讲明付款方式等。

(3) 信函预订。该方式主要用于促销活动,回复客人询问。信函预订适合于提前较长时间的预订。收到询问信后要立即回复。事后还要与客人保持联系,争取客人在本酒店举办宴会活动。

(4) 网络预订。通过网络询问举办宴会的一些情况。这就要求饭店要及时维护网页、及时回复,避免客户预订"石沉大海"。

2. 宴会预订程序

(1) 接受预订。在这个阶段,重要的是尽可能回答客人提出的所有问题。这就要求宴会人员要详细掌握有关宴会部的所有信息,便于回答客人提出的任何问题。例如,宴会菜肴、酒水的具体内容及价格;宴会厅的规模;消费标准;环境装饰、场地布置;举办宴会的一些设想店方是否可以满足等。

在客人用餐的同时,向顾客了解所有同宴会有关的要求,如举行宴会的日期、参加宴会的人数、宴会的形式、每人消费的标准以及所需提供的额外服务和物品、客人口味有什么特殊要求等,如果客人已决定预订,可将这些信息直接记入宴会登记本,这样可以防止与其他宴会重叠。宴会登记本上应把所有预订好的宴会和与此有关的事项记录下来,如宴会的时间、地点等,必须有专人组织和布置这些事项,对未定下来的宴会,要与举办者保持联系,以求得最终的确定。对已定宴会的举办者同样需要保持联系,以便及时了解人数、日期的变更等信息,若客人取消预订,则应和蔼地了解取消的原因。

(2) 填写宴会预订单(表 6-4)。如果确定宴会预订可行,一定要填好一式两份的宴会预订单。其内容主要包括宴会主办单位或个人、地址、联系电话、宴会类型、举办日期时间、出席人数、宴会标准、付款方式、预订金额、宴会预订员签名。

表 6-4 宴会预订单

预订日期		预订人姓名	
地址		电话	
单位		地址	
宴会名称		宴会类别	
预算人数		保证人桌数	
宴会费用标准		食品人均费用	
酒水人均费用			

续　表

具体要求	宴会菜单		酒水	
	宴会布置	台型 主桌型 场地 设备		
确认签字		结账方式		预收定金
处理				承办人

（3）填写宴会安排日记簿。填写完宴会预订单后，应将预订的细节填写到预订簿上，按照日期排列。对于没有确定的预订用铅笔记录，已确定的预订则用钢笔记录，一般由预订员来负责登记和管理。日记簿上的内容主要包括宴会举办的日期时间、客人的联系电话、宴会类型、出席人数、是暂定还是已确定。

（4）签订宴会合同、支付定金。虽然在预约时预定人员已经记录下宾客的要求，但是客人日后可能变卦也是一个潜在的问题。因此，一旦宴会得到确认，应与客人签订合同书。特别是大型宴会和高档次宴会，必须及时与客户签订合同，合同中要明确双方的权利和义务，所有经双方同意的特殊要求的项目亦要记入合同，同时为了保证宴会预订的确认，通常会要求客人预付一定数量的订金，通常是订席费用的10%，也可视情况而定，填好后由双方签字确认。假如举办者临时取消宴会，则根据合同规定将全部预付金或部分预付金还与客人，退回预付金的数目各餐厅是不同的，一般由餐厅根据情况而定。

（5）发布宴会通知单。宴会正式确认后，由餐饮部对饭店内部各有关部门下发一张类似公文的宴会通知单，告知各部门在该宴会中应负责执行的工作。成功举办一次宴会需要许多部门通力合作，所以如果通知单能够将所有工作事项列出，对于举办宴会是十分有利的。宴会通知单包括预订单中的主要资料，以及各部门所需准备的物品内容和相关事项，如接洽人、餐厅、桌数、人数、菜单、特殊要求等。各部门接到宴会通知单后，必须按照通知单上的要求认真执行工作。

（6）宴会预订后的再确认。发布的宴会通知单并无问题，主要是由于一般大型宴会都于数月前定下，时间的拉长难免导致一些变数的发生，如参加人数的增减，宴会开始的时间变更等。为了能够适应此类临时变化，在宴会举办前的一周，以电话或传真的方式与客人再次确认。如果有所更改，要马上通知各相关部门。

（7）宴会的变更（如表6-5）。无论客人方面还是企业方面有任何变更，都要提前一周通知对方。在活动的前两天与客人联系，进一步确定所有详情。当客人用电话或其他方式通知餐饮部门宴会活动更改时，预订员首先要主动热情、态度和蔼；其次要了解更改的项目和原因，认真记录，经更改后的处理信息及时通知客人，并向客人致谢；最后填写更改通知单，请客人签字予以确认。如此一来，各部门可以依照变更内容进行工作上的调整，合力达成客人的要求。再者，使用变更通知单明确传达宴会信息，其相关部门不再有以未接到通知为借口的机会，有效避免了各部门互相推诿责任。

表 6-5　宴会变更单

发送日期：	年　　月　　日		
宴会名称：			
举办日期：	年　　月　　日　　星期		
联系人：			
变更项目	原　案	修订为	
日　　期：	_____		
时　　间：	_____		
人数/桌数：	_____		
场　　地：	_____		
餐　　价：	_____		
		（新菜单附后）	
其他变更项目：		增加项目：	
宴会预订部：		宴会经理：	
通知部门：			
总经理	餐饮部	宴会部	财务部　工程部
客房部	公关部	中厨房	西厨房　宴会厅
酒　吧	花　房	美工冰雕	前厅部　采购部

(8) 宴会的取消(如表 6-6)。要告知签订协议的单位尽量遵守时间，如遇特殊情况，要提前通知餐厅。如遇对方因某种原因取消预订，预订员也要态度和蔼的进行接待；接受取消预订的时候，尽量问清原因，以便我们今后的推销；在宴会预订单上盖上"取消"的印记，记录取消人及预订员的姓名；及时通知相关部门。

表 6-6　宴会取消单

至：总经理	由：宴会预订部
餐饮部	日期：
销售部	
存　档	
公司名称：_____	存　档：_____
联系人：_____	名　称：_____
宴会或会议日期：_____	业务类型：_____
人　数：_____	选择的宾馆或饭店：_____
宴会预订的途径和日期：	
面谈预订　　第三方介绍　　电话预订　　其他方式预订	

续　表

为了挽回预订所做的工作(简要叙述)：
取消预订的原因：
进一步采取的措施：
宴会/营销经理签名

(二) 宴会设计

宴会设计是根据宾客的要求和承办酒店的物质条件和技术条件等因素,对宴会场景、筵席台面、宴会菜单及宴会服务程序等进行统筹规划,并拟出实施方案和细则的创作过程。宴会设计是一种综合的、广义的设计。宴会设计既是标准设计,又是活动设计。所谓标准设计,是对宴会这个特殊商品的质量标准(包括服务质量标准、菜点质量标准)进行的综合设计;所谓活动设计,是对宴会这种特殊的宴饮社交活动方案进行的策划、设计。

1. 宴会设计的要求

总的说来,宴会和饮食文化的其他主题一样,具有明显的民族性和时代性。民族性要求我们在设计、组织和实施各种不同目的的宴会活动时,要集中并且准确地弘扬中国饮食文化的优良传统,摒弃封建的文化糟粕;时代性则要求我们正视当前饮食活动与现代社会生活的和谐,特别是要加大宴会活动的科学内涵,要使宴会成为培养人们良好的生活习惯、增进身心健康、讲究饮食营养平衡、确保食品安全卫生的健康文明的社会饮食活动。设计要求如下:

(1) 突出主题。宴会都有目的,目的就是主题。围绕宴饮目的,突出宴会主题,乃是宴会设计的宗旨。如国宴的目的是想通过宴饮达到国家间相互沟通、友好交往,在设计上要突出热烈、友好、和睦的主题气氛。婚宴目的是庆贺喜结良缘,设计时要突出吉祥、喜庆、佳偶天成的主题意境。根据不同的宴饮目的,突出不同的宴会主题,是宴会设计的起码要求;反之,如果不了解东道主(顾客)的宴饮目的,宴会设计脱离了宴会主题,那么,轻者可能会导致顾客投诉,重者可能会导致整个宴会失败。

(2) 特色鲜明。宴会设计贵在特色,可在菜点上、酒水上、服务方式上、娱乐上、场景布局上或台面上来表现。不同的进餐对象,由于其年龄、职业、地位、性格等不同,其饮食爱好和审美情趣各不一样。因此,宴会设计不可千篇一律。

宴会特色的集中反映是它的民族特色或地方特色。通过地方名特菜点、民族服饰、地方音乐、传统礼仪等,展示宴会的民族特色或地方风格,反映一个地区或民族淳朴民俗风情的社交活动。

宴会还应突出本酒店的浓厚风格特征。比如,武汉猴王大酒店的"猴王宴",突出《西游记》的文化特色;武汉最大的民营餐饮企业小蓝鲸酒楼的宴会始终贯穿"饮食讲科学,营养求均衡"的思想,宴会菜点的"营养科学"特色尤为鲜明。

（3）安全舒适。宴会既是一种欢快、友好的社交活动,同时又是一种颐养身心的娱乐活动。赴宴者乘兴而来,为的是获得一种精神上和物质上的双重享受。因此,安全和舒适是所有赴宴者的共同追求。宴会设计时要充分考虑和防止如电、火、食品卫生、建筑设施、服务活动等不安全因素的发生,避免顾客遭受损失。优美的环境、清新的空气、适宜的室温、可口的饭菜、悦耳的音乐、柔和的灯光、优良的服务是所有赴宴者的共同追求,也是构成舒适的重要因素。

（4）美观和谐。宴会设计是一种"美"的创造活动,宴会场景、台面设计、菜点组合、灯光音响,乃至服务人员的容貌、语言、举止、装束等,都包含许多美学内容,体现了一定的美学思想。宴会设计就是将宴会活动过程中所涉及的各种审美因素,进行有机组合,达到一种协调一致、美观和谐的美感要求。

（5）科学核算。宴会设计从其目的来看,可分为效果设计和成本设计。前面谈到的四点要求,都是围绕宴会效果来计的。宴会,最终目的还是为了盈利。因此,在进行宴会设计时还要考虑成本因素,对宴会各个环节、各个消耗成本的因素要进行科学、认真的核算,确保宴会的正常盈利。

宴席成本核算在宴会经营中起着举足轻重的作用。首先,宴席成本核算所提供的宴席菜点成本资料是合理制定宴席价格标准的重要依据;其次,准确计算宴席成本,有利于进行宴席业务全过程的原料成本控制,减少原料的损失,同时也可避免在菜点制作过程中以次充好损害顾客利益的现象出现,正确处理国家、企业、个人三方的利益;最后,由于宴席业务在饮食企业整个经营活动中占有相当大的比重,宴席成本核算是企业经济核算的重要内容,搞好宴席成本核算对提高企业经济效益有着重要意义。

2. 宴会设计的内容

（1）场景设计。宴会场景设计,就是对宴会举办场地进行选择和利用,并对环境进行艺术加工和布置的创作。良好的宴会设计会使宴会达到更好的效果,使客人更加满意。宴会场景设计必须注意几个方面：

① 把握客人的需求。我们所做的一切,都是为了客人满意,这是饭店服务的基本准则。所以,宴会的场景设计,首先必须把握客人的需求。

② 立意清晰,突出主题。所谓宴会主题,就是宴会主办者的设宴意图,如婚庆、祝寿、接风洗尘等,宴会场景设计必须根据宴会主办者的设宴意图,设计准确的宴会主题。

③ 合理布置场地。突出主桌;桌子之间的距离要适当,松紧适度,整齐有序;要避免干扰。

（2）台型及台面设计。宴会台型设计是根据宴会形式、主题、人数、接待规格、习惯禁忌、特别需求、时令季节和宴会厅的结构、形状、面积、光线、设备等情况,设计宴会餐桌排列的总体形状和布局。其目的是合理利用宴会厅条件,表现主办人的意图,体现宴会规格标准,烘托宴会气氛,便于宾客就餐和员工在席间服务。宴会台型的设计要求根据宴会规模,适应餐厅场地;突出主桌,其他餐桌有序排列;有利于客人进餐,方便服务员进行餐饮服务。

中餐宴会的台型设计：

一桌宴席：餐桌应置于宴会厅的最中央位置，与宴会厅中心的屋顶灯相对；

两桌宴席：摆成一字形，主桌在厅堂正面上位；

三桌宴席：根据餐厅形状可摆成一字形或品字形；

四桌宴席：根据餐厅形状可摆成正方形或菱形；

五桌宴席：如餐厅为正方形，可摆成中心一桌，四角各一桌；也可摆成梅花瓣形；

如餐厅为长方形，可摆成主桌在厅堂正上方，其余四桌在下摆成正方形；

……

对于1~20桌的中小型宴会，台型设计时餐台摆放要匀称、美观；

对于20桌以上的大型宴席，人多、桌多，通常将宴会厅分为主宾席区和若干来宾席区。主宾席区设"一主四副"共五桌，且台面要略大于其他餐桌；来宾席区视规模可分为来宾一区、来宾二区、来宾三区……在两个区域中间要有一条较宽的通道以方便宾主席间通行。大型宴会要设置与宴席规模相协调的讲台；如有乐队，可将其安排在主宾席两侧或主宾席对面的宴席区外围（如图6-17）。

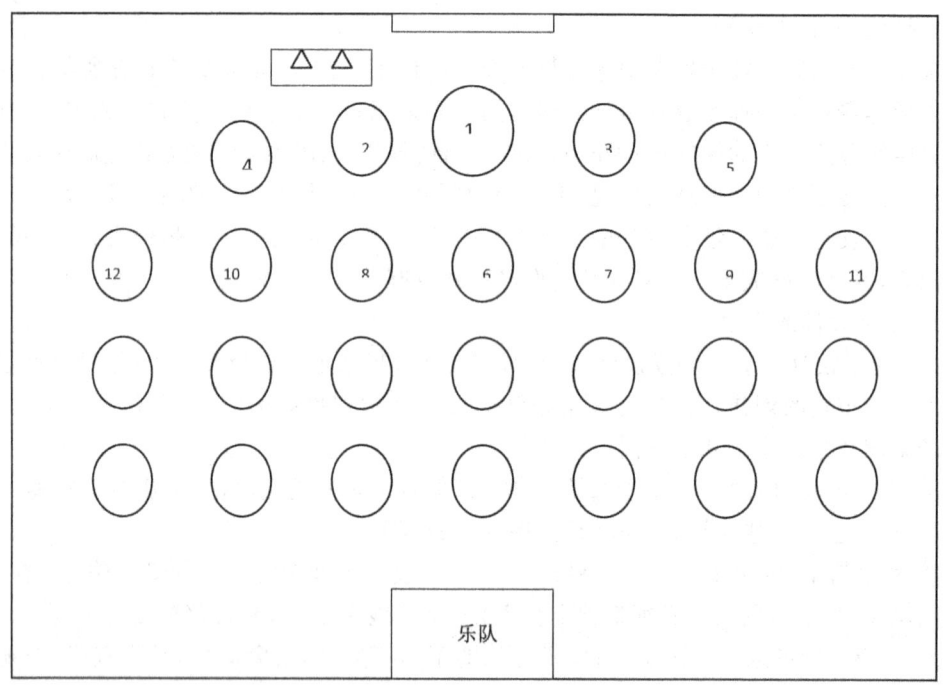

图6-17　大型宴席摆设

常见的西餐宴会的台型设计有：一字形、U型、T型、E型、星形、鱼骨型、回字形等，如图6-18所示。

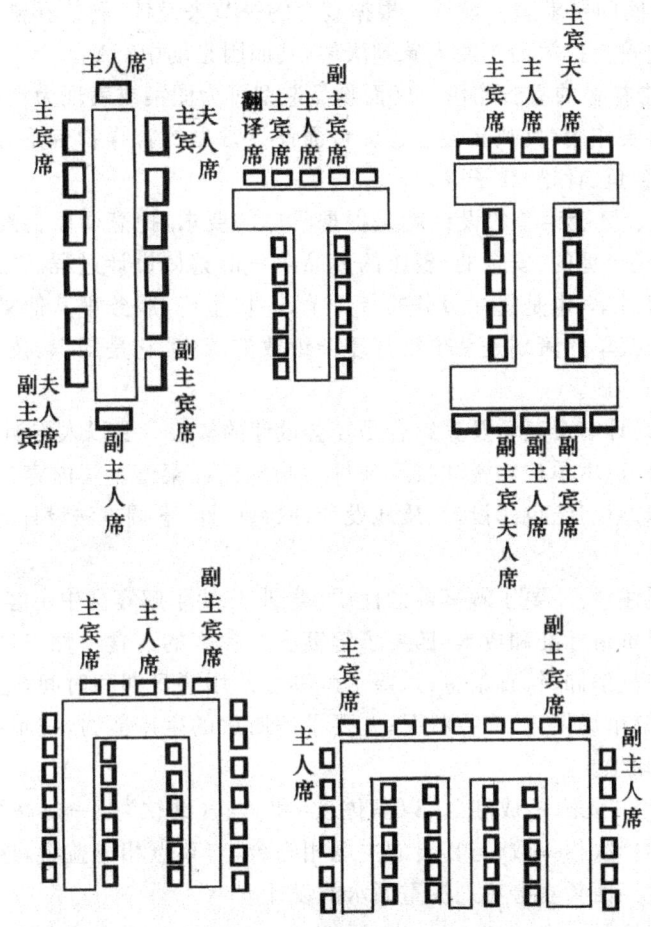

图 6-18　西餐宴会席位安排

宴会台面设计,又称餐桌布置艺术,它是针对宴会主题,运用一定的心理学和美学知识,采用多种手段,将各种宴会台面用品进行合理摆设和装饰点缀,使整个宴会台面形成一个完美的餐桌组合形式的实用艺术创造。宴会台面设计能够烘托宴会气氛、突出宴会主题、提高宴会档次、科学安排宾客座次、体现餐饮管理水平。宴会台面设计的要求有:

① 按宴会主题进行设计。宴会台面造型要和宴会主题相称,如婚庆宴席就应摆"喜"字席。

② 按宴会菜单和酒水特点进行设计。按宴会的档次、台面的品种摆放相应的餐具,如较高级的宴席在摆放基本的筷子、汤匙、碟和酒杯外,还需摆卫生盘和各种酒杯。

③ 按顾客用餐需要进行设计。餐具摆放紧凑、整齐和规范,既方便宾客用餐,又便于席间服务。

④ 按民族风格和饮食习惯进行设计。选用餐具应符合民族用餐习惯,如中餐台面要放筷子,西餐台面则摆餐刀、餐叉。

⑤ 按美观使用的要求进行设计。台面设计既要美观、有情调,又要使用方便。

⑥ 按清洁卫生的要求进行设计。各种小餐具,装饰物品,尤其是折叠餐巾,都要保持清洁卫生。手和操作工具要洗干净。

⑦ 按时间、空间的要求进行设计。根据宴会的季节来设计,例如春桃、夏荷、秋菊、冬梅,年年无异,但它轮流摆放而不使人感到厌倦,其原因是动中有变。

⑧ 充分发挥吉祥物的喜吉作用。席面物品造型可为图案或表现为动植物形态,通过这些图物的隐喻喜吉作用,反映宴会主题。台面设计常见的吉祥物有龙、凤、鸳鸯、仙鹤、孔雀、燕子、蝴蝶、金鱼、青松、桃子等。

(3) 菜单设计。宴会菜单的设计就是根据具体的要求,把烹调原料经选择、加工、切配、烹调等过程变成合理的、安全的、健康的成品菜肴的整体设计过程。宴会菜单是厨房生产工艺流程的节目单,也是餐厅服务的节目单,一切生产、服务等其他餐饮活动都要围绕着菜单来进行。菜单的策划是一项极其复杂细致的工作,它是知识、技术、经验、管理、服务等综合能力的体现。

科学、合理地设计宴会菜肴及其组合是宴会设计的核心。要以人均消费标准为前提,以顾客需要为中心,以本单位物资和技术条件为基础设计菜谱。其内容包括各类食品的构成、营养设计、味型设计、色泽设计、质地设计、原料设计、烹调方法设计、数量设计、风味设计等。

策划菜单时要注意:一要了解宴会的性质、类别;二要了解宴会中主客双方的人数;三要了解宴会的用料价格标准和成本;四要了解宴会中食客的饮食习性、口味爱好;五要了解宴会中食客的宗教信仰、饮食禁忌;六要了解宴会的用餐日期和时间;七要了解时令节气的变化;八要了解市场供应、库存状况;九要了解厨房的生产能力、技术状况;十要了解原料、加工和营养知识。

(4) 酒水设计。"无酒不成席"、"以酒佐食"和"以食助饮"是一门高雅的饮食艺术。酒水如何与宴会的档次相一致,与宴会的主题相吻合,与菜点相得益彰,这都是宴会酒水设计所涉及的内容。西餐宴会特别注重酒水的设计。

资料链接

精致冷餐宴会

冷餐宴会,一种集视觉、味觉、嗅觉于一体的艺术盛宴;一种集健康与美味、时尚以及服务于一体的高品质生活的体现。一场完美的宴会不仅能够提升整个活动的品质,而且会给人一个侧面的诠释。

一、冷餐宴会主题和环境

冷餐宴会既是讲主题、讲环境、讲氛围、讲品格的宴请方式,又是既有档次又不失轻松的交流场所。所以,不同的冷餐宴会应有不同的明晰的主题,创造或设置不同的环境。譬如重大的节日宴请(接踵而来的圣诞节、元旦、春节欢庆等),都具有其独特的文化内涵和外延,都有不同的主题,必须在冷餐宴会的主题和环境上有不同的体现,既有共性,又不失个性。

二、冷餐宴会台面设计

冷餐宴会台面,是冷餐宴会中最占据视线,最反映氛围的部分,也是宴会的主色调。一般来说,有冷色调或暖色调之分,比如,冷餐宴会中,我们采用了蓝白横拼的冷色调,反差冷峻而不失高雅。在招待会中,我们采用红黄相间的暖色调,红色的桌布桌裙,揉入了黄色的丝质台绸,丰富的质感,典雅的色彩,不仅活跃了活动的氛围,而且又不落入俗套。并运用高低起落的盘子,多彩迷人的花艺,来提升整个台面设计的层次。所以,台面设计的基本要求,不仅要兼顾中外文化的传统习俗,更要追求色彩的创新和谐,体现冷餐宴会的主题。

三、冷餐宴会菜单设计

在类别上要中西兼顾,在烹制上要技法兼顾,在用料上要"海、陆、空"兼顾。菜单设计与台面设计要相辅相成,台面较深,主菜色彩可以从浅,台面较浅,主菜可艳丽些,冷暖搭配,深浅搭配。菜单设计要注意预制菜肴、厨房热菜和冷餐宴会现场操作的配合。实践证明,现场操作,既可增加进食气氛,又有利于菜肴质量特别为来宾所青睐。

四、冷餐宴会立体及平面摆放

冷餐宴会的桌面菜肴摆放,大有文章可做。以往,大多是平摊着几个盒子,平排着几个保温锅,"相貌平庸"。近年来,我们在菜肴平面摆放的层次感以及桌面摆放的立体性上做了一些文章,收到了很好的效果。譬如,我们用置放托架的办法来体现立体感,用高托架底的玻璃器皿来反映层次感、通透感。又譬如,菜肴、水果、花草等在菜台上的多层次放置,立体展示等,操作得当,可以起到画龙点睛之效,使整个桌面"活起来"。

五、冷餐宴会餐具及盛器

餐具及盛器从来就是餐饮文化中的重要一环,俗话说:好马配好鞍。好菜配好盘,在冷餐宴会上尤为重要。现代制造技术及文化的发展创造了无与伦比的各种新材料、新工艺、新造型、新产品,其中许多是能够为餐饮业增辉添美的。所以,我们大胆寻找和使用具有现代造型美的器皿,用于冷餐宴会的菜肴、点心、水果等的装饰、点缀,能起到事半功倍的效果。

六、冷餐宴会调酒与饮料

冷餐宴会,相对传统的宴会,更具轻松、自由交流的特点。因此,在宾客享受上,酒和饮料的作用就更为重要。高档的冷餐宴会,除了酒和饮料的品牌性外,还可以增加调制酒,可以在现场有调酒师调酒,以活跃现场气氛。

(资料来源:http://www.519d.com/news/show-48573.html)

(5) 服务及程序设计。对整个宴饮活动的程序安排、服务方式规范等进行设计,其内容包括接待程序与服务程序、行为举止与礼仪规范、席间乐曲等。

(6) 安全设计。对宴会进行中可能出现的各种不安全因素的预防和设计,其内容包括顾客人身与财物安全、食品原料安全和服务过程安全设计等。

(7) 宴会娱乐设计。为了烘托气氛,宴会中常常会加入一些文娱活动及表演来助兴,娱乐设计可以为整个宴会设计锦上添花,有时会收到意想不到的效果,因此也要引起设计者的重视。

(三) 宴会服务管理

宴会开始前,餐厅应确定宴会的所有细节安排,以使双方满意。

客人开始进餐后,应通知厨房,以便安排热炒烹调及时上桌,上菜应按照菜单的顺序一道道上，对于大型宴会，上菜的时间要听从宴会经理统一安排，以免错上、漏上或造成各桌进餐速度不一致的现象发生，上菜的速度与节奏需掌握好，如太快会显得仓促忙乱，客人享受不到品尝的乐趣；太慢则可能使宴会出现中断，造成尴尬的局面，每上一道菜都应向客人介绍菜名和烹制方法，若客人有兴趣则可以简单介绍与地方名菜相关的民间故事。有些特殊的菜应介绍食用方法，在介绍前，将菜放在转台上展示菜的造型，使客人能领略到菜的色、香、味、形，边介绍边转台，让所有客人均看清楚。具体服务流程这里不再重复。

（四）宴会售后管理

1. 信息反馈并致谢

宴会结束后，应当以文字形式征询客人的意见，这将加深经营者与顾客之间感情，为进一步的合作奠定基础。负反馈可指出需要改进的地方，正反馈将增强餐厅的信心，宴会部门所做的每月宴会详细业务表是一种有效的工具，它将有助于分析宴会的收入和成本，使今后的宴会预算有一个数字依据。

2. 跟踪回访

饭店宴会销售部应与客户保持长期的联系，在节假日以邮件、电话或邮寄明信片的方式转达饭店的问候和祝福，密切关注客户的重要相关信息，使客户再次选择本饭店举办活动。

3. 建立档案

建立宴会档案。设专门档案来保存所有举办过的宴会的资料，尤其对那些每年固定举办宴会的单位情况详加记录。宴会档案包括预定资料、宴会执行资料和宴会活动的有关总结资料。饭店有必要派专人对宴会档案资料进行管理。建立宴会档案，有助于提高工作效率、改善工作效果，更好地提供个性化针对性服务。

建立客户档案。客户档案是促进餐饮企业或餐饮部销售的重要工具，是企业档案的重要组成部分，是在餐饮接待工作中形成的具有参考利用价值并按一定制度归档存查的一种专业档案。建立客源形式档案系统有利于企业提供"个性化"服务，有利于企业争取回头客，有助于企业科学化经营决策，可以为今后的业务提供历史资料，如某些企业的周年庆典日、某个领导生日等，这样推销人员便可有目的地进行推销。建立客户档案包括以下几个方面。

① 客户档案的信息内容。每一家餐厅都应根据自身实际情况（如硬件设施等），确定相应的客户档案信息，以便更好地对客服务。在采用电脑联机方式构成内部网络或局域网络的现代餐饮企业，可以建立一个企业客户信息系统，利用客户信息为客人提供相应的服务，提高餐厅的服务质量和档次。其内容如下：

常规信息。常规信息包括客人个体常规信息和团队群体常规信息。客人个体常规信息包含客人的照片（可从证件上复制）、姓名、曾用名、笔名、别称（有些客人喜欢别人用一些雅号像"船王"、"股市大王"等来称呼自己，以显示自己特殊的身份）、性别、年龄、民族（或国籍）、籍贯、宗教信仰、职业、职务、来自何处、工作单位、消费能力、支付方式等多种信息。有些信息无法从客人的证件中获得，应该通过其他途径获取，往往这种信息对企业有较大的利用价值。对于中介商、公司、机构、社团组织等团队客人而言，还应增加团队的性质、消费等级等相关信息。

个性化信息。个性化信息包括宴会客人的言谈、举止、外貌特征、服饰、性格、爱好、人际交往等。在服务中,个性化信息对于习性反常、性格孤僻、有独特爱好的客人显得尤为重要。个性化信息是企业进行个性化服务的基础。

消费特征信息。比如客人或团队喜欢哪一些餐厅、餐位、厨师,常吃哪些菜肴,有哪些烹制要求(如对牛排、煎鸡蛋等菜肴生熟程度的要求)等。

宾客评价信息。宾客评价信息包括对企业、员工、硬件设施和服务的正面、反面与中性的评价,其形式有投诉、表扬、建议、填写意见表、送锦旗或匾额字画礼物、要求赔偿、向有关部门申诉、向司法部门起诉等。其中,最常见的是投诉、表扬和向他人诉说,给企业所造成的影响也是不一样的。

② 客户档案的信息来源。客户档案资料的信息收集来源通常有下列几项:

预订单。它可以告诉企业客人组织宴会的时间、频度、宴会厅的规格、预订方式和渠道等信息。

账单。据此可以了解客人的消费情况及信用状况。

意见记录(单)。这包括客人意见征求书、客人表扬和投诉记录。从这种记录中可以了解到客人对餐饮服务的评价以及有哪些特殊的要求。

③ 客户档案的日常管理。对客户档案工作要进行日常检查,以确保其工作的高效与精确。在淡季,每年要安排1~2次系统地检查档案卡的整理工作。同时,将那些很长时间没露过面的客户的档案信息剔除出去。

对餐饮经营发展而言,客户档案是一件珍贵的工具,在客人重新光顾时,即使工作人员调动了,而客户信息也仍然存在。一只完整的卡片箱或一套完整的电子客户资料是积极的销售政策得以持久的有效工具。它能通过向老客户的积极推销,使淡季不淡,从而平衡餐饮收益。

三、宴会突发性事件的处理

由于宴会参加人员众多,在宴会举行期间可能会出现各种突发事件,如何预防和应对突发事件就显得尤为重要,它将直接影响到宴会的正常进行和企业的经营管理。

(一)火灾

1. 宴会期间易发生火灾的原因

(1)餐厅内可燃物较多。宴会中大量棉织品的使用、木制装修材料和家具的陈设、各色酒品的饮用。

(2)明火多。宴会中的菜品生产任务量大,后厨多个明火灶台会同时使用,厨师用火不慎或油锅起火而引发火灾的现象时有发生。另外,火锅菜品和需要不断保温的锅仔类菜品的日益走俏,使餐厅明火的数量逐渐增多。

(3)其他原因。宴会中大量电器的同时使用加重了电路的负担,再加上一些餐厅线路老化或电器使用不当也可能引发火灾。

宴会举行过程中存在着大量的火灾隐患,而一旦失火,宴会参与者数量多、人员密集,疏散工作就会变得异常困难,非常容易造成人员的重大伤亡。因此,宴会中火灾的防范不可忽视。

2. 火灾的预防措施

（1）开设安全讲座，树立全员防火安全意识，并掌握一定的火灾自救知识。

（2）规范后厨及餐厅服务人员的服务操作。

（3）定期检查电路，做好电器设备的日常维护与保养，消除火灾隐患。

3. 火灾的应对措施

（1）立即拨打火警电话（119）。

（2）服务人员保持镇定，迅速有序地疏散客人从楼层的太平门、安全出口、安全楼梯等处转移，并引导客人自救。

（3）对于棉织品等引起的火灾应立即取开水瓶将其浇灭。

（4）对于电气火灾，应先切断电源，燃火使用1211灭火器。

（5）对于易燃的油类或是酒精所引起的大火，使用消防水龙头或是推车式1211灭火器来灭火。

（6）协助处理善后事宜。

（二）食物中毒

宴会中食物中毒通常涉及人员数量较多，所以要引起餐饮企业的高度重视。

重要、大型宴会食物中毒预防措施如下：

（1）采取专人专购、专人验货、专人管理。

（2）专人进行制作烹制。

（3）专人服务上桌。

（4）食品留样待查。

（5）质检人员全程跟踪检查。

食物中毒对人体的危害很大，其症状是上吐下泻，特点是起病急、发病快、潜伏期短，如果不及时救治，严重的会有生命危险。处理方法如下：

（1）中毒事故发生后，无论是员工或是顾客，发现人员应立即上报部门负责人，保安部负责人，分管副总及总经理，最迟不超过五分钟。

（2）立即采取排毒措施。对一般食物中毒，设法催吐并让其多喝水以缓解毒性。症状较重者要立刻拨打120急救电话。

（3）负责人要认真了解中毒人员的身体状况、身份国籍、中毒原因、数量等，处理善后事宜。

（4）保安部负责人要第一时间安排保安，保护现场清退闲杂人员。

（三）宴会投诉处理

宴会参加人员较多，服务接待涉及部门众多，需要各部门通力协作、衔接紧密，稍不注意，在宴会接待中就会出现各种突发事件。为避免顾客投诉，需要在顾客预订、订单下达、菜单准备、餐中服务等几个重要环节重点关注。如果出现顾客投诉事件，由于宴会的特殊性，处理这些突发事件时更需要机动灵活。一般的处理方法如下：

（1）耐心聆听，把握重点。将顾客带至安静的场所，提供一杯热茶或咖啡稳定顾客情绪，以免影响其他顾客用餐，尽量缩小突发事件的影响。耐心听顾客叙述，尽量不打断顾客以让其发泄情绪，在顾客叙述的同时表示同情和理解，并且记下顾客叙述的重点。

(2) 诚恳地向顾客道歉,迅速做出反应。结合顾客意见兼顾饭店利益给出合理的处理方法,迅速处理,尽量缩小突发事件的影响。如果顾客提出的要求超越本职务的规定权限,应及时向企业高层汇报。

(3) 向顾客道谢,并且将投诉整理成书面材料以作为备案或培训资料。顾客的投诉既是我们经营中的危机,又是给顾客留下深刻印象的机遇,有利于我们改善工作或注重细节。

(4) 调整工作程序,以防同样的投诉再次发生。

【小结】

餐饮企业的竞争状态已经由初期的价格竞争阶段过渡到服务竞争阶段,餐饮服务直接影响了对客服务质量,现阶段,加强餐饮服务管理成为餐饮企业赢得竞争的重要砝码。本章主要讲述了餐饮服务、服务方式和服务程序、餐饮服务质量、餐饮服务礼仪和宴会管理等方面的内容。其中,餐饮服务由餐饮食品质量、餐饮设备设施等四个要素构成,具有无形性、一次性、同步性、差异性等特点;中西餐有着不同的服务方式和服务程序,并要求服务人员在餐饮服务过程中熟练掌握各项基本操作技能,为提供优质服务打下良好的基础;餐饮服务质量是影响餐饮产品质量的关键因素,它由物质要素、精神要素、时效要素构成,对餐饮服务质量监控主要从餐前预先控制、餐间现场控制、餐后反馈控制三个阶段着手;餐饮服务礼仪是餐饮行业从业人员必备的素质和基本条件,对客服务过程中要求餐饮服务人员具有整洁的仪容仪表、端庄的体态举止、文明的动作礼节、灵活的礼貌服务用语;加强宴会管理主要体现在宴会的流程管理上,可以细分为宴会预定管理、宴会设计、宴会服务管理、宴会售后管理等几个环节,同时也要加强对宴会突发事件的预防和处理。

【关键术语】

餐饮服务　服务方式　零点　宴会　服务程序　服务技能　服务礼仪　服务质量控制　预先控制　现场控制　反馈控制　宴会预订　宴会设计　宴会售后管理　突发事件

【习题】

一、简答题
1. 简述托盘轻托装盘的注意事项。
2. 简述宴会前的组织准备工作需要掌握哪些情况。
3. 宴会通知单中的"三了解"、"八知"分别指什么?
4. 解决投诉的程序有哪些?
5. 常用的西餐服务方式有哪些?
6. 餐前例会包括哪些内容?

二、论述题
1. 试论餐饮服务质量的流程监控。
2. 对客服务过程中要求餐饮服务人员具备哪些基本的服务礼仪?
3. 宴会的流程管理主要包括哪些环节?

第七章　餐饮产品成本管理

【教学要点】

知识要点	掌握程度	相关知识
餐饮产品成本构成	掌握	狭义和广义的餐饮产品成本构成
餐饮产品成本分类	熟悉	几种常见的分类方法
餐饮产品成本构成特点	了解	餐饮产品成本构成的三个主要特点
餐饮产品成本核算的基础工作与核算步骤	掌握	成本核算的基础工作及四个步骤
餐饮产品成本核算方法	掌握	原料加工成本核算、成品成本核算以及团体用餐成本核算
餐饮产品成本控制	掌握	餐饮原料成本控制及餐饮费用成本控制

【导入案例】

某餐馆经过长期筹划，于2011年3月1日正式开业，由于餐馆可见度好，所处位置人流聚集，加之举办了盛大的开业典礼，极大地提高了知名度。整个3月份，酒店生意兴隆，但到月底核算时，财务报表上显示的盈利却很有限。问题究竟出现在哪儿？财务部李经理给出的原因是：一是菜肴标准成本制定不合理；二是实际成本与标准成本差距较大；三是库房部分原料损坏；四是餐茶用具损耗超标……

第一节　餐饮产品成本构成

一、餐饮产品成本的概念及构成

餐饮产品成本是指餐饮企业在生产餐饮产品时所占用和耗费的资金，其中包括食品成本、酒水饮料成本、劳动力成本、水电燃料成本、餐茶用具成本及各种经营管理费用等。其中食品成本和酒水饮料成本共同构成狭义的餐饮产品成本。广义的餐饮产品成本还应包括各种餐饮费用。

餐饮产品成本的核算是从原料成本核算开始的,原料成本一般由主料、配料、调料等原材料的成本组成,主料是餐饮产品的主要原料,一般在餐饮产品成本中占有较大的份额,是餐饮产品成本核算的主要工作之一。配料是餐饮产品的辅助性原料,菜肴不同,配料的种类和数量也不相同,配料成本在食品成本中占有较小比例。调料也是餐饮产品的辅助性原料,种类繁多,主要在菜品的色、香、味、形等方面起调节作用,其成本在原料成本中占有较小份额。主料、配料、调料成本共同构成食品成本。在餐饮经营过程中,同时还要销售各种酒水饮料,因此酒水饮料成本与食品成本共同构成餐饮产品的主要成本,成为餐饮产品成本核算与控制工作的重中之重。

劳动力成本是各种餐饮费用的重要构成之一,主要形式有工资、福利、津贴、生活补助、员工用餐等。随着餐饮市场竞争的加剧,占领人才高地成为提升餐饮企业竞争力的重要手段,餐饮企业逐渐重视人才的培养,劳动力成本日渐升高,其成本控制也随之成为餐饮产品成本管理的重要内容。餐饮产品成本构成如表 7-1 所示。

表 7-1 餐饮产品成本构成

主料	配料	调料	水饮料	劳动力	餐茶用品	卫生用品	服务用品	折旧费用	交际费用	水电消耗	燃料消耗	管理费用	营销费用	维修费用	其他费用
食品成本															
狭义的餐饮产品成本构成				各种餐饮费用												
广义的餐饮产品成本构成															

二、餐饮产品成本分类

依据不同的标准,可将餐饮产品成本划分为不同的类别,类别不同,其核算方法和管理重点也不相同。成本分类是做好餐饮产品成本核算与管理的基础工作。主要分类方法(如表 7-2 所示)如下。

表 7-2 餐饮产品成本分类

划分依据	成本种类	成本概念	分类作用
按成本与产品形成关系划分	直接成本	直接成本是指在产品生产中不需分摊即可直接加入到产品成本中的那部分成本,主要包括直接材料、直接消耗、直接人工等部分	为部门核算和全店核算提供依据,部门核算以直接成本为主,全店核算以间接成本核算为主
	间接成本	间接成本是指在产品生产过程中需要分摊才能加入到产品成本中的那部分成本	

续　　表

划分依据	成本种类	成本概念	分类作用
按成本可控程度划分	可控成本	可控成本是指在餐饮生产和管理过程中,通过员工的主观努力可以改变的各种消耗	引导部门管理人员做好成本管理工作提供理论依据,通过对部门基层人员的管理与培训,可以对可控成本加以控制,高中层管理者可更多考虑不可控成本的控制
	不可控成本	不可控成本是指在餐饮生产和管理过程中,通过员工的主观努力很难加以控制的成本	
按成本性质划分	固定成本	固定成本是指在一定时期和一定经营条件下,不随产品、产量和销售的变化而变化的那部分成本	为餐饮成本管理和损益分析提供理论依据,在日常管理中,可将成本管理的重点放在变动成本的管理上。高层管理者可以固定成本控制为主,通过对购置设备、处理设备、合理安排人员编制、减少店面租金等措施,从而降低固定成本
	变动成本	变动成本是指在一定时期和一定经营条件下,随产品、产量和销售的变化而变化的那部分成本	
按成本个体与总体划分	单位成本	单位成本是指单位平均成本,如每份菜肴、每瓶饮料的成本	有利于对餐饮产品成本进行控制,如通过对每份菜肴加工、销售环节的控制,有效降低单位成本,进而降低总成本
	总成本	总成本由单位成本的总和构成	
按成本实际和标准消耗划分	标准成本	标准成本是餐饮管理者为了有效地控制餐饮成本,在参考餐厅生产和经营的历史资料,结合当前餐厅经营管理状况、物价情况、劳动力成本变化情况等,制定出每份菜肴标准成本、每位客人的平均标准成本等,是理想条件下的成本消耗	标准成本与实际成本的划分,为衡量餐饮管理水平的高低提供了衡量指标。实际成本与标准成本的偏差在可容范围外,表明成本管理存在问题,管理水平有待提高。标准成本与实际成本的偏差在可容范围内,表明成本管理卓有成效。标准成本的制定亦为企业进行菜肴定价、菜品开发提供依据
	实际成本	实际成本是指在餐饮经营过程中实际耗用的成本,是餐厅成本管理现状的直接反映	

（一）按成本与产品形成关系划分

按成本与产品形成关系划分,可分为直接成本与间接成本。

直接成本是指在产品生产中不需分摊即可直接加入到产品成本中的那部分成本,主要包括直接材料、直接消耗、直接人工等。

间接成本是指在产品生产过程中需要分摊才能加入到产品成本中的那部分成本,如营销费用、折旧费用、水电燃料费用、管理费用等。

此种分类主要为部门核算和全店核算提供依据,部门核算应以直接成本为主,全店核算以间接成本核算为主,再分摊到相关部门,方便餐饮产品成本核算,有利于提高产品成本核算的准确性。

（二）按成本可控程度划分

按成本的可控程度划分,分为可控成本与不可控成本。

可控成本是指在餐饮生产和管理过程中,通过员工的主观努力可以改变的各种消耗。如食品、饮料成本等,通过加强管理,在采购、验收、存储、领用等环节加以控制,可减少其成本开支。除此之外,对部分餐饮费用加强管理,也能起到降低成本的作用,如餐茶用品、差旅费、部分营销费用等。

不可控成本是指在餐饮生产和管理过程中,通过员工的主观努力很难加以控制的成本,如折旧费用、管理费、大修理费、劳动力的固定工资等。

此种分类能够为引导部门管理人员做好成本管理工作提供理论依据,通过部门基层人员的管理与培训,可对可控成本加以控制,高中层管理者可更多考虑不可控成本的控制。

（三）按成本性质划分

按成本性质划分,可分为固定成本与变动成本。

固定成本是指在一定时期和一定经营条件下,不随产品、产量和销售的变化而变化的那部分成本。如管理费、折旧费、固定工作人员的固定工资等,这些成本在经营条件一定的前提下,不随产品的变更、销量额的变化而变化,因此称固定成本。但在经营条件改变时（如增加或者减少设备和场地）,固定成本也会随之改变。

变动成本是指在一定时期和一定经营条件下,随产品、产量和销售的变化而变化的那部分成本。在餐饮产品成本构成中,食品原料成本、水电燃料消耗、卫生用品、餐茶用品等费用随产品、产量和销售的变化而变化,故称变动成本。

此种分类能够为餐饮成本管理和损益分析提供理论依据。在日常管理中,可将成本管理的重点放在变动成本的管理上,采取各种有效措施,控制其成本。而高层管理者可以以固定成本控制为主,通过购置设备、处理设备、合理安排人员编制、减少店面租金等措施,降低固定成本。

（四）按成本个体与总体划分

按成本个体与总体划分,可分为单位成本与总成本。单位成本是指单位平均成本,如每份菜肴、每瓶饮料的成本。总成本由单位成本的总和构成。

单位成本和总成本的划分,有利于对餐饮产品成本进行有效控制,如通过对每份菜肴加工、销售环节的控制,有效降低单位成本,进而降低总成本。

（五）按成本实际与标准消耗划分

按成本实际与标准消耗划分,可分为标准成本和实际成本。标准成本是餐饮管理者为了有效地控制餐饮产品成本,在参考餐厅生产和经营的历史资料的基础上,结合当前餐厅的经营管理状况、物价情况、劳动力成本变化情况等,制定出每份菜肴的标准成本、每位客人的平均标准成本及理想条件下的成本消耗。实际成本是指在餐饮经营过程中实际耗用的成本,是餐厅成本管理现状的直接反映。

标准成本与实际成本的划分,为衡量餐饮管理水平的高低提供了衡量指标。实际成本与标准成本的偏差在可容范围外,表明成本管理存在问题,管理水平有待提高。标准成本与实际成本的偏差在可容范围内,表明成本管理卓有成效。标准成本的制定亦为企业进行菜肴定价、菜品开发提供依据。

三、餐饮产品成本构成特点

(一)变动成本、可控成本比重较大

餐饮产品成本除去折旧费、管理费、大修理费等费用外,变动成本占有较大份额。这些成本随产品的产量和销售变化而变化,这就要求餐饮管理人员在制定产品价格折扣策略时慎重而行。

可控成本与不可控成本相比,在餐饮产品成本构成中占有较大比重,可控成本通过员工的主观努力是可以改变的,因此要加强对基层员工的管理与培训。

(二)成本构成复杂

餐饮产品成本有狭义和广义之分。狭义的餐饮产品成本主要包括食品成本和酒水饮料成本。食品成本的主料、配料、调料有成千上万种,同一种原料可做某道菜肴的主料,亦可做其他菜肴的配料,调料搭配更是不同。在生产过程中,各种原材料的拣洗、宰杀、拆卸、切配和配置比例不同,原材料的损耗率也不相同。广义的餐饮产品成本还包括各种餐饮费用,如水电燃料、餐茶用具、卫生用品、管理费用等,其成本构成极其复杂,不易控制。

(三)成本泄露点多

餐饮产品的生产涉及许多环节,这些环节如果管理不当,都有可能成为餐饮产品成本的泄露点,如菜单计划、食品原料的采购、验收、存储、发料、加工切配、烹调、服务等,每个环节都可能影响成本。菜单计划和菜单的定价直接影响顾客对菜品的选择;采购、验收控制不严格,会直接导致材料的浪费或者成本过高。存储环节亦至关重要,否则会造成原料的变质、私用或丢失。加工切配、烹调、服务、销售等环节如控制不严,亦会造成浪费,直接影响餐饮产品的成本率。因此,餐饮产品生产的各个环节都要严格管理,管理人员要建立一套完善的成本管理制度,做好成本控制,切实降低消耗,提高经济效益。

第二节 餐饮产品成本核算

一、餐饮产品成本核算的特点

(一)餐饮产品成本核算难度大

餐饮企业不同于一般商业企业,餐饮企业具有生产与销售的同时性,并且根据顾客需求来安排具体生产,生产及销售过程又涉及各个部门,加上产品复杂多样,所以餐饮产品的成本核算有很大难度。

餐饮产品产销的同时性,决定了产品的销售量难以预测。每天有多少顾客,顾客会消费哪些产品,销售额有多少,这些数据很难准确预测,这就给生产准备工作带来很大难度。

销售量的难以预测性,直接影响原料的采购、存储工作。采购过多,会加大存储的工作量,而且餐饮原料多为难以长期存储的原料,长期存储会导致损耗或变质;采购过少,又会导致供不应求,影响企业的高效运营。

此外,餐饮产品品种繁多,多为零星生产,中餐烹制的特殊性,导致成本多有变化;同时成本还随季节、市场、消费者需求的变化而变化。这些特点导致餐饮产品成本核算工作难度的加大。

(二)餐饮产品成本核算方法多样

餐饮产品种类繁多,不同的花色品种、不同的生产方式,应采取不同的核算方法,主要有以下几种。

1. 按产品生产步骤核算成本

按产品生产步骤核算成本又叫顺序结转法,它主要用于分步加工、最后烹制的餐饮产品。这种方法是对产品的每一个生产步骤都进行成本核算,依次将上一个步骤的成本转入到下一步骤的成本中,逐步累加、核算出成本。在餐饮产品中,分别炒制的热菜多选用此种办法,如鳝鱼粉丝的成本核算要先核算出鳝鱼、粉丝的成本,逐步相加,再加上配料和调料成本,最后才形成此菜肴的成本。

2. 按产品批量核算成本

按产品批量核算成本又叫平行结转法,它主要用于批量生产的餐饮产品,其原料成本平行发生,同时使用。其方法是将各种原材料成本相加,即可得到批量产品的总成本,单位产品成本随之而出。比如,冷荤中的酱牛肉、酱猪肝,面点产品中的小笼包、蒸饺等都是此类产品。

3. 按订单核算成本

按客人订单进行成本核算主要用于宴会、大型团队、会议等集体用餐方式的成本核算。这种用餐,客人都会事先预订,有一定的用餐标准和用餐要求。餐厅可以依据客人的要求事先核定出餐费收入,确定毛利率的高低,计算出可容成本,厨房依据可容成本的范围进行适当的餐饮产品搭配组合并组织生产,即可控制成本消耗。

4. 分类核算成本

分类核算法主要适用于餐饮成本核算员的成本核算。餐饮成本核算员在日、月、季核算中都会使用。分类核算法是先收集成本核算的原始记录,将各种单据依据餐厅和厨房进行分类,然后对每个餐厅和厨房的单据按产品种类进行划分,如热菜食品、冷菜食品、面点食品等。亦可依据原料进行划分,如肉类、海鲜、干菜、禽蛋、蔬菜等。依据不同种类,分别记账,分类进行成本核算。

(三)餐饮成本核算直接影响餐饮企业经济效益

餐饮产品成本构成复杂,每日的就餐人数和消费情况的不确定性,造成餐饮成本的泄露点多。餐饮成本核算就成为餐饮企业成本控制的重要途径,从中可以找出问题,分析问题,加强管理,减少消耗,从而降低餐饮成本,保证餐饮企业应有的经济效益。

二、餐饮产品成本核算的基础工作

(一)成本核算原始凭证

成本核算原始凭证即各种原始记录单,是餐饮产品成本核算的客观依据,直接关系到成本核算工作的准确性。为此,在原料采购、入库验收、库存保管、发放领用、生产销售等餐饮经营的各个环节都应做好原始记录。记录内容要详细,包括名称、规格、单位、日期、数量、金额、负责人签名等。主要的原始记录有:进货发货单、验收记录单、领料单(如表7-3 所示)、调拨单、转账单、库存记录单、报损单、生产记录表等。这些原始记录必须做到表格设计合理,内容全面准确,报表传递制度严格,有助于记账、对账、查账等成本核算工作的顺利进行。

表 7-3 领料单

领用部门:			年 月 日 NO.			
品名	规格	单位	数量		金额	
			请领数	实发数	单价	小计
合计						
备注						
领料人:		部门主管:			仓库保管员:	

(二)健全成本核算管理制度

"没有规矩,不成方圆。"健全成本核算管理制度是成本核算工作顺利进行的保障,否则准确的成本核算就是空谈。健全的成本核算管理制度主要内容有:准确计量制度(采用称、量杯等工具)、数据处理制度(包括有效数据制度、尾数处理等)、采购申请审批制度、验收管理制度、存储记录制度、定期盘存制度、出库核定制度、原料领发制度、餐厅酒吧收入管理制度等。

(三)成本核算指标说明

餐饮产品的成本核算都是通过各种指标直接反映成本情况,指标的具体内容很多,下面对部分常用指标进行说明。

1. 净料率

没有经过加工、处理的原材料称为毛料。经过加工、处理,可以直接用来烹制食品的原料称为净料。净料率是指净料重量与毛料重量的比率。具体核算公式如下。

$$净料率 = \frac{净料重量}{毛料重量} \times 100\%$$

2. 成本率

餐饮成本率是成本与销售额的比率,是成本控制的重要指标。成本率的核算可以方便与历史数据或者同类企业进行对比,从而做好成本控制。还可以统计分类产品成本率,如菜肴成本率、饮料成本率、人工成本率等,以便找到成本控制的重点。具体核算公式如下。

$$成本率=\frac{成本}{销售额}\times 100\%$$

3. 成本误差

成本误差包括绝对误差和相对误差两种。绝对误差是实际值和标准值之间的差额,即实际成本与标准成本之差,用绝对数表示。相对误差是绝对误差和标准值之间的比率,用相对数表示。

标准成本是餐饮管理者依据餐饮经营情况事先制定或者预算好的成本。实际成本是经过每天的实际核算而得,在实际操作中,总会出现些许偏差,不可能完全和标准成本一致。因此在实际工作中规定标准误差,也就是实际成本核算和标准成本之间允许存在的误差范围,在范围内,即为正常。标准误差的存在为餐饮管理者进行餐饮成本控制提供理论依据,管理人员只对那些超出误差范围的情况查找原因,采取适当的控制措施。这样既能保证餐饮成本核算工作的顺利进行,又能避免因小问题过多而手忙脚乱,成本管理工作才能井然有序。成本误差具体核算公式如下。

$$绝对误差=|实际值-标准值|$$

$$相对误差=\frac{绝对误差}{标准值}\times 100\%=\frac{实际值-标准值}{标准值}\times 100\%$$

4. 成本率差额

成本率差额是实际成本率和标准成本率之间的差额。具体核算公式如下。

$$成本率差额=实际成本率-标准成本率$$

三、餐饮产品成本核算的工作步骤

餐饮产品成本核算工作量大,涉及环节较多,可分为收集整理成本资料、核算餐饮产品成本、进行成本分析、提出改进建议等四个步骤(如图 7-1 所示)。

收集整理成本资料 → 核算餐饮产品成本 → 进行成本分析 → 提出改进建议

图 7-1 餐饮产品成本核算工作步骤

(一)收集整理成本资料

餐饮产品成本的核算是从收集各种成本资料开始的,这些资料是核算工作顺利进行的前提和基础。原料采购、入库验收、库存保管、发放领用、生产销售等经营环节的各种原始记录、报表、统计资料等各种单据都是成本核算的依据。根据成本核算的内容和目的的不同,将相关单据进行分类,使成本资料为不同的成本核算服务,如采购核算、加工成本核算、餐厅成本核算等。为了保证成本核算的准确性,在收集成本资料时,要以采购发票和进货单、盘点记录单、调拨单等原始记录和实测资料为准,要遵守相关测量和尾数处理规定,不能主观估计。

(二) 核算餐饮成本

在收集整理成本资料的基础上,依据实际成本发生环节,选择适当的核算方法,借助相应的核算工具进行成本核算。餐饮成本核算分为采购成本核算、库房成本核算、厨房成本核算、餐厅成本核算和会计分类汇总核算等环节。这些环节相互联系,相互依存,上一环节的核算数据往往是下一步的核算依据。因此,餐饮成本的核算要分类、分项目、分产品进行,保证餐饮成本核算的科学性和实用性。

(三) 进行成本分析

只有定期对成本核算的结果进行成本分析,提出分析报告,才能随时掌握成本消耗情况,引导管理人员进行成本控制,保障餐饮经营活动的顺利开展。

(四) 提出改进建议

依据成本核算和成本分析结果,对餐饮经营中的成绩给予肯定的同时,更要找出问题所在。例如在餐饮采购、验收、存储、生产加工、餐厅销售等环节中,哪些地方存在成本管理问题,要找出漏洞和差距,及时改进,为中高层管理者加强成本管理、做好餐饮产品成本核算与分析工作提供保障,以最终实现提高经济效益的目的。

四、餐饮产品成本核算方法

餐饮产品成本核算能够帮助管理人员及时掌握产品成本的消耗状况,避免成本泄露,提高企业经济效益,进而加快企业发展。

(一) 原料加工成本核算

餐饮产品成本核算是从原料加工开始的。原料加工成本为厨房进行标准操作和定价提供依据。由于食品原料、出料情况和加工用途不同,其成本核算的具体方式也不一样,主要有以下几种情况。

1. 一料一档成本核算

一料一档是指一种原材料经过加工处理后,只有一种净料,下脚料已为废料,无法使用的情况。其成本核算方法是先核算毛料总值,再计算出单位净料成本。

核算公式为:$C = \dfrac{PQ}{Q_n}$

公式中,C 代表净料单位成本,P 代表毛料价格,Q 代表毛料重量,Q_n 代表分档净料重量。

例如,购进西兰花 10 kg,进价为 7 元/kg,加工处理后得净料 9.5 kg,下脚料无价值,请核定该原料的单位成本。

西兰花净料单位成本 $= \dfrac{10 \times 7}{9.5} \approx 7.37$ 元/kg

2. 一料多档成本核算

一料多档是指一种原材料经过加工处理后可以得到两种或者两种以上净料,这时要分别核算不同档次的原料成本。因为不同档次净料的用途和质量不同,其价值量也不相同。要想核算出各分档原料的价值,先要确定各分档原料的价值比率,即每档原料的市场价格和各档原料的市场价格之和的比率。

核算公式为：$C = \dfrac{PQf_n}{Q_n}$

公式中，C 代表分档原料单位成本，P 代表毛料价格，Q 代表毛料重量，f_n 代表分档原料价值比，Q_n 代表分档净料重量。

例如，购进猪后腿 3 只 30 kg，每千克单价 25 元，经过拆卸处理后，得到精肉、肥膘、肉皮、骨头等四种净料，损耗 0.5 kg，各档原料重量和市场价格资料如下表。请核定各档原料的单位成本。

项目＼分档	精肉	肥膘	肉皮	骨头	合计
净料重量	15	8	3	3.5	29.5
市场单价	28	22	18	14	82

① 精肉的单位成本 $= \dfrac{25 \times 30 \times \dfrac{28}{82}}{15} \approx 17.07$ 元/kg

② 肥膘的单位成本 $= \dfrac{25 \times 30 \times \dfrac{22}{82}}{8} \approx 25.15$ 元/kg

肉皮及骨头核算方法同上。

3. 多料一档成本核算

多料一档是指多种原材料经过加工处理后，得到一种净料的情况。多料一档的成本核算主要适用于批量生产的餐饮产品成本核算，因为生产批量产品时，尽管各原料加工方式不同，但加工后的原料同时或者先后都投入使用，最终混成一种净料。这种情况要先将各种原材料实际成本汇总，再核算出单位成本即可。

核算公式为：$C = \dfrac{\sum PQ}{Q_n}$

公式中，C 代表单位净料成本，P 代表各种原料毛料价格，Q 代表各种原料毛料重量，Q_n 代表分档净料重量。

例如，面点厨房生产牛肉萝卜馅包子一批，其馅料由牛肉、萝卜、盐、糖、料酒、酱油、胡椒粉、花椒粉、葱、姜末、耗油、调和油、芝麻油、鸡精等按比例调配而成，其总价值为 215.5 元，得馅料 21.5 kg，请核算馅料的单位成本。

包子馅料的单位成本 $= \dfrac{215.5}{21.5} \approx 10.02$ 元/kg

4. 多料多档成本核算

多料多档是指多种原料经过加工得到一种以上的净料。各档净料可以作为加工其他菜肴的原料，也可再加工后直接出售，此方法多适用于餐饮半成品加工过程。具体核算方法是先核算出分档原料成本，确定不同档次原料的价值比率，最后核算出分档原料的单位成本。

核算公式为：$C = \dfrac{\sum PQf_n}{Q_n}$

公式中，C 代表分档原料单位成本，P 代表分档原料毛料价格，Q 代表分档原料毛料重量，f_n 代表分档原料价值比，Q_n 代表分档净料重量。

例如，热菜厨房熬制一锅御膳汤用来烹制过桥东星斑，煮汤需要黄油小公鸡 6kg，大骨 3kg，价格分别为 15 元/kg，14 元/kg；其他配料价值为 3 元。熬制后的御膳汤预计可烹调 30 份菜肴，鸡肉改做他用，重 3.5kg，其价值比率为 25.5%。请核算御膳汤和鸡肉的单位成本。

① 鸡肉的单位成本 $= \dfrac{(15\times 6+14\times 3+3)\times 25.5\%}{3.5} \approx 9.84$ 元/kg

② 御膳汤的单位成本 $= \dfrac{(15\times 6+14\times 3+3)\times (1-25.5\%)}{30} \approx 3.35$ 元/kg

5. 成本系数核算法

成本系数是指净料或者半成品、单位成品的实际成本和毛料价格之间的比值。这种核算方法极大地简化了日常成本核算的工作量，方便了成本核算工作。成本系数的大小与购进原料的质量、加工技术水平密切相关。因此采用成本系数法的基本要求是：原料质量稳定、加工方式比较固定。成本系数需事先核算出来，要经过反复测试才能确定，并要经常进行抽查复试。在成本系数的基础上，再根据净料或半成品的毛料单位成本，即可核算出单位成本。

核算公式为：$r = \dfrac{C}{P}$ $C = r \cdot P$

公式中，C 代表净料或半成品单位成本，P 代表毛料价格，r 代表成本系数。

例如，某饭店厨房生产鲜菇鸡片，已测定所用鲜菇和子鸡的成本系数分别为 1.135 和 1.352，厨房领用鲜菇和子鸡的进价成本分别为 6 元/kg 和 18 元/kg。盘采用量为1.2kg 和 0.5kg，请核定鲜菇和子鸡的盘菜成本。

① 鲜菇的盘菜成本 $= 1.135\times 6\times 1.2 = 8.172$ 元

② 子鸡的盘菜成本 $= 1.352\times 18\times 0.5 = 12.168$ 元

(二) 产成品成本核算

餐饮产品成本核算是在原料加工成本核算的基础上进行的，其成本核算方法主要有以下两种情况。

1. 成本误差控制核算法

这种控制方法必须在核定餐饮产品标准成本的基础上，抽查并核定产品生产过程中的实际成本，看二者是否相符。因为厨房每天生产的菜品花色品种繁多，许多产品是非批量生产，如零点餐厅许多菜品都是一菜一炒，餐饮管理人员不可能核算每盘菜肴的实际成本，只能采取随机抽样的方法核实实际用量，并与标准成本相比较，分析偏差原因，进行监督和控制实际消耗。这种方法是厨房对单件产品、批量产品以及分类产品的主要日常核算方法，具体包括以下三个工作步骤。

(1) 随机选择产品抽样，测定单件产品的实际消耗。尽管厨房事先会给每个菜点制定标准菜谱，规定每一种菜品各种原料的配额。但是由于种种原因，在菜肴的实际生产过程中,还是会偏离标准成本。这时通过随机抽取产品样本,进行实际消耗测定,即可发现成本差额。

(2) 进行成本比较。在测出实际成本的基础上,要与标准成本相比较,计算成本误差,从而发现产品成本消耗的合理程度,为餐饮成本控制提供可靠依据。

(3) 填写成本误差报表。成本核算的最终目的是为了指导餐饮经营活动。在核算餐饮成本误差的基础上,更重要的是填写成本误差报表,分析原因,找出问题,解决问题,以便餐饮管理者改进生产方法,提高利润。

例如,某餐厅事先制定的标准成本和误差要求如下:

产品＼项目	标准成本	相对误差
鳝鱼粉丝	30.14	±2%
猪肉蒸饺	52.70	±3%

3月12日,成本核算员对厨房产品进行了抽样调查,对鳝鱼粉丝和三鲜蒸包的抽样资料如下:

当日购进鳝鱼15kg,进价为50元/kg,鳝鱼加工损耗率为10.5%,同时耗用粉丝成本额15元,其他配料与调料成本实际耗用额68元,当日共出售鳝鱼粉丝26份,鳝鱼无剩余。另厨房领用鲜猪肉15 kg,单价25元/kg,面粉90 kg,单价7元/kg,另外使用配料和调料成本额280元,共烹制出蒸饺25 kg。请核定出鳝鱼粉丝与猪肉蒸饺的单位成本消耗。

鳝鱼粉丝的盘菜成本 $=\dfrac{15\times 50+15+68}{26}\approx 32.04$ 元/份

绝对误差 $=32.04-30.14=1.9$

相对误差 $=\dfrac{32.04-30.14}{30.14}\times 100\%\approx 6.30\%$

猪肉蒸饺的单位成本 $=\dfrac{15\times 25+90\times 7+280}{25}=51.4$ 元/kg

绝对误差 $=51.4-52.7=-1.3$

相对误差 $=\dfrac{51.4-52.7}{52.7}\times 100\%\approx -2.47\%$

产品＼项目	标准成本	实际成本	绝对误差	相对误差
鳝鱼粉丝	30.14	32.04	1.9	6.30%
猪肉蒸饺	52.7	51.4	−1.3	−2.47%

由此可见,鳝鱼粉丝相对误差较高,成本消耗有较为严重的超标现象,需要加强成本控制,对原料采购及加工烹制过程进行监督;猪肉蒸饺成本消耗基本正常,属于可接受范围。

2. 成本系数核算法

成本系数法也可直接核算成品单位成本,极大地简化了日常成本核算的工作量,方便了成本核算工作。在实际工作中,这是餐饮产品常用的核算方法,对于餐饮成品核算来说,还需加上调料和配料成本。

核算公式为

$$r=\frac{C}{P} \qquad C=r \cdot P$$

公式中,C 代表成品单位成本,P 代表毛料价格,r 代表成本系数。

例如,某饭店核算员对 30 份红烧排骨进行成本核算,发现排骨当日进价为 24 元/kg,成本系数为 1.325,主料盘采用量 0.6kg,共用配料、调料总额为 65 元,请核算红烧排骨的盘菜成本。

红烧排骨的盘菜成本 $=24\times1.325\times0.6+\dfrac{65}{30}\approx21.25$ 元/kg。

(三)团体用餐成本核算

团体用餐一般包括会议、宴会、旅游团队等各种团体用餐。团体用餐成本核算较为复杂,一席同时由热菜、冷菜、面点及酒水饮料组配而成,团体用餐核算涉及多个厨房。主要步骤如下。

1. 分析宴会订单,掌握团体用餐的标准和要求

团体用餐一般为事先预订好的,由前厅接待部将预订信息传递给餐饮部,餐饮部依此做好用餐安排。因此,宴会订单是成本核算的前提与基础,需要掌握的具体内容包括:团体名称、预订人数、用餐时间、宴会标准、酒水饮料安排、服务要求以及其他特殊要求。

2. 依据团体用餐费用以及毛利率标准,计算可容成本和分类菜点的可容成本

依据订单的用餐标准,可以确定团体用餐标准。毛利率则是根据团体用餐的预订标准和客人要求的质量高低来确定。一般来说,用餐标准越高,毛利率越高。可容成本则是根据客人用餐标准和毛利率来确定,它是指在保证客人需要和餐厅毛利的基础上,团队用餐可以允许的原料成本。团队成本核算是个复杂的过程,在日常工作中团体用餐成本核算主要是核算菜点成本,酒水一般根据客人实际消耗单独收费。

核算公式为

$$C=M \cdot (1-r) \qquad C_i=C \cdot f$$

公式中,C 代表可容成本,M 代表团体用餐费用,r 代表毛利率,C_i 代表分类菜点可容成本,f 代表分类菜点成本比率。

3. 依据预定标准,在可容成本范围内组织生产

在可容成本的范围内,结合客人的需求,安排组织生产。确定生产哪些花色的品种菜肴,各生产多少;面点、水果、汤类各用哪些品种,以便保证团体用餐消耗在可控成本范围内,防止过高或过低,严重偏离可容成本。

4. 检查实际成本消耗,分析成本误差

可容成本确定后,厨房依据标准进行加工生产,但在实际生产过程中,实际成本消耗是否符合可容成本要求,可以通过抽查实际消耗来控制,并将其和可容成本进行比较,分析成本误差,找出原因,提出改进措施,以便为团体用餐成本核算和控制提供依据,提高成本管理水平。

例如,某饭店厨房接到宴会订单一份,主要内容如下。

宴会名称:庆功宴	预订人数:70人
举办单位:××公司	开宴桌数:7桌
宴会标准:200元/人	酒水安排:酒水另算
产品风味:湘菜	要求与禁忌:无
宴会毛利:70%	宴会时间:3个小时
分类菜点成本比例:热菜:55%,冷菜:25%,面点:13%,汤菜:7%	

请根据本次宴会订单核算成本,做出具体安排。
团体用餐费用=200×70=14000元
可容成本=14000×(1-70%)=4200元
每桌可容成本=4200÷7=600元
热菜可容成本=4200×55%=2310元
冷菜可容成本=4200×25%=1050元
面点可容成本=4200×13%=546元
汤菜可容成本=4200×7%=294元

根据分类菜点的成本,依据《宴会设计标准》进行菜点质量和品种的安排,宴会结束后,可以根据实际成本消耗,进行成本误差分析,发现问题并及时进行总结。

(四)日食品成本核算

餐厅每日成本核算是掌握餐厅实际成本消耗和成本变化率的主要方法,分析成本问题,汇总月食品成本消耗,为降低成本消耗提供重要依据。

1. 核算餐厅销售收入

以餐厅收款员的收入报告为依据,分别核算出餐厅每天的食品收入和饮料收入。

2. 核算日食品成本并核算成本率

餐厅的日食品成本主要由直接进料和仓库发料组成。直接进料成本由饭店每天的进料报表上可得,仓库发料有领料单记录,用来记录每天从库房领用的原料额。除此之外,还要考虑调拨单,即厨房在生产过程中和其他厨房、酒吧、其他非食品部门之间的转料;转入需计入当日成本额,转出需减去这部分成本。另外,还需考虑结存数、余料出售、宴请餐、职工用餐等因素,以便准确核算。

在每日餐厅收入和成本核算的基础上,计算每个餐厅的成本率,最终汇总全店成本率以及平均成本率,以便实时掌握成本动态,控制日常成本消耗。

日食品成本的核算和厨房采购有密切关系,进货频率与日期直接影响成本率的高低,厨房进货可能是定期也可能是不定期的,这就造成计算日成本额和真实消耗额有差距,因此要每日进行记录,到了月底,可以进行月成本核算,从而更加精确掌握成本消耗。

第三节　餐饮产品成本控制

案例链接

　　浙江开元旅业集团从一家县政府招待所起步,到目前已发展成为一个以酒店业为主导、房地产业为支柱,并经营建材业和其他相关产业的大型企业集团。它声誉卓著、实力雄厚,在杭州、宁波、台州、上海等地拥有下属企业30余家,已跻身中国民营企业500强、中国饭店业集团20强、中国房地产企业100强之列。在业界内,它被誉为"中国饭店业品牌先锋",走出了一条独具特色的创业发展之路。开元旅业集团能发展到目前的规模和水平,凭借的就是"创造特色,打造品牌,关注客户,用心服务"的经营理念和"勤奋、严谨、争先、关爱"的行为准则。其中,该企业的餐饮成本控制方法规范、科学、严谨,值得研究。

　　该企业2004年餐饮经营收入达2.8亿元,达到总营收的45.4%,比重之大,为国内酒店业鲜见。其管理者认为,在宏观经济环境下,市场竞争日趋激烈,高利润时代已成过去,要更好发展,就要从内部管理抓利润,在加强财务管理、降低成本中获得最大的利润。这就是新形势下餐饮行业生存与发展的出发点和归宿。

　　开元旅业集团酒店是怎样控制其餐饮成本的呢?归结起来主要有以下几点。

　　①采购环节:计划采购、预先控制。由于对各种原材料都制定标准,保证了所采购的原材料的品质与规格。由于投标人、定价人及采购部三方都有制约,在采购交易过程中有很高的透明度,降低了交易三方从中获取不正当利益的可能性,保证了采购的低成本和采购材料的高质量。

　　②库存环节:有效降低库存成本。这样能相应的减少库存成本,加大现金流量,最终实现酒店的稳步发展。

　　③生产环节:标准化作业控制损耗,建立标准就是对生产质量、产品成本进行量化,并用于检查和指导生产的全过程,随时消除一切生产性误差,达到控制管理的效能。

　　另外,该企业成本控制措施还有:全员管理;以信息技术控制餐饮成本;严把进货关;加强培训提高销售水平等。总之,开元旅业集团酒店的餐饮成本控制措施就是坚持一个原则:"要在既定的产品定位和产品标准的前提下,去控制成本,并注重目标。"

　　毋庸置疑,做好成本控制是餐饮企业提高经济效益、提升品牌竞争力的重要手段。具体操作中在哪些环节需要进行成本控制?应该如何做好成本控制?

一、餐饮产品成本控制的概念及意义

　　餐饮产品成本控制是指以餐厅规定的标准成本或者目标成本为依据,对餐厅各种成本要素进行检查、监督和调节,以进行成本分析、查找问题、纠正偏差,将实际成本控制在允许的范围内,从而提高企业经济效益的一种成本管理方法。

目标成本是指在调查分析的基础上,经过预测、预算而事先确定的成本控制标准。可以是参考同类企业毛利率的平均数,也可以是通过历史数据以及经营现状而预算的成本。标准成本是依据厨房标准化生产管理,事先经过测试而制定的单位产品标准成本。除此之外,餐饮产品成本控制还包括各种餐饮费用,如劳动力成本、水电燃料成本、卫生用品等,这些成本的控制也可以目标成本控制为依据,来判断成本消耗是否合理,实时掌握与控制成本消耗。

餐饮产品成本控制是餐厅经营管理的重要组成部分,其重要意义主要体现在以下两个方面。

(一)实现开源节流,提高餐饮利润

餐饮经营的最终目的是赚取更多合理利润,而增加营业收入和控制成本消耗是提高利润的主要方法。提升价格或利用各种促销手段提高营业收入固然重要,但在此前提条件下,控制成本才是基础;只有降低成本,企业利润率才会随之增高,因此加强成本控制,降低消耗,是提高盈利水平的有效方法。

(二)餐饮成本控制是提高餐饮管理水平的重要手段

加强餐饮成本控制,有利于管理者发现经营中存在的问题,并采取相应对策加强管理。这就要求各部门管理人员严格履行职责,遵守成本管理制度。成本管理手段的不断创新与提高,是培养餐饮经营人才,提高餐饮管理水平的重要手段。

二、餐饮产品成本控制的内容

(一)餐饮原料成本控制

餐饮原料成本控制主要包括食品原料成本控制和酒水饮料成本控制两种。食品原料成本主要包括主料成本、配料成本和调料成本,这些原料形成最终的餐饮产品,需经过采购、存储、发放、加工、销售和服务等环节,其成本控制工作伴随各个环节。酒水饮料成本的控制与食品原料成本控制基本相同,也包括采购、存储、发放、生产、销售等环节,但是饮料存储和加工过程多数相对简单,成本控制与之相对应。

(二)餐饮费用成本控制

餐饮产品的成本控制还包括生产经营中各种费用的控制。如劳动力成本就是必不可少且极为重要的组成部分。餐饮产品的生产销售离不开人的劳动,用工人数和工资消耗是人工成本控制的关键所在。除此之外,水电燃料费、餐茶用品费等都是餐饮费用控制的内容,这些成本有些是可控成本,有些是不可控成本;有些是直接成本,有些是间接成本;因此要进行成本分类,有针对性地进行成本控制,才能起到良好效果。

三、餐饮原料成本控制

在餐饮管理过程中,餐饮产品的生产始于采购,终于销售,原料成本控制工作贯穿始终,如图 7-2 所示。由于原料成本在各环节的表现形式不同,其成本控制也要根据各环节的成本发生状况和表现形式有针对性地采取相应的控制办法。

采购 → 验收 → 存储 → 处理 → 发放 → 生产 → 销售

图 7-2 餐饮经营过程

（一）采购环节的成本控制

采购是餐饮原料成本形成和控制的起点，是满足宾客需求的重要物质保障。食品原料质量决定了餐饮产品的质量，其价格直接影响餐饮产品定价。在采购环节，食品成本控制工作主要体现在以下三个方面。

1. 采购质量控制

食品原料的质量直接决定了餐饮产品的质量，原材料的采购要符合企业的需要。采购的规格标准应该根据菜肴的烹制要求，由厨师长会同相关人员进行研究商讨，对所需原料的产地、等级、色泽、大小、数量、干湿程度、肥瘦比例、酒水牌号等方面做出具体的要求，用准确、标准的文字记录下来，作为采购人员的采购依据。

在实际工作中，原料种类繁多，餐饮企业不可能对所有原材料都制定采购规格标准。但是对以下三种原材料则必须制定明确的采购标准：一是对餐饮产品质量起决定性作用的餐饮原料；二是大批量采购的原料；三是价格高、成本大的餐饮原料。

2. 采购数量控制

食品原材料的采购数量至关重要，采购量过多，会给存储工作造成一定的难度，同时也会引起不必要的损耗；采购量过少，又会造成供应不足，难以满足宾客的需求，直接影响餐饮产品的生产与销售，并直接导致采购次数的增多，采购成本的增加。因此要对采购原料进行分类，可分为干货类原料采购与鲜货类原料采购。

干货类原料是指那些可存储时间较长的原料，如米面、木耳、粉丝、食盐、味精等原料。其采购可以较大批量地进行，但是要结合库存面积和资金占用情况而定。大多数酒水类采购控制与此相仿。干货类原料订货数量计算公式为

$$订货数量 = 下期需用量 - 现有库存量 + 期末需存量$$

鲜货类原料是指那些要保持新鲜度，存储期限较短的食品原料。如新鲜的肉类、蛋类、水产类、蔬菜、水果等。这些原料有的必须当天采购当天消耗，或者进行店内饲养，即使能够短期在冷藏或冷冻中存储，但与干货类原料相比，仍然较容易变质。因此这类原料的采购必须根据预测营业量决定采购数量。鲜货类原料采购次数较为频繁，为了保障原料供应，保障较低价格，原料采购员在采购时要尽可能的货比三家，选择价位与质量都合适的供应商。鲜货类的日常采购计算比较简单，订货数量等于应备量减去现存量，用公式表示为

$$订货数量 = 应备量 - 现存量$$

3. 采购价格控制

原料采购价格的高低直接影响餐饮产品定价，影响经营利润。原料采购员应该在保障原料质量的前提条件下，尽量降低采购价格。餐饮管理人员应对采购员的采购价格以及采购渠道进行监督，确保餐饮原料的供应量以及合适的采购价格。

资料链接

采购时机决定原料成本

采购原料要讲究购买时机。一般情况下，早上开市的时候，原料的价格最高，所以采

购就应该避开这个时候。黄昏的时候,原料往往最便宜,可以抓住这个时机进货,有时差价可能达到20%。有一家茶餐厅建在市场附近,这家酒店的老板每天黄昏的时候会到市场上转转,看看各鱼档、肉档有没有担心卖不出去而降价促销的商品。只要没变质,就可以购买用以制作炸鱼、咕咾肉等菜肴和快餐的菜品,使进货成本直接下降,从而提高餐馆的盈利。如果跟供应商交道打多了,可以来个约定,把每天黄昏的剩货包下来。小餐馆所用原料不是很多,可以向他们进货,货到后严格验货,把好质量关就可以了。

采购也要根据季节对市场的影响而带来的变化做出灵活的变通。例如,应节的蔬菜既新鲜又便宜,可多用,但是到雨季,有时就要考虑多用替代品。例如,很多餐馆常用西生菜做鲍片的菜底,但是这种菜价格较高,如果在它最贵的时候改用本地生菜或大白菜,那么成本就会降低一半多。

(资料来源:中国餐饮网)

4. 采购误差控制

采购误差控制要以每次采购定价或货源报价为基础,以每次领导审批或每天采购数量为依据,制定采购标准成本。同时要对采购原料的实际成本进行定期或者不定期抽查,进行成本误差分析,填写成本误差分析报表,找出存在问题,针对性地提出改进措施。

(二)验收环节的成本控制

为了做好原料的管理工作,许多餐饮企业设有专职的验收人员,检查购买的原料是否符合规格。主要工作如下:

(1)检查原料的数量和重量是否和发票数字一致,对于产品件数,要逐一清点。对于以重量计算的原料,要逐件过称,正确掌握原料数量和重量。

(2)检查原料是否与采购单上的采购数量相符,如有出入,要查明原因。

(3)检查原料的规格、等级、产地、性能是否与采购规格相符,凡发现质量不符合要求的,坚决拒收。

(4)检查采购价格是否与采购商报价以及发票价格相一致,要时常进行调查,了解采购原料的市场行情,及时发现与市场行情不符的原料价格,做好采购控制。

(5)验收工作结束后,验收人员要填写验收单并签字确认。

(三)存储环节的成本控制

原料的存储是成本控制的重要环节,存储不当会直接引起原料的变质或者被偷盗,造成成本增加,产生不必要的损失。因此,原料存储时应注意以下几点。

1. 及时入库,分类存放

对购入的食品原材料,在验收工作结束后,要及时运送至适宜的存储处,进行分类存储。仓库管理员要将易腐烂的原料和不易腐烂的原料分开存放,对要保持极度新鲜的肉类、海鲜等原料进行冷冻或冷藏。

2. 保持仓储环境,定时检查

仓库的存储环境要符合安全、卫生的要求,保持清洁,杜绝虫害和鼠害。同时原料的发放要依据先进先出的原则,及时调整原料位置,减少原料的腐烂和变质,保证原料的存储质量。

仓库管理员要定时检查仓库的环境质量,保持一定的温湿度,保证原料在适宜的环境下存储。定时检查还包括对原料的盘存工作。盘存工作包括仓库存货盘存和库外存货盘存,一方面能及时掌握原料的消耗情况,为采购工作提供参考;另一方面也便于掌握仓库的安全情况,尤其是酒类产品成本较高,一旦发生偷盗事故,会给企业造成巨大的损失。

（四）处理环节的成本控制

部分原料在验收工作结束后,被直接送入厨房处理。在处理过程中,难免会造成一定损耗,这是必然现象。肉类产品、海鲜类、家禽类、蔬菜类等原料具有不同的消耗分量。消耗分量的高低与原料的质量和加工水平密切相关。为了减少损耗,在原料处理过程中,要提高加工水平,尽量减少损耗。

（五）发放环节的成本控制

原料的发放数量直接影响每天的餐饮成本率,因此,餐饮企业要建立相应的食品原料领发制度,有效控制原料发放数量。

1. 建立原料领发制度

餐饮企业的经营管理要有一定的规章制度可循,原料的发放也不例外。要建立领料单制度,领料单要经具有相应权限的领导审批,避免随便领料,减少浪费。凡需从仓库领用原料,都要填写领料单,填写要求详细、规范,字迹清楚。

2. 依照程序发放原料

仓库保管员应严格按照原料发放程序发料,要核实领料单有无领料人和审批人的签字,领料单是否填写清晰、规范。要依据领料单逐项发放原料,准确记录发放种类和数量。

（六）生产环节的成本控制

餐饮产品的生产环节包括原料的初步加工、切配、烹调、装盘等步骤,这些生产步骤直接影响成本的高低,因此要做好每一步的成本控制。

1. 生产环节控制

原料的初步加工要严格按照操作程序和要求,采用最佳的加工方法,对于可以利用的边角料尽可能的回收利用,以降低消耗,保持应有的净料率。

在切配环节要尽可能的综合利用整料、大料、下脚料,坚持按照标准菜谱中的规格和质量投放,保证菜点的成本和质量。

在烹调过程中,要注意调味品用量的控制,要严格执行调味品用量标准控制,这样不仅能够保障菜点质量的稳定性,也可较好地控制成本。在烹饪过程中还要注意烹调质量,尽量少出废品,按照要求分量装盘,以保障菜肴具有高品质和较好的成本控制。

2. 生产成本控制

餐饮产品的生产成本控制是以餐饮产品的标准成本和可容成本为依据的。厨师在生产过程中因为种种原因,会造成实际成本与标准成本有一定的偏差,因为餐饮产品品种花色繁多,可随机抽查,通过计算绝对误差和相对误差,分析成本差额,找出问题,达到成本控制的目的。

（七）销售环节的成本控制

餐饮产品销售过程的任何差错都会引起食品成本的上升,因此餐饮管理人员要重视销售环节的成本控制。

菜肴质量固然重要,餐饮服务也很重要,从客人点菜、席间服务到最终结账,都有可能造成成本泄露,所以要进行严格管理。服务人员在进行点菜服务时,要重复客人的点菜名称,确保点菜记录准确,同时保证按单烹制和上菜,避免下错单、上错菜等错误的出现。要加强服务员的素质教育,防止出现员工贪污、盗窃等行为。另外,还要加强对服务人员服务技能的培训,力求提高服务效率,少出错或不出错。

酒水饮料类产品的销售控制主要分为瓶装、罐装酒水饮料销售控制和调制类酒水饮料销售控制两个方面。前者的控制重点主要在酒水订单的管理以及销售制度的制定上。酒水订单和菜单一样,要按单发放酒水,严格管理。酒水销售制度主要是指健全相应的管理制度,杜绝出现服务人员偷饮、贪污的行为,不能乱开宴会或者其他客人的酒水,以避免出现客人投诉和酒水成本增加的现象,使企业利益受损。

四、餐饮费用成本控制

餐饮经营管理过程中,在营业收入和餐饮原料成本固定的情况下,降低各种餐饮费用,即意味着餐饮企业经营利润的增加和经济效益的提高。从另外一个角度来讲,餐饮费用的降低可以直接影响产品定价,影响企业市场竞争力。若餐饮费用控制不当,情况则与之相反。由此可见,控制餐饮费用在餐饮企业经营管理中至关重要。

(一)劳动力成本控制

随着社会的发展与进步,企业竞争逐渐演变为人才的竞争,加之我国政府对企业的用工制度监督越来越严格,企业为此而付出的劳动力资本也随之增加,做好劳动力成本控制也成为餐饮企业管理的重要任务之一。具体做法如下。

1. 科学制定劳动定额

科学制定劳动定额是指依据餐饮企业制定出的服务质量操作标准及工作的难易程度,科学合理地制定出在一定的营业时间内,餐饮企业员工应提供的服务或者应制作的餐饮产品数量。在实际工作中,一般餐饮企业会划分不同的工种,针对不同工作内容,确定不同的劳动定额。餐饮企业管理人员依据劳动定额合理配备劳动人数并合理排班。

2. 定岗定编定员,合理配备员工

在劳动定额的基础上,餐饮企业结合自身规模、营业时间、劳动强度等因素来配备适量的工作人员。为了避免出现机构冗余的情况,要切实做到定岗定编定员。

首先,要做好的就是招聘工作,做到量才使用。在招聘工作中,要充分考虑岗位人员的素质要求,针对岗位任职条件,选择能够胜任的员工,同时也要了解其爱好特长,充分挖掘员工的聪明才智,让其才华在岗位上绽放光彩,做到因岗设人,力戒因人设岗。

其次,要不断优化岗位组合。员工分配到岗位上以后,在实际操作过程中,可能会出现搭配不当的现象,这直接影响员工的工作积极性,工作效率也直接受到冲击,因此要不断优化餐厅岗位组合,为员工创造一个良好的工作环境。

合理配备员工,还包括灵活的用工制度。餐饮企业的经营难免受到季节的影响,有淡旺季之分,因此要根据需要培养员工的全能性。一方面有利于提高部门之间的配合度,另一方面也方便特殊情况下的人员流动。对于淡旺季特别突出的企业,雇用临时工也是不错的选择。通过加强对临时工的培训和管理,或者与劳动服务公司建立联系,采用劳动派遣制度,在固定工起核心作用的原则下,保证餐厅的服务质量。

3. 加强培训,提高员工工作效率

加强培训管理,使员工的服务技能得到提高,减少出错率,避免不必要的成本浪费和操作失误,从而提升工作效率。提高工作效率还体现在精简的操作规程,餐饮管理人员要经过反复研究,在保证服务质量的前提条件下,制定科学合理的操作规程,精简职工的无效劳动。其次可以不同程度的使用机械设备,如使用计算机管理系统,厨房自动化加工设备等。

4. 其他人工成本的支出控制

其他人工成本的支出控制主要体现在以下方面:

(1)餐厅工服的管理。要做好工服的制作、发放、回收工作。注意选料、保养和洗涤,以便延长使用寿命。

(2)做好员工用餐控制。合理安排员工的用餐时间,避免出现用餐浪费的现象,要实行定员定额发卡,杜绝非工作人员用餐。

(3)减少员工流动率。餐饮企业用工流动非常频繁,尤其是近几年,餐饮企业用工流动率呈上升趋势,人才紧缺,频繁的招聘、培训都会加大劳动力成本,并且直接影响工作效率,给企业管理带来一定的困难。所以餐饮管理者要加强员工的管理,了解员工动态,充分激发员工工作的热情,培养员工企业忠诚度,有效降低员工离职率,减少人员流动。

劳动力成本控制不仅仅反映在以上几个方面,劳动力管理无处不在,节省人工开支,提高员工的工作效率和服务质量,是劳动力成本控制的最终目的。

(二)餐茶用品费用控制

餐厅的餐茶用品主要有餐具、茶具、酒具、台布、口布、茶叶、餐巾纸等,这些有一次性使用物品,也有多次性消耗物品。这些物品消耗的管理主要依据是月度预算额,将每月的实际消耗和预算相比,查找原因,及时控制。

餐茶用具极易损耗的特点要求管理人员要加强管理,进行定点存放,避免乱堆乱放而引起不必要的损耗;要有专人管理,尤其是一些高档银质餐具,要有专业的洗涤、存放和保养人员负责;要定期盘存,检查餐茶用具的消耗是否在规定的范围之内,如若发现问题,就要及时分析并查找原因,并采取相应的解决措施。

(三)水电及燃料费用控制

餐饮能源消耗的管理一般是在费用预算的基础上进行的。要教育全体员工养成节约水电的习惯,随手关闭水龙头,即时关闭空调等。除此之外,餐饮费用成本还要加强员工对水电燃料等设施设备的保养工作。水电燃料设施设备一般比较昂贵,维修难度高,要求厨师以及服务人员在平时操作过程中严格按照规程操作,设备维修人员不断排查,发现小问题及时修理,保证设施设备良好运转,做好水电燃料费用的控制。

除此之外,餐饮费用成本还包括资产折旧费、各种管理费等,在此不再一一赘述。

【小结】

餐饮企业经济效益的提高,一方面依赖于顾客数量的增长,与此同时,降低成本,做好成本控制亦是关键。本章主要讲述了餐饮产品成本的构成与分类、餐饮产品成本核算的方法以及成本控制等方面的内容。其中餐饮产品成本的构成从狭义和广义两个角度来阐述,依据不同的分类标准,可将餐饮产品成本分为:直接成本和间接成本、可控成本和不可控成本、固定成本和变动成本、单位成本和总成本、实际成本和标准成本等;餐饮成本核算主要包括原料加工成本核算、产成品成本核算和团体用餐成本核算;餐饮成本控制主要从餐饮原料成本控制和餐饮费用成本控制两个方面阐述,餐饮原料成本控制涉及采购、验收、存储、处理、发放、生产和销售等各个环节,餐饮费用控制的重点有劳动力成本控制、水电燃料成本控制以及餐茶用品成本控制等。

【关键术语】

餐饮产品成本　直接成本　间接成本　可控成本　不可控成本　单位成本　总成本　实际成本　标准成本　原料加工成本核算　产品成本核算　团体用餐成本核算　餐饮原料成本　餐饮费用成本

【习题】

一、简答题

1. 餐饮产品成本的构成有哪些?
2. 依据不同的标准,餐饮产品成本可分为哪些种类?
3. 餐饮产品成本核算主要包括哪些步骤?
4. 什么是餐饮产品成本控制,其意义是什么?
5. 餐饮原料成本控制体现在哪些环节?

二、计算题

某酒店厨房新进青鱼 120kg,进价为 18 元/kg,宰杀、清洗后得鱼尾 25kg,鱼中段 55kg,鱼头 12kg,鱼肝肠 9kg,其余下脚料没有价值,各档原料的价值比率分别为 20%、40%、30%、10%,请计算出各档净料的单位成本。

三、论述题

1. 如何进行餐饮企业的劳动力成本控制?
2. 餐饮产品成本控制的基础工作有哪些?

第八章　餐饮营养与安全管理

【教学要点】

知识要点	掌握程度	相关知识
食品营养	了解	食品的分类、合理的膳食结构
餐饮科学	了解	科学选配食材、科学的进餐方式、食品卫生
烹饪科学	了解	合理清洗、科学烹饪，保证食品营养
HACCP概述	了解	HACCP体系起源及相关规章制度介绍
适于用HACCP思想进行管理的餐饮业类型	了解	餐饮业的类型
在餐饮业开展HACCP管理的方式	了解	两者结合的具体方式阐述

【导入案例】

　　日本被誉为世界长寿第一国，一向以低肥胖率和高长寿率著称。在日本女人圈里，更是长期流传着这样一句话：胖，在10岁以前是可爱的，在20岁以后是可怜的，在30岁以后是可怕的！

　　然而，日本厚生劳动省近日公布的一项国民健康调查数据却显示，该国20岁以上人群中肥胖者（BMI≥25）已接近三成，其中男性肥胖者比例达30.4%，女性肥胖者比例也占到了21.1%。未来这一趋势还可能加剧，因为年轻一代中，以20~30岁的女性为代表，其肥胖增长势头更猛，2008年还徘徊在23%左右，不到三年，就迅速攀升到29%的水平。鉴于日本"肥胖女"队伍的不断扩编，日本肥胖学会甚至在考虑降低腰围标准，从而将更多人纳入健康标准的行列。

　　更加耐人寻味的是，在各区县排行榜中，居日本肥胖率首位的竟然是长寿圣地冲绳县，肥胖者比例高达45.2%。

　　长寿标杆冲绳县之所以肥胖率如此之高，日本厚生劳动省说，主要与美军基地驻扎于此，对当地饮食文化造成的极大影响有关。调查发现，冲绳当地居民在凌晨以后暴饮暴食的现象十分频繁，烤肉、午餐肉、快餐等美国饮食文化早已在当地根深蒂固。而肥胖率最低的山口县，饮食则多以鱼类和贝类为主。

第一节 餐饮营养与科学

《黄帝内经》提出"五谷为养,五畜为益,五果为助,五菜为充",又说"谷肉果菜,食养尽之,无使过之,保其正色"。这一论述,既要求饮食营养全面又包含了营养平衡的观点。营养可以影响人的思想行为和感受,不仅与人的心理与生理状态紧密相关,而且营养状态的好坏与整个民族的健康水平高低紧密相连。

一、食品营养

食品是指各种供人食用或者饮用的成品和原料以及按照传统既是食品又是药品的物品,但是不包括以治疗为目的的物品。食品中含有丰富的营养物质,是人体获得所需热能和营养素的最主要来源。食品营养是指人体从食品中所能获得的热能和营养素的总称。

（一）食品的分类

依据食品对人体的营养意义,可将食品分为以下八类。

1. 谷类食品

主要包括稻米、面粉、玉米、高粱等,谷类中的主要营养物质为淀粉,消化率很高,还含有一定量的膳食纤维、矿物质、维生素等,占中国人热能来源的70%左右。

2. 豆类食品

指豆科作物种子及其制品,也包括其他油料作物。大豆蛋白质含量高达35%～40%,为营养价值较高的优质蛋白质。大豆中还含有一定量的钙、铁、锌、维生素B_1、维生素B_2、烟酸和大量的人体必需脂肪酸亚油酸,这是任何其他油脂所不能比拟的。

3. 蔬菜、水果

这是人体胡萝卜素、维生素C和钙、铁、钾、钠等元素的重要来源。蔬菜、水果中所含的膳食纤维、有机酸、芳香物质等有益于增进食欲,促进消化。含维生素C较多的蔬菜主要是叶菜类,如花椰菜、甘蓝等,特别是蔬菜代谢旺盛的部分,如嫩叶、幼芽和花部的维生素C含量较多。水果中则以柑橘、山楂、鲜枣及猕猴桃等的维生素C含量最多。深绿和黄红颜色的蔬菜、水果含胡萝卜素较多,如苋菜、韭菜、胡萝卜、甘薯、杧果和杏等。

4. 畜禽肉类食品

这类食品可供给人体优质蛋白质和部分脂肪,无机盐含量不多但易于吸收利用,也是维生素A和B_2的重要来源。猪肉含蛋白质较少,而且所含饱和脂肪较多,对人体健康不利,而鸡肉或草食动物肉的蛋白质含量高,所以营养学家、畜牧学家与食品生产经营部门均主张用鸡肉代替猪肉。

5. 鱼类等水产食品

鱼类中所含脂肪的70%～80%为不饱和脂肪酸,胆固醇含量也较低,所以营养价值远高于畜禽肉类;含铁、钙等无机盐和微量元素比畜禽肉类高几倍甚至十几倍,还含有丰富的碘和较多的维生素B_2、烟酸、维生素A和维生素D。海产植物如海带、紫菜等含有

10%~30%的蛋白质和较多的钙、铁、碘和维生素。

6. 蛋类食品

鸡、鸭、鹅蛋的化学组成基本相似。鲜蛋中蛋白质含量约为13%~15%,其营养价值最高,为营养学实验研究中的理想蛋白质。鲜蛋中还含有较多的维生素A、D和B_2,对人体健康有着重要的作用。

7. 奶类食品

牛奶含有丰富的蛋白质和钙,也是维生素A、B_2的来源之一,但含铁少,若不补铁,易引起缺铁性贫血。

8. 食品的加工品

除上述食品外,主要包括罐头、食用油脂、酒类、饮料、调味品和糖果糕点等,其营养价值主要取决于其原料组成,在人类营养素来源中不占重要位置。

(二)合理膳食结构

人体维持正常的生长发育至少需要40多种营养素,任何一种或一种以上营养素的缺乏或过剩都可能造成机体健康异常或疾病状态。所以,为了预防与膳食有关的疾病,促进身体健康,就需要合理选择并搭配食物,以达到平衡膳食、合理营养。图8-1是我国人民的平衡膳食金字塔。

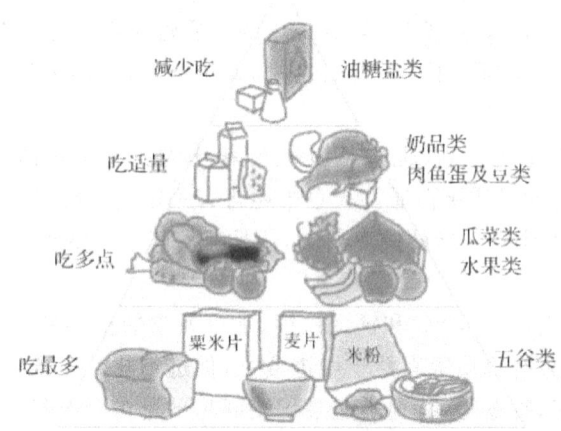

图 8-1 平衡膳食金字塔

在平衡膳食金字塔中,第四层为五谷类,食用量在食品中应该是最多的,五谷类是每餐最基本的食物。

第三层为蔬菜、水果类,要多吃。蔬菜与水果含有丰富的维生素、矿物质和膳食纤维,蔬菜的种类繁多,包括植物的叶、茎、花、苔、茄果、鲜豆、食用藻等,不同品种所含营养成分不尽相同,甚至悬殊。红、黄、绿等深色蔬菜中的维生素含量超过浅色蔬菜和一般水果,它们是胡萝卜素、维生素、叶酸、矿物质、膳食纤维和天然抗氧化物的主要或重要来源,对人体健康有正面的作用,因此需要多吃。

第二层为奶品、肉鱼蛋及豆类。奶品类除含丰富的优质蛋白质和维生素外,含钙量较高,且利用率也很高,是天然钙质的极好来源。我国婴幼儿佝偻病患者较多,这和膳食中钙摄入不足可能有一定的联系,大量的研究工作表明,给儿童、青少年补钙可以提高其骨密度。因此,应大力发展奶品类的生产和消费。豆类是我国的传统食品,能保证人体正常的生长发育,因此也是人体必不可少的。

第一层为油糖盐类。我们应该控制肥肉和荤油的摄入量,肥肉和荤油为高能量和高脂肪食物,摄入过多会引起肥胖,它们也是某些慢性病的致病因素,所以应当少吃。鸡、鱼、兔、牛等动物性食物含蛋白质较高,脂肪较低,产生的能量远低于猪肉,应大力提倡用这些食物代替猪肉。

二、餐饮科学

广泛传播科学的餐饮理念,就要摒弃那些不干净、不卫生的餐饮习惯,如"不干不净,吃了没病"、"眼不见为净"、"爱吃就是需要"等。还有的人追奇逐异,胡吃海喝,极力追求口味的满足,这些都是不文明、不科学的表现。我们倡导科学的餐饮理念,就是要讲究食饮有节,食材搭配合理,保证营养均衡;在保证营养健康的前提下调剂口味,而不是单纯地以口腹满足为目的。具体体现在以下三个方面。

(一)科学选配食材

中国饭菜的食材约10000种,自古就有"医食同源"、"药补不如食补"的道理,因此要根据个人或家人的生活习惯和身体状况合理选择食材。有些食物的营养成分在吸收时会相互影响,所以一定要进行科学搭配。例如,茶叶中的鞣质会干扰食物铁的吸收,菠菜中的草酸会降低食物中钙的吸收,钙、磷、铁、锌等元素的吸收存在一个适宜比例;鸡蛋、豆浆营养价值都很高,但因豆浆中含有一种特殊物质胰蛋白酶,这种酶与蛋清中的卵松蛋白相结合,会造成营养成分的损失,降低二者的营养价值,所以二者不宜同食。

(二)科学的进餐方式

一要饮食有节,不可暴饮暴食;二要荤素搭配,保证营养全面;三要先汤后饭,以利消化吸收。餐前先喝适量的汤,既有暖胃作用,又能缓解饥饿,避免肚子被一下子涨得太多太满;四要饭食有序,按照"早吃好、午吃饱、晚吃少"的原则进餐,以利身体健康。

(三)注重食品卫生

近些年,食品中毒事件常常发生。2008年2月23日,深圳龙岗区宝龙工业区内一间无牌证小食店发生疑似中毒事件,在此吃饭的附近比亚迪公司的63名员工出现疑似中毒症状被送院治疗,其中2人经抢救无效死亡,19人住院治疗,42人留院观察;2009年3月30日,湖北省十堰市某幼儿园突发食物中毒事件,至少有135人出现中毒症状,包括儿童128名、教职工7人,其中10名儿童症状较重,经当地卫生部门诊断为亚硝酸盐中毒。食物中毒一般具有潜伏期短、时间集中、突然爆发、来势凶猛的特点。据统计,大多数中毒事件的原因是食用了不干净的或未煮熟的食物。因此,注重食品卫生是减少食物中毒事件的关键。

保证食品卫生,预防食物中毒要做到以下几点。

(1)要选择新鲜和安全的食品,尽量不生食动物源性食品;不食用野外拣拾的水产品、蘑菇和野菜;不食用病死的畜禽和腐败变质的食品和超过保质期的食品。

(2)不购买、食用来源不明的食品,慎用无标签和小摊贩的未经检疫的食品,应购买经工商监管检验合格的食品。

(3)食品要充分加热煮透灭菌,尤其是动物性食品最易被微生物污染,要彻底杀灭病原菌毒后再食用;出锅卤制品应尽快食用或冷藏,以免细菌污染、繁殖;冷藏、隔夜食物以及豆类食品(如四季豆等)须蒸熟煮透食用。

(4)食物现吃现做,婴幼儿食品更应如此;夏秋季,不要吃在室温下存放超过4小时的食品。

(5)剩余食品应妥善存放,但也不能让食品在冰箱内无限期保存,因在低温下有些微生物也能缓慢繁殖;存放的熟食在食前必须重新加热灭菌。

(6)保持厨房或食品加工场所的卫生,制作和贮存食物要生熟分开;制作凉菜的原料应新鲜、卫生,刀、案板等炊具要洗烫干净,做好就吃;厨房应有通风、冷藏、洗涤、消毒和污水排放等条件,设备、容器、抹布等厨房和餐饮用品要经常清洗和消毒。

(7)食品加工者须保持个人卫生,加工食品前和每次操作间隙都须洗手,处理生鱼、肉、禽和上厕所后必须洗手才能接着处理其他食品;患有肠道及其他传染病和皮肤化脓性感染者,禁止从事食品加工、销售与餐饮服务。

(8)消费者应养成良好的卫生习惯,做到饭前、便后洗手;集体进餐要实行分菜制或用公筷;夏、秋季节和外出用餐时,吃海鲜和冷鲜食品最好同时食用醋、蒜。

(9)米面、干菜、水果等食品要妥善保存,严防发霉、腐烂变质和老鼠、苍蝇、蟑螂等叮咬污染。

(10)要注意保管有毒有害物品,如消毒剂、灭鼠药等须远离食品存放处,防止误用误食。

资料链接

我国三大安全食品

绿色食品:指遵循可持续发展原则,按照特定生产方式生产,经专门机构认定,许可使用绿色食品标志商标的无污染的安全、优质、营养类食品。

有机食品:指来自有机农业生产体系,根据有机农业生产要求和相应标准生产加工,并且通过合法的、独立的有机食品认证机构认证的农副产品及其加工品。

无公害农产品:指产地环境、生产过程、产品质量符合国家有关标准和规范的要求,经认证合格获得认证证书并允许使用无公害农产品标志的未经加工或初加工的可食用农产品。

三、烹饪科学

中国饭菜的烹调方法是世界上最多的,也是最全的。我们不但要了解各种食材的部位与特点、刀功刀法的运用、火候火力的控制,还必须掌握煎、炒、熘、烩等各种技法,灵活运用,科学烹调。

(一)合理地清洗、切配、烹饪原材料对营养素保存的重要性

烹调时要对烹饪材料进行宰杀、剖、剥、剔、洗涤等初加工。在这个过程中,要尽量减少原料营养成分的流失,避免无谓的浪费。例如,在宰杀鱼类时,往往需要刮净鱼鳞,但对于鲜活的白鳞鱼和细鱼却可以保留鱼鳞,由于这类鱼的鳞片加热后其中的脂肪会融化,鳞片会变柔软,不但不影响食用的口感,还能使菜肴更加鲜美;在烹饪前清洗食物原料必不可少,清洗能去除泥沙杂物,清理寄生虫和残余农药,但清洗的过程要科学合理,在保证食物清洁的前提下,尽量减少食物的清洗和浸泡时间,像在淘米时就不宜淘洗过多次,过多的淘洗会造成水溶性的无机盐和维生素等营养物质的大量流失,通常淘洗一两次即可,并且要避免流水冲洗和用力揉搓。此外菜品的切配要科学合理,绝大部分烹饪原料在烹调和食用之前要改刀和切配,科学合理的切配能极大地降低营养素损失,若将烹饪材料切得过碎会大量损失易氧化的维生素。以小白菜为例,切成丝炒会使白菜中超过52%的维生素流失,而切段炒后的损失仅为30%。所以科学合理的切配方法也影响了菜肴的营养价值和人们的身体健康。

(二)通过科学的烹饪方法,保证菜品的营养和质量

各式蔬菜清洗切配就绪,并不能保证做出营养健康的菜肴。烹饪方法不仅关系到菜肴的色泽口感,也极大地影响了菜肴的营养价值。在烹饪的过程中,烹饪材料中的营养素或多或少都会损失,但选取适合食物特性的烹饪方法将最大程度地保证菜肴的营养和质量。通过分析烹饪加工中营养物质是如何损失的,可以指导我们优化改进烹饪方法,尽可能减少营养素的损失。具体做法如下。

1. 使用合理的烹饪方法减少营养素损失

日常使用的烹调方法有很多,其中蒸煮的烹调方法比较科学,加热时间短,烹饪材料中的营养损失较小。豆类和豆制品蛋白质含量高,水煮能使蛋白质部分水解,分解为易于人体消化吸收的营养素。此外,煮的烹饪方法对脂肪没有太大的影响,却可以促进无机盐和水溶性维生素的溶解;蒸这种烹饪方法也能够很大程度保证无机盐和矿物质不被破坏,保持米面等食物的营养,所以是主食烹饪的主要方法;卤能让材料中的部分营养物质溶于卤汁中,损失的部分不多,经过卤制的肉类仅仅会损失一些脂肪,而不会影响其他营养素的含量;对于腌制的方法,维生素的损失就相当严重了,而且损失量随着时间的增加而增多,维生素含量丰富的蔬菜就不适合腌制的方法;至于炸、烤、熏这三类烹饪方法,不仅会破坏烹饪材料中的营养物质,还可能在烹饪的过程中产生致癌物质,危害人体健康,因此应尽量避免采用这类方法。

2. 把握烹调的时间和温度,避免营养素的破坏

首先,高温烹饪会降低材料的营养价值,尤其是维生素 C 热稳定性差,长时间高温烹调会使其损失殆尽。如果烹饪时间过长,损失的营养物质会更多,如食物中的蛋白质在烹

饪加热的过程中会变硬结块,即使是营养丰富的材料经过长时间高温烹饪也会变为毫无营养价值的食物。其次,高温烹饪方法会使食物产生致癌物质,研究表明,烹饪温度高于300℃时,蛋白质丰富的鱼类和豆制品都会产生致癌物质。所以,根据不同的烹饪材料采用科学合理的烹调温度和烹饪时间,才能做出健康营养的菜肴。

资料链接

  水果类的食物应尽量生食,不仅能保留食物新鲜的口感,同时也减少了烹饪过程对食物中维生素等营养物质的破坏;对于绿叶蔬菜,应采用急火快炒的方法,从而有效降低营养素的损失,保证菜肴清脆的口感;肉类烹饪材料,应采用控制温度的方法来烹制,将温度控制在100℃左右,高温杀死寄生虫和细菌的同时,也保证了其中的营养物质经过加热分解后能有效地被人体吸收。

第二节　餐饮安全管理

  我国餐饮业总体发展形势良好,但也存在着食品安全隐患,由饮食不卫生、食品污染等引起的食物中毒及食源性疾病每年都有发生。餐饮业食品"即食性"的特点导致依靠对最终产品检验以保障食品安全的传统控制方法在餐饮业无法有效实施,HACCP控制体系"着眼于预防而不是依赖终产品检验"的特性可有效地解决这个问题。但由于种种原因,HACCP控制体系在我国餐饮业中的实施状况并不理想。

一、HACCP 概述

  危害分析关键控制点(Hazard Analysis and Critical Control Points,简称 HACCP)是指为了防止食物中毒或其他食源性疾病的发生,应对从食品原料种植(养殖)到食品食用的全过程中可能造成食品污染发生或发展的各种危害因素进行系统和全面的分析,在此分析基础上,确定能有效预防、减轻或消除各种危害的"关键控制点",进而在"关键控制点"对危害因素进行控制,同时监测控制效果,并随时对控制方法进行校正和补充。HACCP 控制体系是由 HA 和 CCP 两部分组成。HA 是指对易污染以及腐败变质的原材料、关键操作技术环节及有碍食品卫生安全的各种原因进行鉴别和判定。CCP 是指加工过程中对食品的安全及卫生起决定性作用的,若失去控制将产生严重危害的环节。HACCP 控制体系包含以下基本原理:进行危害分析和预防措施分析;确定关键控制点,建立关键限值,建立对每个关键控制点的控制情况进行监控的系统;纠偏行动,建立资料记录;验证完善的记录和档案。

二、建立 HACCP 控制体系的现实意义

  随着我国加入 WTO,我国的食品生产企业将更多地面临世界各国食品业的强劲冲击。要使我国更多的食品进入国际市场,实行与国际接轨的食品安全体系是我国食品业

生存和发展的唯一出路。HACCP 控制体系作为一种被国际公认的极为有效的预防性管理体系，如何在食品生产企业有计划、有步骤地推行，已成为我国检验检疫部门和出口食品生产企业丞需解决的问题。

在我国经济水平仍然较低的情况下，实施 HACCP 可以降低控制成本。实施 HACCP 的企业可以更加合理地分配资源，避免食品原料和加工过程中的资源浪费。食品产品卫生质量的提高减少了卫生监督的投入，也避免了大量不合格产品被销毁，减少了资源的浪费。

与传统的终产品检测方法只能对终产品是否安全合格作出评价不同，HACCP 能更新我国食品生产企业的质量控制意识，将企业的食品安全监督工作从传统的监督最终产品的滞后型检验方法，转变到在企业内部实施的预防性的质量保证体系。

HACCP 控制体系在整个食品链中能通过预测潜在的危害以及提出控制措施使新工艺和新设备的设计与制造更加容易和可靠，它的注意力集中在最关键的操作步骤，因此能减少终产品的不合格率，提高产品质量，有利于食品企业的发展与改革。

近年来，由食物污染导致的食物中毒和食源性疾病的发病率很高，因此，将 HACCP 这种有效的食品安全控制体系引入餐饮业，并成功实施，具有重要的意义。

三、适合于应用 HACCP 思想进行管理的餐饮业经营类型

国外较早就将 HACCP 控制体系应用于餐饮业，世界粮农组织和 WTO 都出台了一些相应的法规和指导意见。由于多种原因，我国餐饮业对 HACCP 的应用率是非常低的。1988 年，HACCP 的概念开始进入我国，到 90 年代，我国开始逐步推广和应用。2002 年 7 月，我国公布《食品企业 HACCP 实施指南》，2005 年 6 月颁布的《餐饮业和集体用餐配送单位卫生规范》中推荐使用 HACCP。2006 年，卫生部出台了《食品安全行动计划》，要求学生集中供餐企业实施 HACCP 管理；2007 年，要求餐饮业、快餐供应企业和医院营养配餐企业实施 HACCP 管理。

参照不同分类方式对我国餐饮经营业态的分类，我国的餐饮经营行业可以归纳为以下几种：经营综合性就餐服务的餐馆、饭店、食堂，以快餐、小吃为主的小型餐饮店，以供应饮品、酒类等为主的饮料、冷饮服务店，以供应送餐服务为主的快餐盒饭企业，以经营街头食品为主的摊贩。在上述业态中，以供应饮品、酒类等为主的饮料、冷饮服务店经营品种较为单一，且酒类、咖啡、冷饮等发生食物中毒的危险性较其他类型经营单位低很多，其危害因素也相对较少。剩余几类餐饮企业无论从经营覆盖面还是从餐饮加工方式上均占我国餐饮行业的绝大部分，代表着我国餐饮业的现状。其中，学校、企业或机关单位的食堂由于其非盈利性的特点，就餐人数和就餐场所都十分集中，发生大规模食物中毒的危险性较高，可以作为应用 HACCP 管理的重点对象。

按照一般餐饮店的经济承受能力和危害分析的结果，餐饮经营单位至少应具备如下条件。

1. 相对固定的原料供应点

在当前食品安全的大环境下，要求餐饮单位对供应商进行索证，或对蔬菜、肉类等原料进行检验，合格后再购买的做法不现实。最基础的要求应当做到从相对固定的原料供应点购进原料，以清楚原料的来源，便于追溯。

2. 合格的饮用水源

合格的饮用水源是所有食品企业生产的最低要求,在正常条件下,供水应当充足,一般为符合国家《生活饮用水质卫生规范》的自来水。

3. 满足加工需要的粗加工与清洗场所

具有相对独立的加工场所可以有效避免交叉污染的发生;有满足需要的洗手设施是员工卫生状况的保障;粗加工的清洗设施可以保证从原料到半成品的加工过程得到控制,有效减少农药残留、微生物等对原料的污染。

4. 生熟分开的加工器具

生熟分开是避免交叉污染的最有效措施,即使是小型的饭馆或饮食店,做到生熟分开也不会增加很多成本。

5. 满足加工需要的冷藏设备

保证原料、半成品、成品有适当的储藏设备和储藏温度是防止食品腐败变质的有效措施。冷藏设备应当时刻保持良好的状态,并保持内部的清洁,存放时应做到生熟分开。

6. 满足至少一种餐具消毒方式的消毒设备

无论采用化学消毒还是热力消毒,都应具备相应的工具和设备,如化学消毒剂及专用消毒池,或蒸汽、红外线等热力消毒柜。消毒设备应当真正发挥作用,保证餐具的安全卫生。

四、在餐饮业开展 HACCP 管理的方式

根据国家食品安全监测信息系统提供的食源性疾病监测数据,由交叉污染导致的疾病占总报告病例的 20.66%,由误食误用导致的食物中毒占 19.29%,由加工不当导致的食品污染占 15.73%,由原料变质导致的食源性疾病占 12.26%,由存储不当导致的食品污染占 11.39%。分析以上数据,生物性污染是主要的污染因素,但是由有毒动植物和天然毒素导致的化学性有害因素也需重点控制。因此,餐饮业重点控制的环节应该放在以下几个方面:有毒动植物或含天然毒素原料的控制,原料、半成品与成品的储存,加工过程的交叉污染,熟制过程的烧熟煮透。对这些环节的控制可以单独制定规范的控制程序或标准化的操作文件,也可以结合到下文对加工方式的流程控制中。

HACCP 控制体系是建立在具体的加工流程上的。美国食品药品管理局针对餐饮零售食品应用的 HACCP 控制体系,把西餐加工过程归纳为三类。

(1) 原料接收——储存——粗加工——放置——食用。该类不包含烹调过程。

(2) 原料接收——储存——粗加工——烹调——放置——食用。包括其他(如融化等)过程。

(3) 原料接收——储存——粗加工——烹调——放冷——再加热——热保存——食用。其特点在于再加热后的热保存温度要控制好。

几乎所有西餐的加工过程都可以套入上述三类模式中,进而应用针对该模式所建立的控制体系,保证终产品的安全。中餐的加工方式较西餐复杂得多,但若参照上述方式归纳,基本可以归为以下五类。

(1) 生食。原料接收——储存——粗加工——食用。该类食品仅把原料作清洗等初

加工处理,初加工后直接食用或调味后食用。整个加工过程没有加热的环节,应重点控制原料交叉污染,在分析工艺时应考虑拌入调味料调味后可能影响食品卫生的状况。

(2) 热加工后即时食用。原料接收——储存粗加工——加热烹调——食用。该类食品的烹调方法中有加热环节的存在,但不同烹调方式的加热方式和时间有所不同。经过加热后的食品短时间内(不超过 2 小时)就供应食用,不存在放置中微生物繁殖的问题,但是由于加热时间和方式的不同,其中心温度往往不能达到杀灭微生物和寄生虫的要求,应当予以考虑。

(3) 热加工后放冷食用,或放冷后再拌入调味料食用。原料接收——储存——粗加工——加热烹调——常温或冷藏放置——食用。经烹调热加工后,将菜品温度降到室温或冷藏后供食用。此种加工方式除常见的冷荤菜以外,糕点制作的冷加工工艺也应列入。其中冷藏环节应是重点关注的,如是否遵循了科学的操作程序,冷藏的温度、时间等。

(4) 热加工后保温食用。原料接收——储存——粗加工——加热烹调——保温放置——食用。经烹调热加工后,保持菜品温度在 60℃以上,直至食用。目前部分快餐盒饭在送餐的过程中采用热保温的方法。热保温是此种模式的特点,应当对热保温的条件、设备状况、时间等制定详细的操作规程。

(5) 热加工后放冷,再加热后食用。原料接收——储存——粗加工——加热烹调——冷藏放置——再加热——食用。菜品经烹调热加工后,温度在短时间内迅速降低到室温以下冷藏(0~5℃),在食用前再加热至食物熟透。除部分快餐盒饭采用此种方式外,常见的微波食品也可列入此类,冷藏和再加热环节应是重点关注的内容。

分析中国餐饮业的供餐方式,基本在以上五类之内。以上分类在食品安全控制上能够抓住原料控制、加热、加热后的存放、使用前的调配等关键工序,有利于按照危害分析与关键控制点的理论进行控制。

【小结】

随着生活水平的提高,人们对食品的需求早已不仅仅是为了饱腹,而是越来越关注怎样吃得更安全、更营养。本章介绍了食品营养的概念,并根据食品对人体的营养意义对其做了分类,又介绍了如何合理搭配膳食、科学烹饪,从而在最大程度上保持食品的营养,使人们吃得更健康、更安全。如果大家想更深入地了解和学习,可以查阅相关的食品科学书籍,普及餐饮科学知识。

【关键术语】

膳食结构　食品中毒　绿色食品　有机食品　无公害食品　医食同源　食品营养　HACCP

【习题】

一、简答题

1. 绿色食品的定义是什么?
2. 有机食品指的是什么?

3. 在我国推行的无公害食品指的是什么?
4. 阐述 HACCP(Hazard Analysis and Critical Control Points)的概念。
5. 食品生产过程中的主要危害是什么?

二、论述题

1. 食品按其营养意义分为哪几类?请具体说明。
2. 如何预防食物中毒?
3. 一个合理的膳食结构能维持人的健康,什么样的膳食结构才是一个健康合理的结构呢?

参 考 文 献

[1] 蔡万坤.新编酒店餐饮管理[M].广州:广东旅游出版社,2004.
[2] 蔡万坤.餐饮管理[M].北京:高等教育出版社,2005.
[3] 蔡晓娟.菜单设计[M].广州:南方日报出版社,2002.
[4] 程新造.星级饭店餐饮服务案例选析[M].北京:旅游教育出版社,2000.
[5] 崔佳友.烹饪原料学[M].北京:中国轻工业出版社,2000.
[6] 陈玉峰.餐饮管理[M].北京:机械工业出版社,2003.
[7] 陈光新,王智元.中国筵席八百例[M].武汉:湖北科学技术出版社,1987.
[8] 陈忠明.饮食风俗[M].北京:中国纺织出版社,2008.
[9] 陈静,谢红勇.餐饮服务与管理[M].上海:上海交通大学出版社,2011.
[10] 陈放.餐饮营销[M].北京:蓝天出版社,2005.
[11] 陈祝平.餐饮营销策划与案例[M].沈阳:辽宁科学技术出版社,2003.
[12] 陈觉.餐饮营销经典案例点评[M].沈阳:辽宁科学技术出版社,2003.
[13] 杜莉,姚辉.中国饮食文化[M].北京:旅游教育出版社,2008.
[14] 杜学增.中英文化习俗比较[M].北京:外语教学与研究出版社,1999.
[15] 傅启鹏.餐饮服务与管理[M].北京:高等教育出版社,1991.
[16] 傅生生,郑渊.酒水服务与酒吧管理[M].大连:东北财经大学出版社,2007.
[17] 郭敏文.餐饮服务与管理[M].北京:高等教育出版社,2001.
[18] 郭琰.餐饮管理[M].郑州:郑州大学出版社,2006.
[19] 郭琰.餐饮管理[M].郑州:河南科学技术出版社,2009.
[20] 何祖敏.现代酒店员工培训教材[M].广州:广东人民出版社,2002.
[21] 何宏.中外饮食文化[M].北京:北京大学出版社,2006.
[22] 华同梁,马健鹰.中国饮食文化[M].长沙:湖南科学技术出版社,2004.
[23] 姜培若.酒店美食节的经营与运作管理[M].广州:广东旅游出版社,2009.
[24] 贾玉新.跨文化交际学[M].上海:上海外语教育出版社,1997.
[25] 刘长运.餐饮实训教程[M].郑州:郑州大学出版社,2009.
[26] 李勇平.餐饮服务与管理[M].大连:东北财经大学出版社,2011.
[27] 马健鹰.中国饮食文化史[M].上海:复旦大学出版社,2011.
[28] 马开良.餐饮服务与经营管理[M].北京:旅游教育出版社,2010.
[29] 马开良.现代厨房设计与管理[M].北京:化学工业出版社,2008.

[30] 马开良.现代厨政管理[M].北京:高等教育出版社,2010.

[31] 马开良.餐饮生产管理[M].北京:科学技术文献出版社,1996.

[32] 单铭磊.酒水与酒文化[M].北京:中国物资出版社,2011.

[33] 宋春亭,刘志全.旅游饭店餐饮服务与管理[M].郑州:郑州大学出版社,2011.

[34] 宋雪鸣.饭店创新经营与策划[M].北京:中国旅游出版社,2004.

[35] 沈建龙.餐饮服务与管理实务[M].北京:中国人民大学出版社,2007.

[36] 邵万宽.厨房管理与菜品开发新思路[M].沈阳:辽宁科学技术出版社,2005.

[37] 史灵歌.餐饮管理[M].郑州:郑州大学出版社,2009.

[38] 王仁湘.往古的滋味:中国饮食的历史与文化[M].济南:山东画报出版社,2007.

[39] 王天佑,王碧含.西餐概论[M].北京:旅游教育出版社,2010.

[40] 王学泰.中国饮食文化史[M].桂林:广西师范大学出版社,2006.

[41] 王子辉.中国饮食文化研究[M].西安:陕西人民出版社,1997.

[42] 王天佑等.餐饮职业经理人执业资格培训课程[M].沈阳:辽宁科技出版社,2003.

[43] 吴克祥.餐饮经营管理[M].天津:南开大学出版社,2006.

[44] 吴澎.中国饮食文化[M].北京:化学工业出版社,2011.

[45] 徐兴海.食品文化概论[M].南京:东南大学出版社,2008.

[46] 徐兴海.中国酒文化概论[M].北京:中国轻工业出版社,2010.

[47] 杨杰,王天佑,潘崇森.餐饮概论[M].北京:清华大学出版社,2010.

[48] 杨铭铎.餐饮概论[M].北京:科学出版社,2008.

[49] 严伟,葛怀东.旅游饭店市场营销[M].上海:上海交通大学出版社,2010.

[50] 袁新宇.厨政管理[M].成都:四川大学出版社,2002.

[51] 张建军,陈正荣.饭店厨房的设计和运作[M].北京:中国轻工业出版社,2009.

[52] 朱雪奇,蔡勇.现代厨房[M].南京:南京出版社,2000.

[53] 邹益民.现代饭店餐饮管理[M].北京:中国财政经济出版社,2001.

[54] 周秒炼.餐饮经营与管理[M].杭州:浙江大学出版社,2010.

[55] 赵涛.餐饮店经营管理理论、案例、制度、实务[M].北京:北京工业大学出版社,2006.

[56] 周旺.烹饪器具与设备[M].北京:中国轻工业出版社,2000.

[57] 尼尔·沃恩.饭店营销学[M].程尽能等.北京:中国旅游出版社,2001.

[58] 职业餐饮网(http://www.canyin168.com)

[59] 深圳饮食网(http://www.szeat.net/)

[60] 中国吃网(http://www.6eat.com/)

打造学术精品　服务教育事业
河南大学出版社
读者信息反馈表

尊敬的读者：

感谢您购买、阅读和使用河南大学出版社的＿＿＿＿＿＿＿＿＿＿一书，我们希望通过这张小小的反馈表来获得您更多的建议和意见，以改进我们的工作，加强我们双方的沟通和联系。我们期待着能为您和更多的读者提供更多的好书。

请您填妥下表后，寄回或发 E-mail 给我们，对您的支持我们不胜感激！

1. 您是从何种途径得知本书的：
   □书店　□网上　□报刊　□图书馆　□朋友推荐

2. 您为什么决定购买本书：
   □工作需要　□学习参考　□对本书感兴趣　□随便翻翻

3. 您对本书内容的评价是：
   □很好　□好　□一般　□差　□很差

4. 您在阅读本书的过程中有没有发现明显的专业及编校错误，如果有，它们是：
   ＿＿＿＿＿＿＿＿＿＿＿＿＿＿＿＿＿＿＿＿＿＿＿＿＿＿＿＿＿＿＿＿＿＿＿＿
   ＿＿＿＿＿＿＿＿＿＿＿＿＿＿＿＿＿＿＿＿＿＿＿＿＿＿＿＿＿＿＿＿＿＿＿＿
   ＿＿＿＿＿＿＿＿＿＿＿＿＿＿＿＿＿＿＿＿＿＿＿＿＿＿＿＿＿＿＿＿＿＿＿＿

5. 您对哪一类的图书信息比较感兴趣：＿＿＿＿＿＿＿＿＿＿＿＿＿＿＿＿＿＿＿
   ＿＿＿＿＿＿＿＿＿＿＿＿＿＿＿＿＿＿＿＿＿＿＿＿＿＿＿＿＿＿＿＿＿＿＿＿

6. 如果方便，请提供您的个人信息，以便于我们和您联系（您的个人资料我们将严格保密）：
   您供职的单位：＿＿＿＿＿＿＿＿＿＿＿＿＿＿＿＿＿＿＿＿＿＿＿＿＿＿
   您教授的课程（老师填写）：＿＿＿＿＿＿＿＿＿＿＿＿＿＿＿＿＿＿＿
   您的通信地址：＿＿＿＿＿＿＿＿＿＿＿＿＿＿＿＿＿＿＿＿＿＿＿＿＿
   您的电子邮箱：＿＿＿＿＿＿＿＿＿＿＿＿＿＿＿＿＿＿＿＿＿＿＿＿＿

请联系我们：
电话：0371－86059712　0371－86059713　0371－86059715
传真：0371－86059713
E-mail:hdgdjyfs@163.com
通信地址：河南省郑州市郑东新区 CBD 商务外环路商务西七街中华大厦 2304 室
河南大学出版社高等教育出版分社